대한민국의 주권은 국민에게 있고,
모든 권력은 국민으로부터 나온다.

대한민국 헌법 제1조 2항

대통령을 바꾸는 것보다 더 중요한, 99%의 국민이 알아야 할 진짜 권력

국민이 권력의 참된 주민이 되기 위하여 필독해야 할 소중한 25년간의 현장 기록서다.
임창열 전 경제부총리, 경기도지사

대한민국을 '통치' 한 역대 대통령들의 권력 구조를 다루고 있다.
강득구 경기도의회의장

역사를 통해 우리가 배워야 할 권력의 의미를 배운다.
류화선 경인여자대학교 총장

권력은 올바르게 쓰일 때 많은 사람들에게 되돌아가리라는 것을 믿는다.
박정 박정어학원회장

권력은 '그들의 권력' 이 아니라 '국민들의 권력' 이 되기 위해 행동해야 한다.
이희환 아크로산업개발 회장

행복이 넘치는 새로운 사회를 꿈꾸는 모든 이들에게 권하고 싶다.
이성근 화백

권력을 갖는 것보다 더 중요한, 99%의 국민이 알아야 할 권력교과서
전상직 한국주민자치중앙회 대표회장

국민을 위한 권력이란 어떤 것이어야 하는지 피부 속 깊이 통감하는 내용이 수록돼 있다.
최종식 경기일보편집국장

정치권력을 있는 그대로 이해하고 새롭게 변화시키려는 사람들이 읽어야 할 필독서다.
이범관 전 서울지검장

한국 정치사의 권력의 정체성을 풀어내는 희망적 단서를 발견할 수 있다고 본다.
김성회 한국지역난방공사 사장

누구나 이해하기 쉽게 분석하고 있는, 한국의 권력구조에 대한 연구서다.
김형문 「김대중 전 대통령 평전」 저자

행복이 넘치는 새로운 사회를 꿈꾸는 모든 이들에게 권하고 싶다.
함진규 국회의원「새누리당 경기도당위원장」

대한민국에 행복을 위한 권력은 존재하는가?
남궁창성 한국지역언론인클럽 회장

무심코 넘기기 쉬운 정치권력의 이면을 짚어 주는 정치전문 서적이다.
안동선 전 국회의원

대한민국의 대통령은 누구의 이익을 대변하고 있는가를 되짚는 책이다.
종민스님 법인 동국대학교 사무처장

역사 속의 권력을 한 눈에 읽는다.
정규성 한국기자협회 수석부회장

독자들의 의식을 고양시키는데 도움을 줄 것이다.
박보환 국립공원관리공단 이사장

도대체 권력이 뭐길래!
권력의 거짓말

도대체 권력이 뭐길래 !

권력의 거짓말

강해인 지음

모아북스
MOABOOKS

이름 모를 권력에게
이 책을 펼치게 할까?

아니면

이름 모를 권력자에게
이 책을 펼치게 할까?

이 책이
빨리
낡아서
사라지기를

"인간의 욕망 중에서 가장 중요한 것은 권력과 영광에 대한 욕망이다."

버트런드 러셀이 한 말입니다.

권력현상에 대해 많은 이들이 연구하고 지대한 관심을 가져 왔습니다. 인간 사회가 벌이는 가장 흥미로운 일 중 하나이기 때문입니다. 많은 학자들이 이 수수께끼를 해결하고 싶어했습니다. 인간은 왜 권력을 추구할까?

그리고 이 물음에 대해서, 별로 신기할 것도 없는 하나의 답으로 의견이 모아졌습니다. "인간의 권력욕은 본능에 내재된 특성이다." 그리고 거기에 더해, "인간이 권력을 확대하고자 하는 욕망의 범위는 한계가 없다"라고 말입니다.

인간은 자기의 힘과 영향력을 무한대로 확장시키고 싶어합니다. 동물 세계에서는, 무리 중 가장 힘이 센 한 개체가 권력을 가진다 해도 그 영향력을 미치는 물리적 한계가 존재합니다. 그러나 인간 사회에서는 한 개체가 전 지구로 권력을 확장시킬 수도 있습니다.

권력 관계는 어디까지 존재하는가?

우리 주위의 권력 관계부터 가볍게 생각해볼까요. 우리 일상은 소소한 권력 투쟁의 연속입니다. 가정이나 직장과 같은 일상적인 공간에서도 크고 작은 권력들을 추구합니다. 부부 사이에 벌이는 주도권 쟁탈전도 하나의 권력 투쟁이라 볼 수 있습니다.

아이들의 입장에서는 가족 내 권력자가 양쪽 부모라고 할 수 있겠는데요, 그런데 아버지 어머니 사이에도 묘한 권력 다툼이 있어 어느 집에서는 아버지가, 어느 집에서는 어머니가 실질적인 권력을 쥐고 있습니다. 누군가 권력을 쥐면 가족들은 사소한 일부터 큰일까지 그 뜻을 따르게 됩니다.

소소한 예를 들어본다면, 아버지가 권력을 쥐고 있는 집 아이들은 아버지가 좋아하는 반찬을 먹게 됩니다. 아버지가 '매 끼니마다 식탁에 고기를 올려라', '국을 올려라' 하면 아이들도 어려서부터 그런 식습관이 들죠. 아버지가 고기를 싫어하시면

채소 위주로 먹게 될 테고요. 어떤 아버지들은 어머니가 식사 준비를 안 하고 배달 음식을 시키면 난리가 납니다. 그러나 어머니의 파워가 더 센 집에서는 주로 어머니의 생각대로 식단이 짜입니다. 그리고 가끔 배달도 시켜 먹을 테고요. 권력을 누가 쥐느냐에 따라, 그리고 그 권력자의 성향에 따라 구성원의 생활 자체가 달라진다는 겁니다.

또래 집단 사이에도 이런 권력 관계가 존재합니다. 동갑짜리 아이들이 모여 있어도 거기에는 암암리에 리더가 나타납니다. 다른 아이들보다 더 어른스럽게 친구들을 챙겨주거나, 싸움이 났을 때 중재를 잘하는 아이들이 있습니다. 그런 아이는 은연중에 친구들 사이에서 리더로 떠오릅니다. 다른 아이 말은 안 들어도 그런 영향력 있는 아이의 말은 들어주게 됩니다. 그것은 상대에 대한 믿음 때문이기도 하고, 경우에 따라서는 왕따가 되지 않기 위해서이기도 하지요.

아이들 중에 공공연하게 권력자가 등장하기도 합니다. 친구들을 힘으로 누르고 삥을 뜯기도 하고요. 어른들이 하는 못된 일들을 배워 친구들을 괴롭히죠. 이런 아이들은 우리 어른들을 참으로 마음 아프게 하지만, 그러나 어느 학교에나 소위 잘나가는 아이들이 있고 심지어는 일진도 있습니다. 그 애들이 모자를 뒤집어 들고 교실을 한 바퀴 돌면 반 아이들이 그 모자에 알아서 돈을 집어넣습니다.

동네에는 부녀회나 입주자 대표회 같은 조직이 있습니다. 이것도 주민들의 의견을 모아 문제를 해결해나가기 위한 정치적 활동이라 할 수 있는데요, 어떻게 여기서 정치가와 권력자가 탄생하는지 한번 볼까요?

만약 내 동내에서 꼭 해야 할 일이 있다고 합시다. 예를 들면 동네가 재개발되었으면 좋겠다든지, 아파트 단지를 재건축한다든지, 혹은 반대로 동네의 재개발을 막고 싶다든지 하는 것들 말입니다. 이럴 때 개인으로서는 그다지 목소리를 낼 수가 없습니다. 마구잡이로 동네 사람들을 찾아다니며 벨을 눌러대면 반가워할 사람이 없을 테니까요. 그럼 어떤 이들은 자신이 동네 반장이나 입주자 대표가 되어 자기 의견을 강력하게 주장하고 싶을 겁니다. 그렇게 대표자의 위치를 획득하면 사람들을 불러 모으는 것도, 찾아가서 적극적으로 설득하는 것도 더 쉬워집니다. 이렇게 작은 정치인이 탄생하지요.

때로는 그 권력을 잘못 이용해 관리비를 슬쩍하는 이들도 있습니다. 업체의 뇌물을 받고 아파트 보수 공사나 리모델링을 맡기기도 하고요. 국가의 권력자나 아파트의 권력자나 하는 행동은 매 한가지입니다. 관리비 횡령과 동네 대표의 비리 문제는 요즘 새로운 화제가 되어, 아파트 비리척결운동본부라는 단체도 생겼습니다. 경찰에서 언젠가 단속을 벌였더니 한 번에 581명이나 검거됐다고 합니다. 아파트 단지 하나에도 권력과 비리가 얽혀 있는 겁니다.

그런데 보통 권력현상이라고 말하려면,
거기에는 강제성이 따라야 합니다.
물리적인 힘이 수반되어야 하죠.
만약 피지배자가 권력의 행사를 원하지
않을 때 그 권력에서 벗어날 수 있다면,
그것은 권력이라 말하지 않습니다.

따라서 우리는 벗어나기 쉬운 권력관계는 그리 중요시하지 않습니다. 우리가 주목하는 건 국가권력 같은 거대한 힘이지요. 그리고 무지한 우리들로서는 굽실거리게 될 수 밖에 없는 법권력, 의료권력 등도 포함됩니다. 거대재벌 같은 경제권력은 말할 것도 없고요. 또 하나, 지금은 언론도 하나의 권력이 됐습니다. 언론에 한번 찍혀 마녀사냥을 당하면 그 사람은 사회에서 매장당합니다. 이건 정말 무서운 권력입니다. 정치인들이나 고위 공무직에 있는 사람들도 벗어날 수 없는 권력이죠.

사람들의 거짓말, 나는 권력욕이 없어, 믿어도 될까

권력이란 '내 의지를 다른 사람 속에서 실현하게 하는 힘' 입니다. 한마디로, 사람을 움직이는 힘이라는 겁니다. 권력사회에서는 지배받기보다는 지배하는 위치에 있을 때 더 많은 사람을 움직일 수 있습니다.

우리나라에서 많은 이를 움직일 수 있는 영향력을 가진 이들이 누굽니까? 여러분은 누구의 말에 움직입니까? 가장 가까이는 월급을 주는 사장님이나 상사가 우리를 움직이지요. 원하지 않아도 행사될 때에야 그것은 비로소 권력이라 불리는데요, 여러분이 지금 하고 싶지 않은 것도 하게 하는 이, 그가 바로 여러분의 권력잡니다.

보통 사람들은 몸을 움직여야 돈을 벌 수 있습니다. 그런데 앉아서도 돈을 벌 수 있는 사람들이 있습니다. 그들이 바로 돈의 권력을 가진 이들입니다. 자본가나 기업가들 말입니다. 소규모 업체 사장이라면 그에게 외주를 주는 더 큰 기업이 권력자겠고요. 요즘은 갑을 관계라고들 말을 하죠.

또 사람들이 뭔가 원하는 게 있어 제 발로 찾아와 아부도 하고 선물도 주고 하는 이들이 있습니다. 그것이 실제 권력자냐 아니냐를 판가름해주죠. 권력자의 마음에 들면 이런저런 일들이 쉬워집니다. 내가 원하는 수주를 따낼 수도 있고요, 좀 부담되는 선물을 한다 해도 그보다 더 큰 걸 얻을 수 있습니다. 어떤 땐 권력자에게 내 안위가 왔다 갔다 할 때도 있습니다. 아무리 법치사회라 해도 집행자들이 어떻게 법을 해석해주느냐에 따라 감방에 갈걸 안갈 수도 있고, 감형받을 수도 있고요.

이런 이들에게 사람들은 안 좋은 이미지를 갖고 있습니다. 사회 고위층 인사들이 특혜를 받을 때는 무척 기분이 나쁩니다.

뼈 빠지게 일하는 사람은 이미 돈과 권력을 가지고 태어난 사람을 절대로 따라잡지 못합니다. 사회는 민주사회라고 하는데, 실제로 사람들의 삶은 피라미드의 한 조각이 되어 그 안에서 옴짝달싹 못한다고 느끼지요.

이렇게 우리는 생활 속 가까이에서
권력의 힘을 느끼고 살기 때문에,
이 권력이란 걸 아주 싫어합니다.
그래서 힘없는 서민들은 당당하게 말합니다.
나는 권력욕이 없다고. 저들은 권력욕의
화신이고, 권력을 가진 사람은 모두 타락한다고.

하지만 어떤 이들은 은밀히 동경하기도 합니다. 그리고 많은 사람들이 자기가 실은 권력을 동경하고 갖고 싶어하고 있다는 걸 잘 모릅니다. 사실 누군가를 부려서 먹고 사는 위치에 있어 보고 싶다고 하는 것도 권력 추구욕입니다. 돈만 있다면 가사 도우미를 들여 집안일을 안 하고 싶다, 이것도 말하자면 권력욕입니다. 돈의 권력 말이지요. 나쁜 뜻으로 하는 말은 아닙니다. 기본적으로, 돈을 이용해 누군가의 노동력을 얻는 것도 권력이라는 말을 하고 싶은 겁니다. '어디 정치 한번 해볼까?' 이것만 권력욕인 것은 아니라는 거죠.

　많은 사람들이 위에 서길 원합니다. 권력을 갖고 싶어합니다. 동네 통반장이라도 안 하는 것보다는 낫습니다. 동네 통반장은 그렇게 많은 이들이 하고 싶어하지 않는다고요? 그건 그렇습니다. 그런 감투 써봤자 떨어지는 게 없으니까요. 하지만 내 생업을 이어가지 않아도 될 정도의 아주 커다란 이익이 있는 자리라면 어떻습니까? 해 볼만하지 않겠습니까? 권력이나 어떤 자리를 가진다고 해서 육체노동을 해야 하는 것도 아니고, 정신노동을 해야 하는 것도 아니라면요? 그런데 돈이 생기고, 영향력이 생기고, 그를 통해 얻게 될 미래도 아주 달콤한 것이라면? 이거, 사람들이 대부분 원하는 거 아닙니까? 일하지 않고도 경제적으로 풍족한 삶. 내 영향력 하에 사람들이 몰려들어 내가 그 위에 서 있는 삶. 앉아서 말로 다 움직일 수 있는 삶.

　그런데 이것을 아주 강렬하게 원하는 사람들이 있습니다. 보통 사람들이 바라는 수준보다 더 높은 것을 추구하는 사람들이 꼭 있죠. 이 넓은 세상에서, 내 뜻대로 할 수 있는 영역이 이렇게 적은 건 용납할 수 없다, 국가, 나아가 세계에까지 내 힘이 미쳤으면 좋겠다⋯⋯. 권력자에게 부여된 그 나쁜 이미지에도 불구하고, 그것을 하고 싶어하는 사람들이 분명 있습니다. 권력에 대한 욕구가 아주 강하면 그런 사회적인 저지를 넘어서지요. 그런 사람들이 있기에 인간 사회에서는 지금껏 권력현상이 사라진 적이 없었고요.

그런데 정치인들 중에서도
마치 권력욕이 없는 것처럼 말하는 이들이
있습니다. 그러나 글쎄요, 정치인에 대한
안 좋은 시선에도 불구하고
정치인이 되겠다고 하는 사람들,
이미 권력욕 충분한 사람들입니다.
"나는 권력의지가 없다" 이건 거짓말입니다.

권력의지가 없었으면 좀 더 낮은 자리에 있었어야 합니다.

권력의 맨얼굴

권력이 존재하는 사회란 평등하지 않은 사회라는 뜻입니다. 권력이 있다면 지배하는 쪽과 지배당하는 쪽이 존재합니다. 그리고 그 지배는 힘으로 이루어집니다. 개인이든 국가든 권력을 가지면 그것을 이용합니다. 학자들에 의하면 권력이란 " '개인 또는 집단' 이 다른 '개인 또는 집단' 의 행동을 자기의 뜻대로 움직이도록 통제하는 힘"이라고 정의됩니다.

물리학의 세계에서도 힘이 존재하면 그 힘은 분명 어딘가로 향하게 되어 있습니다. 열이 존재하면 그 열을 발산하고, 운동할 수 있는 힘이 존재하면 그 에너지는 어딘가로 움직입니다. 권력도 마찬가지입니다. 권력이 존재하면 그 권력은 발산되거나, 무언가를 움직입니다. 그런데 국가권력이 다수의 국민이 아닌 소수의 부를 위해 움직인다면, 그 사회는 정의롭지 못한 사회가 되겠죠. 지금 우리 사회가 그렇듯이 말입니다.

권력을 가진 사람은 뭔가 뒤가 구린 것 같습니다. 당시에는 알지 못했던 권력자의 거짓말이 종종 훗날에 밝혀지기도 합니다. 그러면서 우리는 권력이란 본래 악한 것, 사람을 타락시키는 것이라는 부정적인 시각을 갖게 되었습니다.

본래 국가권력은 다수의 국민들을 위해 존재하는 것이라 했습니다. 국민을 보호하고, 다양한 이해관계를 가진 사람들을 조율하여 모두 함께 잘살기 위해 국가권력이 필요한 것이라고요. 그러나 우리는 국가가 그저 우리를 위해 다리를 놓아주고, 학교를 지어주고, 도둑을 잡아주며, 불을 꺼주는 일만 하는 것이 아니라는 걸 압니다. 국가권력은 소수의 권력자를 위해 봉사할 때가 더 많다는 것을 알고 있습니다.

먼 옛날 전제군주 시절부터 권력자는 약한 사람을 짓밟는 존재였습니다. 약 200년 전 루이 16세가 처형됨으로써 상징적으로 전제군주의 시대는 막을 내렸다고 하지만, 권력자는 다른 모습을 하고 여전히 건재해 있습니다. 그리고 현대의 권력자에게도 우리는 과거 전제군주와 크게 다르지 않은 이미지를 떠올립니다. 국가권력이라는 말과 함께 떠오르는 것은 총칼을 든 대규모의 군대와 국가의 부를 한손에 움켜쥐고 있는 탐욕스러운 모습입니다.

현대 사회가 전제군주를 몰아냈다는 것은 한 사람의 권력자를 인정하지 않는다는 뜻입니다. 국민에게 권력이 있다는 민주주의의 원칙은, 다시 말해 누구도 권력을 가져서는 안 된다는 뜻이지요. 근 현대 인류 역사는 끊임없이 기득권을 해체시키는 과정이었습니다. 그러나 여전히 부와 권력이 한 곳으로 쏠려 기득권을 유지하고 있습니다. 인간의 역사가 계속되는 한 권력이 사라지지는 않을 겁니다. 단지 시대마다 다른 옷을 갈아입을 뿐이지요. 민주주의 사회에서도 여전히 권력자는 다수의 사람들 위에 군림하고 있습니다. 민주주의는 그런 권력의 존재를 인정하지 않는 정치제도임에도 불구하고, 권력자는 사라지지 않았습니다. 권력이 어디에 숨어 있는지가 모호해졌을 뿐, 현대 사회에도 여전히 힘과 부는 어딘가로 집중되어 있습니다.

우리는 그 힘의 이동을 알고 싶습니다. 민주주의 사회에서 뒤가 구린 권력이 존재한다는 것은 용납될 수 없기 때문에, 그 권력의 맨 얼굴을 보고 국민의 한 사람으로서 올바른 판단을 하고 싶습니다. 정치에 대해서, 그리고 권력에 대해서 끊임없이 살펴보려 하고 비판을 가하는 것은 그 때문일 것입니다.

사람들은 어느 정치인을 지지하며 각자 자신만의 꿈을 꿉니다. 어떤 이들은 그가 평등한 세상을 만드는 데 일조하길 바라고, 어떤 이들은 더 강성한 국가를 만들어주길 원합니다. 개인마다 생각과 철학이 다르기 때문에 다양한 가치 추구가 존재하는 것은 어쩔 수 없습니다. 그러나 지금 우리나라 국민들은 각자 절대적인 가치관을 가지고 양 극단으로 갈려 격렬하게 부딪치고 있습니다. 소위 진보와 보수의 싸움이 도를 넘어서고 있지요. 그렇지만 그 싸움을 멈춰서는 안 됩니다. 우리는 지금 미래의 가치관을 모색하고 있는 중입니다. 치열한 논쟁 속에서만 이 새로운 가치관은 정립될 수 있습니다. 또 지금의 정치싸움이 미래의 희망을 위한 건강한 논의가 되기 위해서는 국민들이 똑바로 지켜보아야 하겠죠.

우리는 이 현대의 권력이 가진 맨 얼굴을 벗겨볼 것입니다. 대한민국에서 권력이란 무엇인지, 한국 정치는 우리에게 어떤 거짓말을 하고 있는지 살펴보려 합니다. 그리고 대한민국의 짧은 역사 속에서 권력이 어떻게 이동하며 현재의 정치 구도에 영향을 미치고 있는지 파헤쳐볼 것입니다.

강해인

1부

현실 속 권력,
그대로 믿어야 하나

선한 권력이란 것이 가능할까요? 요즘 젊은 층에서는 이것이 화두가 되고 있는 것 같습니다. 타락한 권력자는 수도 없이 봤으니 이제 선한 권력자를 갖고 싶다! 새 정치를 내세운 안철수 의원의 인기도 부정부패에 물들지 않은 깨끗한 정치인을 원하는 갈망으로 보입니다.

화려한 공약을 뿌리고 나온 정치인들이 원하는 자리에 앉은 후에는 권력을 확대시키는 데만 몰두할 뿐, 정작 국민에게 했던 약속에는 태만한 것을 우리는 보아왔습니다. 매력적으로 보였던 정치인들도 권력을 잃지 않기 위해 버둥거리는 모습을 보았고요. 권력은 사람을 타락시키는 힘이 있는 걸까요? 정치만 시작하면 인간은 돈만 밝히고 자리만 탐내는 저열한 인간이 되는 걸까요?

이런 말이 있습니다.

"선한 사람은 아직 악한 상황에 처해보지 않은 사람이다."

권력의 맛을 들이고 점점 더 탐욕스러워지는 사람들도 처음에는 선한 사람들이었을까 궁금해집니다.

권력은 사람이 소유하는 게 아니라, 오히려 사람이 권력에게 자기 몸을 빌려주는 것이라고 합니다. 그 권력을 주체하지 못한 사람은 그 힘에 이끌려 행동하게 되고요. 누군가 찔러주는 돈을 안 받으면 선거운동을 할 수 없을 것 같습니다.

누군가의 청탁을 들어주지 않으면 그 세력이 나에게서 등을 돌릴 것 같습니다. 그럼 타협을 하게 되지요. 그렇게 사람은 권력맛에 들어갑니다.

그러지 않을 사람도 있겠지만, 그렇게 꼿꼿하게 버티다가 국민들에게 이름도 알리지 못하고 사라져간 정치인들이 많을 겁니다. 그런데 그런 절제심과 고결한 성품을 갖지 못한 사람들이 자기 욕심을 채울 수 있는 자리에 앉아 과연 그 기회를 스스로 버릴 수 있을까요? 조금만 타협하면 되는데요.

권력자를 타락시키는 건 그 자신이기도 하지만, 우리 사회 전체이기도 합니다. 우리나라는 사회정의를 외치는 사람을 좀 우습게 보는 경향이 있습니다. "아니, 먹고사는 게 먼저지!" "아니, 북한이 언제 쳐들어와 쑥대밭을 만들지 모르는데!" 정치인이 정의롭길 원하지 않습니다. 올곧은 정치인은 곧 무능력한 정치인으로 여겨지지요. 혹시라도 국가이익에 손해가 되는 일을 할까 봐서요.

우리나라 사람들이 정치인에게 원하는 도덕성의 수준은 매우 낮습니다. 돈 받아먹은 것에 대해서는 민감하지만, 그가 어떤 가치관을 지닌 사람인지에 대해서는, 오히려 좀 뻔뻔한 정치인들을 원하죠. 그런 사람들이 일을 잘 할것 같고요. 한 나라씩이나 운영하는 사람들이 어디 바르기만 해서야 되겠습니까? 조그만 회사에서도 그런데요. 올곧은 사람보다는 윗사람에게 아부도 좀 할 줄 알고, 눈치껏 줄도 좀 서고 하는 사람이 일 잘하는 사람으로 통합니다. 사람들이 정치인에게 바라는 건 자고로 사람 다룰 줄 아는 능력, 타협, 그런 것들이었죠. 도덕성이나 투명성을 가진 정치인에게 무조건 지지를 보이는 이들은 일부에 불과합니다.

　그만큼 한국이 보편적인 가치를 잃고, 생존의 가치만을 앞세우는 사회 풍토가 형성되었다는 겁니다. 권력의 타락은 권력자 자신만이 아니라 집단 이성을 잃은 사회의 동조에도 책임이 있습니다. 힘의 논리 앞에서는 정당한 사회적 요구도 묵살되고, 진실도 왜곡되는 것이 당연시 되고 있지요. 우리는 사회 전반에서 이미 옳고 그름의 가치를 상실했습니다.
　권력이 온당한 역할을 하기 위해서는 정의로운 시민사회가 지탱해 주어야 합니다. 물은 고이게 마련이고, 고인 물은 썩게 마련입니다. 권력이 한 곳에 고이지 않도록 하는 것, 그리고 고인 물을 터주는 것은 시민의 역할입니다.
　나라 살림살이를 지혜롭게 꾸려서 국민들이 보다 나은 삶을 살 수 있도록 한다는 본래 의미의 정치를 우리 국민은 아직 한 번도 경험해보지 못했습니다. 권력을 위해 국민을 이용하는 것이 아닌, 국민을 위해 자신의 권력을 이용하는 대통령을 한 번도 못 봤습니다. 오로지 권력이 절대 목표인 듯 보이는 정치가들만 많이 보유한 나라, 그런 나라의 미래는 어떻게 될까요?

1장

집권에 집착, 국민을 외면한 정치세계

01   새누리당, 국민을 위한 정치 하고 있나

현재 19대 국회를 구성하는 의원들을 살펴볼까요? 현재 총 298명으로 새누리당 148명, 새정치민주연합 126명, 통합진보당 5명, 정의당 5명, 그리고 무소속의원으로 구성되어 있습니다. 이들이 지금 우리 의회를 이끌고 있습니다.

이 정당들은 어떤 이들이고, 지금껏 어떤 길을 걸어 여기까지 왔는지 궁금해집니다. 현재 대한민국에 건재해 있는 두 보수 정당의 역사를 들여다보면 그 속에 한국 정치의 면면이 그대로 담겨 있습니다.

그들은 하나같이 번듯한 양복 속에 자신들의 속살을 감추고 점잔을 빼고 앉아 있습니다. 그 멋들어진 양복 속에는 'made in 국민' 이라는 자랑스러운 라벨이 달려 있습니다. 그들은 대한민국 정치 1번지라는 부촌에 거대한 벌집을 지어놓고 그 안에 도사리고 앉아 포근한 둥지 속에서 다음 세대의 새끼 정치인들에게 꿀을 먹이며 성장시키고 있습니다. 전국의 동네마다 작은 벌집들이 조직적으로 뻗어 있고요. 주민들이 그 벌집을 치워달라고 아무리 민원을 넣어도 119는 출동하지 않습니다.

그 거대한 벌집이 어떻게 형성되었는지 한번 보죠. 먼저 여왕벌을 모시고 있는 새누리당입니다.

17년의 여당 생활
좋으셨죠?

—

새누리당의 첫 생명이 태동하던 1979년으로 가보겠습니다. 박정희 대통령이 사망하고 전두환 대통령이 군사 쿠데타를 일으킨 그 해입니다.

당시 전두환은 박정희 대통령 암살 사건의 수사를 맡고 있던 중 군대를 장악했죠. 자기 대통령으로 선출된 국무총리 최규하가 대통령으로 취임하기도 전이었습니다. 그리고 다음 해 5월, 기습적으로 계엄령을 확대하고 국회를 해산시켰습니다. 그리고 몇 달 후 대통령에 취임했고요. 박정희 대통령 때와 마찬가지로 장충체육관에서, 통일주체국민회의가 전두환을 대통령으로 뽑았습니다. 역시 단독 후보였고, 단 한 명을 제외한 전원의 표를 얻었습니다.

　이렇게 대한민국의 수장이 된 전두환 대통령은 이승만, 박정희 두 전임 대통령의 전례를 그대로 이어받아 자신의 정당을 만들었습니다. 이것이 81년 창당된 민주정의당, 곧 지금의 새누리당입니다. 이 민정당이라는 새 벌집은 당시 박정희의 관제 여당 민주공화당 속에 보관되어 있던 꿀단지를 그대로 자신들의 벌집으로 옮겨 놓았지요. 다시 말해 공화당의 해산과 함께 전 재산이 민정당에 흡수된 겁니다.

민정당은 창당과 함께 현직 대통령이 된 전두환을 총재로 선출하고 이후 전두환, 노태우 정권 내내 제1당의 자리를 지켰습니다. 처음에는 비록 대통령의 힘으로 집권여당이 되었을망정 이후로는 국민들의 선택을 받아왔고, 지금 현재 새누리당은 대한민국에서 가장 많은 국회의원과 대통령을 내는 정당입니다.

98년 김대중 정부가 들어서기까지 17년 동안, 그리고 2008년 이명박 정부부터 현재까지, 집권여당으로서 꾸준한 사랑을 받아왔고 국회 내에서 제1당의 자리를 거의 놓친 적이 없습니다. 새누리당에도 위기는 있었지만, 이들이 그 위기의 순간마다 극적으로 이겨내는 과정을 지켜보면 그 강인한 생명력에 경외심마저 일어나는 명실상부한 대한민국의 제1정당입니다.

전두환 대통령과 함께
역사 속으로……?

새누리당이 어떻게 위기를 극복하여 오늘에 이르렀는지 봅시다. 전두환 정권 말기에 이미 당시 민정당은 점점 의석수가 줄고 있었습니다. 그런데다 대통령 직선제로 개헌하라며 87년 6월항쟁이 일어났죠. 이것을 당시 민정당 총재 노태우가 받아 들였고요. 이때가 아마도 새누리당의 가장 큰 위기가 아니었나 싶습니다. 6월항쟁은 전 국민이 정권을 교체하려고 마음먹었던 일입니다.

만약 6월항쟁이 없었다면 민정당 노태우

후보가 체육관 선거를 통해 차기 대통령이 되는 것은 당연한 수순이었습니다.

그런데 국민들이 더 이상의 체육관 선거를 용납하지 않겠다고 들고 일어났고, 87년 겨울, 드디어 16년 만에 대통령 직선제가 치러지게 된 겁니다.

당시에 민정당이 차기 대통령을 선출시킬 가능성은 거의 사라진 상태였습니다. 자유당 - 공화당을 잇는 이 관제 여당의 생명도 전두환 대통령의 퇴임과 함께 역사 속으로 사라질 것 같았습니다. 그러나 그렇게 끝나지는 않았지요.

이때 유력한 야당 후보였던 통일민주당의 김영삼과 김대중이 서로 후보 자리를 양보하지 않으며 갈라섭니다. 이에 민정당은 어부지리를 얻게 되었죠. 김대중이 통일민주당을 나와 평화민주당을 창당하고 대선 출마를 선언합니다. 이것이 민정당에 유리하게 작용하여 결국 87년 대선은 노태우 후보의 승리로 끝났고, 그렇게 민주정의당은 첫 번째 위기를 모면하며 정권을 연장할 수 있었습니다.

—

그러나 이후에 또 위기가 옵니다. 노태우 정권이 언젠가 끝난다는 것 자체가 위기였습니다. 민주정의당은 열심히 방법을 모색했겠죠. 민주정의당으로서는 다음 대권에 정당의 존폐뿐 아니라 소속 정치인들의 안위도 걸려 있었으니까요. 정권이 바뀌면 분명 노태우 대통령에 의해 집권여당으로서 아슬아슬하게 모면할 수 있었던 군사정권의 책임을 묻게 될 것이기 때문입니다.

그런데 또 한 번의 기회가 왔습니다. 통일민주당의 김영삼과 신민주공화당의 김종필이 협력해온 것입니다. 이 3당 합당으로 민주정의당은 새로운 이름을 갖게 됩니다. 민주자유당, 즉 민자당입니다.

민자당이라는 이름으로 이후 김영삼 정부까지
이들은 여당의 자리를 굳건히 지키며 생명을
연장시킵니다. 그리고 5년 후에 김대중의
새정치국민회의에게 자리를 내주죠.

정권은 오래 유지했지만 그동안 정당 이름은 계속 바뀌었습니다. 새누리당은 당내 갈등을 겪으며 여러 번 변신을 거듭했습니다. 우선 김영삼이 대통령이 되자 과거 전두환의 민주정의당 파, 즉 민정계는 찬밥꾸러기가 됩니다. 김종필 쪽도 마찬가지였고요. 김영삼 대통령을 등에 업고 통일민주당 계열, 즉 민주계가 독단적으로 당을 이끌어갔습니다.

이에 반발해 김종필 파는 먼저 당을 뛰쳐나가고, 민정계도 탈당을 고려하고 있었습니다. 그런데 마침 노태우 전 대통령의 비리 문제가 터졌죠. 이 때문에 민정계는 한 풀 꺾이고 맙니다. 그리고 이어 김영삼 대통령이 5·18 관련자 처벌, 역사 바로세우기 등으로 민정계를 초토화시키기 시작했습니다. 전두환 전 대통령과 민정계의 군부 출신 핵심인사들이 줄줄이 구속됐습니다. 그러나 이 처벌은 상징적인 데 그쳤고 새누리당은 그대로 살아남았습니다.

김영삼 대통령은 자신이 이미 손을 잡은 이들을 완전히 해체시키지는 못합니다.

다만 과거 5공, 6공을 연상시키는 당명을 바꾸고 신한국당으로 거듭납니다.

이회창을 영입해 당대표로 삼고요. 이후 신한국당은 분열과 야합을 거듭하며 지금의 새누리당으로 자리를 잡아갔습니다.

10년의 야당 생활이
힘드셨나요?

———

신한국당의 내부 분열은 끊이지 않았습니다. 또 다시 김영삼 대통령과 이회창 당대표 간에 마찰이 일어났고, 이때 이인제가 민주계의 많은 이들을 데리고 신한국당을 떠났습니다. 대선을 앞둔 신한국당은 난처한 처지가 됐죠. 게다가 상대의 유력한 후보는 새정치국민회의의 김대중이었으니까요. 이에 신한국당은 또 한 번 합당을 결심합니다. 민주당과 또 한 번 손을 잡죠. 그래서 새누리당의 전신인 한나라당이 탄생한 겁니다. 이회창은 대선 후보가 되고 조순은 당총재가 된다는 조건이었습니다.

그러나 이회창 후보가 김대중 후보에게 패하며 한나라당은 결국 사상 처음으로 야당으로 밀려납니다. 그런데 이후에도 여전히 원내 제1당의 자리는 지켰다는 점에서 이 당의 견고함을 다시 한 번 느낄 수 있습니다.

이런 한나라당도 총선에 완전히 실패한 때가 있었는데, 바로 노무현 정권 때 치러진 17대 총선입니다. 노무현의 열린우리당이 152석을 차지한 데 비해 한나라당은 121석에 그쳤습니다. 그동안의 선전에 비하면 적은 숫자였죠. 노무현 대통령을 탄핵하려다 역풍을 맞았던 겁니다.

그러나 이 정당은 야당 생활 10년 만에 또다시 다음 대통령을 탄생시키는 데 성공했습니다. 한나라당은 이명박 대통령을 당선시킴으로써 다시 집권여당이 되었고, 이후 박근혜 대통령을 배출해 여전히 그 자리를 지키고 있습니다. 지금의 새누리당으로 이름을 바꾼 건 지난 대선 박근혜 후보의 선거전을 시작하며 당 이미지를 쇄신하기 위한 것이라 하고요.

10년 만에 다시 정권을 잡은 새누리당은 이제 노태우, 김영삼 정부 시절의 혼란스러운 모습을 더 이상 보이지 않고 있습니다. 매우 치밀하고 견고하게 자신들의 성을 쌓고 있습니다.

이제는 민주계와 손을 잡지 않아도
자신들의 힘으로 충분히 정권 유지가
가능해 보입니다.

현재 제1당인 새누리당은 이렇게 탄생했습니다. 전두환 전 대통령이 만든 민주정의당을 본류로 하여 김영삼의 민주계, 여기에 김종필 계열, 조순의 민주당이 합류해 지금의 새누리당에 이른 것입니다. 훗날에, 합당해 온 이들은 다수 빠져나가고 민정계가 주류를 이뤘습니다. 그동안 거친 이름은 민자당, 신한국당, 한나라당이고요.

김대중, 노무현 두 대통령의 시기를 제외하면 새누리당은 언제나 여당, 민주당은 언제나 야당이었습니다. 또 노무현 대통령 시절 탄핵의 역풍을 맞았을 때를 제외하고는 새누리당은 제1당의 자리를 놓친 적이 없습니다.

새누리당은 우리나라에서 가장 큰 지지를 얻고 있는 정당입니다.

새누리당은 전두환 정권이 만들어낸 정당이라는 태생적인 한계가 있음에도 그 책임을 회피하고 꾸준히 이름을 바꾸며 명맥을 이어가고 있습니다. 역사에 대한 책임을 지지 않으면, 그

역사의 심판을 피하기 위해서 정당의 안위만을 위해 달리게 됩니다. 대통령을 내는 데 목을 매게 되고, 마구잡이로 합당을 시도하게 되고요. 그러니 새누리당이 표방하는 가치는 보수 외에는 보이지 않습니다. 건전한 보수가 아닌, 현 권력을 유지하고 지키기 위한 보수 말입니다. 아무리 이름을 바꾸고 복지 공약을 내세워도 새누리당에서 미래를 이끌어갈 에너지를 볼 수 없는 건 그들이 권력을 놓지 않으려는 이익집단과 같은 행동을 너무 많이 했기 때문이겠죠.

정당은 명목상으로라도 어떤 가치를 놓지 말아야 하는데, 새누리당은 표면적으로도 명분을 지키지 않습니다. 권력을 잡는 데는 집요하고, 국민과의 약속에 대해서는 느슨합니다. 거짓 공약을 남발하고 국민과의 약속을 가볍게 버리는 뻔뻔한 모습을 아무렇지도 않게 보여주고 있습니다.

그러나 지금 새누리당은 자신감이 충만한 모습입니다.

그리고 그 자신감의 근원은 국민이라고 당당하게 말하고 있습니다.

02 새정치민주연합, 개혁정치가 국민을 위한 정치인지

안철수가 정치를 시작했습니다. 그동안 계속 주장하던 '새 정치'를 그대로 당명으로 하여 새정치연합을 만들었습니다. 그리고 민주당과 손을 잡으며,

대한민국 정치 역사와 함께한 전통 야당의 이름을 바꿔놓았습니다.

새정치민주연합으로요. 어째 민주당은 축소된 느낌이 듭니다. 그만큼 안철수의 힘이 필요했다는 뜻이겠죠.

민주당에 대해 국민들은 새누리당만큼이나 보수적인 당으로 생각하고 있습니다. 보수당의 이미지로는 젊은 층을 끌어들일 수 없습니다. 민주당을 10년간 집권여당 자리에 올려놓았던 건 민주화투쟁과 김대중이라는 인물의 힘이었지만, 이제는 그게

먹히지 않는 '새 정치'의 시대가 되었으니까요.

그렇다면 민주당이 그동안 어떤 길을 걸어왔는지 한번 볼까요. 민주당의 뿌리는 해방 후 정부 수립 당시의 한민당에서 찾을 수 있습니다. 즉 현재 우리나라에서 가장 오래된 정당입니다. 한민당이라면 친일 세력, 지주들로 구성된 그 정당이죠. 그러나 이 당이 자의 반 타의 반 이승만, 박정희, 전두환 정권을 거치며 반독재 투쟁 정당으로 변신했습니다. 그러면서 민주화를 추구하는 정당 이미지를 갖게 되었죠. 물론 그렇기도 했고요. 그래서 민주당 역시 태생적으로 친일 세력이라는 한계를 지니면서도, 여전히 한국의 양대 정당 중 하나로 남아 있는 것입니다.

우리나라에서 그렇게 오래 독재가 유지되지 않았다면 민주당이야말로 반민족적인 당으로 낙인찍혀 회복할 수 없었을지도 모릅니다. 일제의 꼭두각시 노릇을 하던 관료와 경찰로 채워진 자유당보다야 친일 경력이 두드러지지 않았다 해도, 일제 시대에 부를 유지하며 타협했던 세력이라는 것만으로도 친일 딱지를 떼기는 어려웠을 테니까요.

서울의 봄,
우왕좌왕하는 민주당의 봄

민주당은 이승만 정권 때부터 반독재를 목 놓아 외쳤던 정통 야당입니다. 그러나 매번 독재가 끝나면 민주당은 순간 오합지졸이 되어버립니다.

4·19 때도 그랬고, 10·26 때도, 6월항쟁 때도 그랬습니다.

군사정권이 종식되던 두 시기로 돌아가 봅시다. 이들이 어떻게 실패해 왔는지, 우리가 민주당이라는 야당을 가짐으로써 어떻게 군부독재의 역사를 반복해 왔는지 말입니다.

박정희 정권 당시 민주당은 신민당이라는 이름으로 활동하고 있었습니다. 윤보선, 김대중을 내세워 대권에도 계속 도전했고요. 그러나 번번이 선거에 실패했습니다. 그리고 박정희 대통령이 유신을 선포하자 신민당은 와해 직전이 되었습니다. 그러다 79년 10·26사태로 유신체제가 종식되고서야 정치활동을 재개했죠.

가택연금에서 풀려난 김영삼과 김대중을 비롯해 정치활동

제제에서 풀려난 많은 정치인들이 동시에 움직이기 시작했습니다. 4.19 이후 또 한 번의 정치 공백 속에서 새로운 판짜기가 시도된 것입니다. 그런데 이때 야권은 허둥대며 힘을 모으지 못합니다.

신민당 총수로 돌아온 김영삼은 김대중과 재야인사들의 입당을 거절하고요, 당은 김영삼 파와 김대중 파로 분열됩니다. 그 사이 전두환이 군권을 장악했고요. 당시 정계 원로인 윤보선은 김영삼과 김대중의 단합을 유도했으나 당시의 이 젊은 정치인들은 거절했습니다. 그리고 각자 대권을 꿈꿨죠. 10·26사태부터 다음해 5월 17일까지, 전국적으로 민주화 바람이 부는 가운데 정계가 재편되던 이 시기를 서울의 봄이라고 합니다.

그러나 기회를 노리고 있던 전두환은 1980년 5월 17일, 계엄령을 확대하고 국회를 해산해버립니다. 김영삼은 또다시 가택연금을 당하고, 김대중은 내란 음모 혐의로 연행됩니다. 이후 신민당은 다른 정당들과 함께 해산되었고, 김대중은 사형을 선고 받은 후 극적으로 망명길에 올라 전두환 정권이 끝나갈 무렵까지 돌아오지 못했습니다. 김영삼은 정계를 은퇴하고 산악모임을 갖는 것 외에는 아무것도 할 수 없는 처지가 됐고요.

서울의 봄이라는 정치적 도약의 기회를
허무하게 날려버린 겁니다.

**야권,
또다시 뭉쳐!**

—

　　당시 전두환은 정치풍토쇄신을 위한 특별조치법이라는 걸 만들었습니다. 이 법에 묶여 웬만한 정치 인사들은 선거에 입후보도 못했습니다. 국회는 전두환 대통령을 보좌하는 민주정의당의 판이 되었지요.

　그러나 12대 국회에서 분위기가 반전됐습니다. 1985년, 정치활동이 금지되었던 다수 정치인들이 해금된 겁니다. 이 기회에 과거 신민당 세력은 다시 규합하여 활동하는데, 이 정당이 신한민주당입니다. 사실 신한민주당의 실세는 산에 다니며 물밑에서 정치세력을 모으고 한편으로는 단식투쟁을 거듭했던 김영삼과, 해외 망명 중인 김대중이었습니다.

　과거 김영삼 파와 김대중 파로 나뉘어 있던 신민당 계열은 국내에 있던 김영삼을 중심으로 보여듭니다. 그렇게 힘을 모은 신한민주당은 12대 총선에서 크게 선전했습니다. 물론 그것은 이 당에 표를 몰아준 국민들의 힘이었고요. 다른 야당과 함께 다수의 표를 얻은 신한민주당은 여소야대 정국을 만들어냈고, 그제야 전두환 정권을 견제할 수 있게 됐습니다.

　이후 김영삼은 김대중의 사면을 적극 주장하며, 김대중에게 대선 출마를 양보하는 등의 훈훈한 모습도 보여줍니다. 이때가 아마도 국민과 야권이 똘똘 뭉쳐 한 지점을 바라봤을 때라고 할 수 있는데요, 그렇게 일심 단결하여 직선제로의 개헌을 추진했습니다. 신한민주당은 기습적으로 개헌 서명운동을 전개하는 등 여론을 움직이고 국민의 동참을 이끌어냈습니다. 그리하여 87년의 6월항쟁과 민주정의당 후보 노태우의 6·29선언을 끌어내는 데까지 이른 것입니다.

이때 우리 정치는 새로운 전기를 맞이했었습니다. 87년 이후부터 현재까지 우리는 헌법에 의해 직접 대통령을 선출하고 있습니다. 87년 이전의 정치판이 오로지 독재 대 민주화투쟁으로 점철되었다면, 이때부터는 새로운 정치풍토가 정착될 수 있는 가능성이 열렸던 것입니다.

그런데 이들은 87년의 겨울도
그대로 날려버리고 맙니다.

내가
대통령이 돼야 해!

—

　87년 당시에는 통일민주당이라는 이름으로 이 전통적인 야당은 대선을 준비했습니다. 대통령 직선제 하에서 이들은 자신 있어 보였습니다. 6월항쟁에서 불붙은 국민들의 민주화 바람을 등에 업고 이번에야 말로 군사정권을 몰아낼 절호의 기회라는 흥분에 싸여 통일민주당은 힘차게 출범했었죠. 통일민주당은 그동안 독재를 견제해 온 전통 야당의 정통성을 이어온 데다, 국민들의 절대적 지지를 얻는 김영삼과 김대중이라는 걸출한 리더도 보유하고 있었습니다. 그렇기 때문에 총선의 승리에 이어 대선에서도 다시 한 번 여당을 제압할 수 있으리라 여겼습니다.

　그런데 대선을 앞두고 두 카리스마 김영삼과 김대중이 또 갈라서고 맙니다. 이전에 보여주었던 훈훈함은 온데간데 없이 두 김은 서로 대권을 양보하지 않습니다. 이 정당은 또다시 독재정권이 사라져 가는 자리에서 민주화를 코앞에 두고 분열되고 만 것입니다. 두 김은 각각 두 정당으로 나뉘어 대선에 출마했습니다. 결과는 노태우의 승리였고요. 이때 민주화를 열망했던 국민들은 허탈감에 빠졌습니다. 죽 쒀서 고스란히 떠먹여 주는데, 서로 받아 먹겠다고 싸우다가 숟가락을 내동댕이쳐 버린

격이었으니까요.

그러나 비록 대권은 노태우와 민주정의당에 넘어갔지만, 다음 총선은 야권의 승리였습니다. 두 김이 이끄는 두 정당이 힘을 합하면 민주정의당의 의석수를 넘어섰거든요. 이제 민주정의당의 독주가 힘들어진 상황이 되었습니다.

이때 우리 국회는 그동안 대통령에 밀려 있던 국회의 권한을 많이 회복했는데, 그 하나로 16년 만에 국정감사권이 부활되기도 했습니다. 여소야대 형국은 이후 5공청산을 가능하게 하는 기반이 되기도 했고요.

집권여당과 몸을 합치다

―

노태우 정부가 끝나가며 국민들은 또 기대를 가졌겠죠? 그러나 이후 민주당은 또 한 번 어이없는 모습을 보여주었습니다.

김영삼과 김대중은 통일민주당과 평화민주당이라는 각자의 배에 올라 타 92년 대선을 준비했습니다. 이들의 권력의지는 대단했습니다. 또 이들을 능가할 만한 대권주자도 없었고요.

그런데 이때 김영삼이 정치적 계산에 의해 적과의 동침을 선택하는데요, 바로 민정당·신민주공화당과의 3당합당입니다. 이 일로 김영삼 전 대통령은 욕깨나 먹었습니다. 5공 세력인 민정당과 박정희의 인척 김종필과 손을 잡은 것이었으니까요.

군부 세력과 민주화 세력이 한솥밥을 먹게 된 것입니다. 이로써 민자당이라는 요상한 당이 탄생했습니다.

이를 두고 당시 김영삼 총재는 호랑이를 잡으러 호랑이 굴에 들어 간다고 변명했지만, 정당 색깔을 불 분명하게 하여 민주정의당의 목숨을 연장시켜줬다는 비난은 피할 수 없었습니다. 그래서 지금의 새누리당도 있는 것이고요.

국민들은 의아하고 분노했습니다. 정치권의 화해라고 박수를 쳐주기에는 세 당의 잇속 계산이 너무나 뻔했기 때문입니다. 지난 대선 김대중의 권력욕에 뒤통수를 맞았던 국민들은 이번에는 김영삼의 권력욕에 배신당한 것입니다.

그러나 이 전략은 성공하여, 92년 14대 총선에서 민자당은 가장 많은 의석수를 차지했고, 김영삼은 14대 대통령으로 당선되었습니다.

　당시 민주당에는 김영삼의 3당합당에 합류하지 않은 소수의 잔류파도 있었습니다. 그중 하나가 노무현 전 대통령이었죠. 이 통일민주당 잔류파들은 규모가 작아 꼬마 민주당이라고도 부르는데요, 이들은 대권 경쟁에 실패한 김대중의 정당과 손을 잡고 제2의 민주당을 열어 활동을 이어갔습니다. 그러나 김대중이 빠진 민주당은 그리 신통치 않았습니다.

　그럼 이때 김대중은 무엇을 하고 있었느냐, 김영삼의 3당합당으로 제대로 한 방 먹은 김대중은 정계 은퇴를 선언해버렸습니다. 아마도 낙심이 상당했던 듯합니다. 그러나 이후 은퇴를 번복하고 정계로 다시 돌아오는데, 이때 그는 새로운 정당을 창당합니다. 바로 첫 정권교체를 이룬 새정치국민회의입니다. 김대중이 돌아오자 민주당에 남아 있던 김대중계는 우르르 이 신당으로 몰려갔습니다. 그러나 이때도 노무현은 3김 정치의 전 근대화를 비판하며 민주당에 남았지요.

　김대중의 인기는 은퇴 번복 후에도 식지 않아, 새정치국민회의는 96년 15대 총선에서 민주당을 제치고 단숨에 제1야당의 자리를 꿰찼습니다. 힘이 빠진 민주당은 당시 신한국당으로 이름을 바꾼 민자당과 전격 합당했고요. 신한국당 쪽도 그리 좋지 않은 상황이었거든요. 그렇게 둘은 한나라당이 되었습니다. 또다시 여야의 몸 합치기가 이루어진 것입니다. 오로지 대권을 잡겠다는 목표로 말이죠. 이때 노무현 전 대통령은 민주당을 나와 김대중의 새정치국민회의로 합류합니다.

새정치국민회의는 1997년에야 대권을 잡는 데 성공했습니다. 이로써 새누리당과 섞이지 않은 순수한 민주당이 처음으로 집권 여당이 된 것입니다. 새누리당은 전두환, 노태우, 김영삼으로 이어오던 자신들의 자리를 결국 민주당에 내어주게 되었지요.

어쨌든 민주화 세력의 주축이었던 두 김은 이렇게 앞서거니 뒷서거니 하며 염원하던 대통령의 자리에 올랐고, 김영삼을 따르던 민주당도 김대중을 따르던 민주당도 모두 그토록 바라던 여당이 되었습니다.

> 그러나 민주화 투쟁 당이라는 정당의 정체성은 이미 사라졌고, 그들이 견제하던 관제여당과의 거듭된 합당으로 민주당은 스스로의 가치를 모두 상실했습니다.

그저 목숨이 오락가락하며 민주화 투쟁을 했던 당 지도자들이 대통령 자리에 한 번씩 앉았다, 라는 상징적인 위안만을 국민들에게 안겨주었을 뿐입니다.

물론 그들이 대권을 잡지 않았다면 이루지 못했을 일도 많습니다. 군부권력에 대한 견제는 확실히 이루어졌습니다. 하나회는 뿌리 뽑혔고, 12·12사태와 광주학살에 대한 책임도 몇몇에게 물렸습니다. 5공에 대한 심판도 많이 이루어졌습니다.

김영삼 대통령은 비록 전두환의 자유정의당과 손을 잡기는 했지만, 정권의 수장들에 대해서는 과감하게 칼을 빼들었습니다. 김대중 정부는 대북정책에서 한 걸음 나아가는 성과를 보였고요. 그렇게 국민들이 염원하던 대로 민주화의 단계를 밟아 갔습니다.

그러나 두 사람에게는 IMF사태와 IMF의 극복이라는 더 급한 과제가 앞에 놓였습니다. 변화하는 사회 속에서 민주당이 지향하던 과거의 가치는 힘을 잃었습니다. 새로운 판에 떠밀려 새로운 규칙에 적응해야 하는 시점이 된 것입니다.

그러나 집권과 민주화의 집념으로 일관했던
이 정당은 결국 적응에 실패했습니다.

새 정치와
보수에 밀린 민주 정당

새정치국민회의는 새천년민주당으로 이름을 바꾸고 노무현 정권을 탄생시켰는데요, 대통령이 된 노무현은 민주당을 버려버립니다. 그리고 열린우리당을 창당하지요. 두 번의 정권 창출을 성공시킨 민주당이 순식간에 야당으로 밀려난 겁니다.

이에 분노한 민주당은 한나라당과 함께 노무현 대통령을 탄핵하려 하지만, 오히려 역풍을 맞았죠. 두 보수 정당이 국민이 선출한 대통령을 내쫓으려 한다는 분노를 사게 되었습니다. 그래서 다음 총선은 민주당으로선 최악의 선거가 되고 맙니다.

그 사이에, 한동안 친구같이 보였던 또 다른 보수 정당 새누리당은 더욱 견고한 보수와 신자유주의로 무장하며 어설프게 보수적이고 어설프게 민주적인 이 친구를 세치고 완벽한 자기 자리를 찾았습니다.

노무현 대통령 임기 막바지에 이르러 열린우리당은 민주당으로 다시 돌아옵니다. 이때 야권이 속속 뭉쳐 지금의 민주당이 된 것이고요. 그러나 민주당은 이명박 후보를 앞세운 한나라당에 대권을 내주며 10년 만에 다시 제자리로 돌아왔습니다. 아니, 제자리도 아니었지요. 민주당은 이미 과거의 정체성을

잃은 상태였습니다. 국민들에게는 지긋지긋한 보수당의 이미
지만 남았습니다.

민주당의
역할?

———

　　민주당은 비민주적인 정권이 탄생할 때마다 야권
을 결속시켜 그에 맞섰습니다. 그러나 그런 공이 있음에도 불
구하고 이후 실망스러운 모습을 보여 국민들의 지지를 빼앗기
곤 했지요. 집권당에 맞서기 위한 야권 연대라는 한계를 극복
하지 못한 겁니다.

　거대 여당에 투쟁한다는 공감대는 야권을 하나로 단결시킬
수 있으나, 그 대상을 잃으면 힘을 쓸 수 없게 되는 것이죠. 김
영삼, 김대중이라는 워낙에 강한 카리스마가 지금껏 민주당을
존재하게 했지만 그들을 대통령으로 만드는 과정에서 보여준
일련의 과정은 국민들을 민주당으로부터 돌아서게 만들었습니
다. 또 노무현 대통령 탄핵은 민주당 또한 새누리당과 마찬가
지로 거대한 이익집단으로 보이게 했지요.

　이명박 대통령이 당선될 당시 민주당은 이빨 빠진 호랑이였

습니다. 민주화 투쟁이라는 명분도, 더 이상 기댈 인물도 없었
으니까요. 민주당은 그대로 역사의 사명을 다한 듯했습니다.
그런 민주당이 지난 대선에서 다시 활력을 얻은 건 무엇 때문
이었나요? 민주당 자체의 힘은 아니었습니다.

> 국민들의 눈에 이명박 정권이
> 아주 비민주적으로 보였던 게
> 민주당의 힘이 되었죠.

집권자가 힘을 휘두르기 시작하면 국민들은 당장 민주당을
찾거든요. 지금까지 민주당이 늘 강압적인 정권에 대한 견제
세력이 되어 주었으니까요.

최근 이명박, 박근혜 정부에서 다시 투쟁의 대상을 발견한
듯, 야권이 힘을 모으는 것처럼 보입니다. 안철수라는 신무기
를 장착하여 다시 총연대에 나선 셋입니다. 국민들도 다시 한
번 민주당을 이용하려는 것 같습니다. 그런데 민주당의 과거가
보여 주듯, 정권의 창출 후가 더 중요합니다.

그 이후의 비전이 없다면 결국 시대의 사명을 다 한 후 설 곳
을 잃게 될 겁니다.

원론적인 이야기지만, 정당은 정치인의 권력욕과 사리사욕을 위해 존재하는 것이 아닙니다. 정당은 정치적 이념이 일치하는 사람들이 모여 정권을 창출하고 그 정권을 뒷받침하기 위해 존재하는 것이죠.

정치적 이념이란 게 뭘까요?

어떤 것이 옳은지의 가치 판단,
어떤 것이 우선인지의 선후 판단입니다.

좌익이냐 우익이냐의 정치 이념은 이제 버려야 하고요.

우리 정치의 발전은 기형적이었지만 그러나 활기찼고 치열했습니다. 그리고 각 정당들은 분명 자기의 역할이 있었습니다. 한쪽은 독재권력을 위한 정당이라고는 하나, 어쨌든 정권을 보좌하여 일사분란하게 움직였고요, 법적인 절차라는 것도 명목상 존재했습니다. 또 다른 한쪽은 분열을 거듭하여 정치를 혼란에 빠뜨리고 독재자에게 정권을 넘겨주는 무능한 모습을 보였을 지 언정, 그 독재를 견제하는 역할을 자처했다는 점은 분명 있습니다.

그러나 양쪽 모두 똑같이 국민들의 신뢰를 얻지 못했습니다.

부정부패와 개인과 정당의 이익 추구, 그리고 여전한 지역감정 조장, 인물 위주의 정당 구조, 파벌 형성이 계속되는 한 어떤 정당도 국민의 사랑을 받지는 못할 겁니다.

단출해도 너무 단출한 우리나라의 정당역사

여태껏 우리나라의 정당은 자유당 - 민주공화당 - 민주정의당 - 새누리당으로 연결되는 집권여당의 계열과 민주당 - 신민당 - 신한민주당 - 새정치민주연합으로 연결된 민주화 계열만이 존재할 수 있었습니다. 그리고 지금 두 보수 정당의 구도는 50년 전이나 달라진 게 없습니다.

우리 정당의 역사가 이렇게 단출한 것은 우선 정치 상황의 긴박성 때문일 겁니다. 북한이라는 위험이 존재하고 미국의 영향에서 자유로울 수 없는 상황이 강력한 권력을 가진 대통령을 낳았습니다. 집권자는 하나같이 자신의 추종 정당을 만들었고, 야권은 그때마다 연대하여 이에 맞설 뿐이었습니다.

다양한 정당의 출현이 가능했던 시기마다 매번 군사정권의 집권으로 단숨에 끝이 났습니다.

대통령의 무소불위의 권한은 여당을 꼭두각시로 전락시켰고, 야당 역시 강력한 카리스마를 중심으로 헤쳐모여를 반복하며 미래지향적인 비전은 갖지 못했습니다. 그로 인해 정권 해체마다 분열을 가져왔고, 국민들은 혼란에 빠졌고요.

야당 정치인들의 권력욕구도 이야기하지 않을 수 없습니다. 군부정권을 끝낸 자리에서도 우리는 앞으로 나아가지 못했습니다. 김대중의 권력욕은 군사정권의 연장을 가져왔고, 김영삼의 권력욕은 민주자유당이라는 웃지 못할 짬뽕 정당으로 만들

어내 군부정권의 잔존 세력을 현재의 정치판으로 고스란히 물
려주었습니다.

과거지향적인
선거

——

국민들은 여당이든 야당이든 비리와 권력에의 집
착으로 얼룩진 기존 정치인들을 썩은 물이라고 여깁니다. 전통
적인 정당들은 그 누구도 윤리적 책임을 면할 수 없을 정도로
부패가 뿌리 깊어, 누가 정권을 차지하든 구태를 반복할 뿐이
라고 생각합니다. 이제 국민이 원하는 것은 정치가 아닙니다.
국민들은 정치가 더 이상 날뛰지 않기를 원합니다. 그러나 그
러면서도 국민들은 또 보수 정당을 지지해 줄 겁니다. 별다른
대안이 없기 때문입니다. 선거는 그저 이전 정권을 심판하는
법정이 되어 버렸거든요. 우리는 미래지향적인 투표를 하지 않
습니다.

우리나라에서 선거는 언제나
과거 지향적이었습니다.

우리 정치가 발전하기 위해서는 이제 제3의 정당들이 등장하여 국민들의 지지를 얻어야 하지만, 아직 그 길은 요원한 것 같습니다. 정책을 중시하겠다는 정당들이 몇몇 등장하기도 했죠.

그러나 지금은 모두 힘을 잃었습니다.
그리고 다시 새누리당과 야권 연대의
싸움판이 되었습니다.

정치하기
어려운 나라

우리나라에서는 다양한 정치사상이 자유롭게 논의 될 기반이 없었습니다. 해방 후 6·25를 겪으며 사회주의 계열은 몰락했고, 중도적인 민족주의·민주주의 계열도 정권의 이익에 반하면 사상 문제로 몰려 존속하기 어려웠습니다. 만약 노동자의 권익을 대변하는 정당이 있다면 여지없이 좌익으로 몰렸지요. 그것이 지금까지 반복되고 있고요.

우리 정치가 발전되지 못한 데는 물리적인 이유도 있습니다.

군부 독재가 들어서면 정당 활동은 곧바로 금지되었고 정치 지도자는 감금되고 억압받았으니까요.

이런 와중에 정당에 가입하는 것 자체가 위험천만한 일이었습니다. 정치 지망생은 독재정권이 만든 관제 여당에 소속되거나, 아니면 험난한 야당 정치인의 길을 걸어야 했습니다. 따라서 권력욕과 기회주의적인 성향이 강한 이들이나, 혹은 투쟁의지가 강한 이들이 우리 정치계를 형성할 수 밖에 없었습니다.

야권 내에서도 다양한 목소리는 나오지 않았습니다. 당 중심부에 결속하지 않으면 노무현 대통령처럼 이단자가 되었습니다. 두 김을 중심으로 세력이 형성되어 그들에 따라 당을 나가고 합치기를 반복했습니다. 이는 민주화의 신동이 너무 컸기 때문이기도 합니다. 매번 군사정권에 의해 패배하면서 카리스마적인 리더십이 요구되었고, 이는 정당의 리더에게 권위적인 성격을 부여했지요. 정당 내에서도 자유롭게 정치를 논하기보다, 정당 내 권력자에 따라 이리저리 몰려다니는 상황이 지속될 수 밖에 없었습니다. 이런 상황에서는 젊은 정치인, 새로운 생각이 들어설 수 있는 여지는 없습니다.

　2000년대 들어 눈에 띄게 활동을 시작한 신생 진보 정당들도 있었습니다. 정치가 아닌 정책을 내세우며 국민들의 마음을 끌었지요. 그러나 지금은 사라졌습니다. 민주노동당 등 여러 진보적 성향의 단체들이 2011년 통합진보당으로 합당했습니다. 그러나 지금은 이석기 의원 내란음모 사건 후 정당해산 판결을 받아 이제 언제 해산될지 모르는 상황이죠.

　예전 독재정권이 끝나 자유로운 정당 활동이 움트려 할 때마다 좌절되고, 우익이 아니면 모두 좌익으로 몰려 사라져갔던 상황과 다르지 않습니다. 우리 정치가 50년 전이나 똑같다는 말입니다.

　결국 우리는 지금 또다시 보수 거대 정당 둘만 남아, 국민들은 또 한 번 보수여당과 민주연합 둘 중 하나를 선택해야 하는 상황에 놓였습니다.

우리 정치는 한 발자국도 나가지 못했습니다.

[박대통령의 인사문제]

-월스트리트저널 By Aidan Foster-Carter 20. June 2014

　박근혜 대통령이 중앙아시아 3개국 순방에 나서기엔 한국에는 너무 많은 일이 일어난 한 주였다. 이미 총리지명자 한 명이 사퇴한 상황인데다가, 두 번째 지명자도 물러날 위기에 놓였다.

　- 중략 -

　신앙 문제는 차치하고라도 문 지명자는 정치나 행정 업무 경험이 전무한, 다분히 논란이 되는 인물이다. 애초부터 그의 지명에 많은 이들이 의외라는 반응이었다. 대체 박 대통령은 왜 그를 지명한 걸까?

　두 가지 요인으로 분석해 볼 수 있을 것 같다. 문 지명자는 핵심 경합지역인 충청 출신이다. 그리고 안대희 전 총리지명자와는 달리 부적절하게 형성한 재산이 없다. 안 전 지명자는 대법관직에서 물러난 뒤 막대한 부를 축적했다. 영국 극작가 오스카 와일드의 표현을 빌자면 '한번은 불운, 두번은 부주의' 라고나 할까. 최근 설문조사에서 밝혀진 대로 유권자들은 박 대통령의 형편없는 인선 능력을 그녀의 취약점으로 지적한다.

　- 중략 -

사라진 인사 능력

　하지만 대통령에 당선된 후 박 대통령의 인사 능력은 사라졌다. 이번까지 세 차례나(인수위, 첫 내각, 이번 개각) 인사를 잘못한 것이다.

문제가 무엇일까? 속마음을 드러내지 않는 것으로 유명한 박 대통령은 인사에 대해서도 마찬가지다. 이런 식으로 혼자 결정하는 것의 단점은 시간이 걸린다, 참모들과 상의하지 않는다, 자격미달 후보들이 걸러지지 않는다 등이다. 박 대통령은 자신의 출신지역과 부친인 고 박정희 대통령을 섬겼던 이들을 편애한다는 비난 또한 받는다.

두 가지 개선해야 할 부분은 확실해 보인다. 우선 박 대통령은 자신이 모든 인선을 하려하지 말고 위임해야 한다. 또한 2012년처럼 창조성과 포용성을 발휘하는 건 어떤가? 박 대통령은 팔을 벌려야 한다. 그것도 크게 말이다. 개각을 자제하는 것도 도움이 될 것이다. 취임하는 대통령마다 약속하지만 지키지 못하는 부분이다. 세월호 참사 때문에 정치적으로 필요한 일이었을지는 모르지만 결과는 회전문 인사다. 업무를 완전히 파악하기도 전에 자리에서 쫓겨나는 이들이 허다하다.

혹평(hypercritical)과 위선(hypocritical)

하지만 바뀔 수 있고, 바뀌어야 하는 것은 요즘 한국에서 고위직 지명자가 통과해야 하는 심판대의 종류와 성격이다. 완전히 궤도를 벗어난 상태라고 보이기 때문이다. 물론 부패하거나 범죄를 저지른 사람이 고위직을 맡아선 안된다. 하지만 한국 언론은 후보자들을 지나치게 물어뜯는 것을 넘어서서 위선적이기까지하다. 몇 년 전 부동산 경기가 호황일 때는 능력만 된다면 모두가 집에 투자했다. 그런데도 한 장관 지명자는 마치 엄청난 잘못을 저지른 것 마냥 부동산 "투기"꾼으로 몰렸다. 이런 분위기 때문에 고위직 지명자가 넘어야 할 기준은 불필요하게, 아니 불가능하게 높아진다. 자질을 갖춘 후보들조차 지나칠 정도의 호된 검증과정을 겪어야 한다. 많은 이들이 각료직을 고사한다는 게 이해가 된다. 자신과 가족이 그런 힘든 고난을 겪지 않게 하려는 것이다. 누군들 원하겠는가?

또 하나 한국 사회에 해로운 것은 편협한 사고의 이데올로기적인 순응주의가 빚어내는 살기등등한 분위기다. 문 지명자를 예로 들어보자. 솔직히 일반적인 시각과는 역주행하는 듯한 그의 시각이 약간 신선하지 않은가? 하나님 얘기만 빼면, 일본이 한국을 식민지배하며 자행한 수많은 죄 속에서 긍정적인 면을 보는 한국인이 있다는 건 신선하게 느껴진다. 민족주의를 부르짖는 사상가들은 전세계 어디서나 문제이며, 이런 시각에 도전하는 사람들도 있어야 한다. 그게 바로 문 지명자가 한 일이다. 오히려 그의 경험 부족이 훨씬 더 큰 문제다. 안 지명자의 경우는 어떤가? 대법관 퇴직 후 변호사로 변신해 막대한 부를 쌓았다고 치자. 대체 언제부터 그게 범죄가 됐나? 모두 합법적이고 정당한 행위였다. 안 지명자는 변호사 활동 이후 늘어난 재산 대부분을 사회에 환원하겠다고까지 밝혔지만 소용없었다.

안 지명자가 전관예우 덕을 봤다는 불평일랑은 제발 접어두자. 정말 거기에 해당하는 때에나 적용할 일이다. 해야되는 안전관련 감사 등을 건너뛰는 것처럼 실제 범죄에서 전관예우로 인해 불법적 공모가 있었을 경우 말이다. 관직에 있다가 개업하는 게 그렇게 문제되는 거라면 한국 정부는 아예 이를 금지하는 법규정을 만들거나 시간 제한을 두어야 할 것이다. 그렇지 않은 지금으로선 안 지명자는 잘못한게 없다. 그가 법조인으로 재직하는 세월동안 받은 평가가 그것을 말해준다. 얼마나 소중한 인적자원 낭비란 말인가.

(에이단 포스터-카터는 영국 리즈대 '사회학 및 현대 한국학' 명예선임연구원이자 프리랜스 작가, 컨설턴트, 남북 문제 전문 방송인이다.)

경기일보 강해인의 뉴스보기

"무공천 공약폐기 실망…朴, 회동제안 답 달라"

2014.04.03

새정치민주연합 안철수 공동대표는 2일 박근혜 대통령의 대선 공약과 관련, "의지만 있다면 실천 가능한 주요공약의 폐기는 실망을 넘어 슬픔을 느끼게 한다"며 직격탄을 날렸다.

안 공동대표는 이날 국회 교섭단체 대표연설을 통해 "기득권 내려놓기의 상징이었던 기초공천 폐지 공약은 어떻게 됐느냐. 대선공약마저 줄줄이 폐기되는데 다음 세대는 무엇을 배우고 국민은 과연 무엇을 보고 투표를 하겠느냐"며 이같이 말했다.

안 공동대표는 "언젠가 박 대통령께서도 당내 공천문제로 '국민도 속고 나도 속았다'고 말하신 적이 있는데 그렇다면 이번 경우에 국민을 속인 사람은 누구냐"고 지적하며 "대통령에게 현안을 포함해 회동을 제안했지만 아직 답을 받지 못했다"며 책임 있는 답변을 거듭 촉구했다.

이어 "기초선거 무공천 문제는 결자해지(結者解之)가 맞다"면서 "회동의 형식은 구애받지 않겠다. 초당적인 협조만 구할 게 아니라 야당을 국정의

동반자로 인정하는 자세도 필요하다"고 꼬집었다.

안 공동대표는 특히 새누리당 최경환 원내대표가 전날 교섭단체 대표연설에서 기초선거 정당공천 폐지 공약을 실천하지 못해 사과한 데 대해 "왜 대선공약 폐기를 여당의 원내대표가 대신 사과하느냐"면서 "충정이냐. 월권이냐"며 일침을 가했다.

아울러 그는 박 대통령의 경제민주화 공약에 대해 "혁신의 상징처럼 내세웠던 경제민주화는 지금 어디에 있느냐. 혹시 민주화와 민영화를 착각하신 것이었느냐"며 "국민 앞에 드린 약속을 결코 가벼이 여기지 마라"고 경고했다.

안 공동대표는 또 "새누리당이 상징색을 빨간색으로 바꾸면서까지 외쳤던 화해와 소통은 지금 어디에 있느냐. 혹시 국정원이 때로는 '양지에서 일하며 음지를 지향'하더라도 덮어주고 묻어주자는 뜻이었느냐"고 비판의 목소리를 높였다.

이에 대해 새누리당은 "새정치의 소멸을 자기 고백한 것"이라며 즉각 비판에 나섰다. 홍지만 원내대변인은 "'여당 탓'의 연장선이었다"면서 "내용 없는 맹탕 연설이었고 앞뒤가 맞지 않는 위선적인 내용"이라고 혹평했다.

박대출 대변인 역시 "안 대표는 연설문 첫 장부터 정치공세로 시작했다"며 "정치공세 외엔 그저 기존 내용을 짜깁기해서 나열한 정도로 정치 초년생의 신선함은 보이지 않고 '초짜'로서의 엉성함만 드러낸 것"이라고 비난했다.

그는 특히 "기초공천과 관련해 최 원내대표가 사과한 것은 월권이 아니다. 공천은 선거의 핵심이고 따라서 공천 문제의 개입은 선거에 개입하는 행위"라며 "대통령에게 공천 문제를 개입하라 하는 것은 선거에 개입하라는 월권적 행위를 강요하는 것"이라고 반박했다.

강해인, 송우일 기자

2장

미래로 가는 국민,
정치는 30년 후퇴

01 정치에 대한 불신감

　우리 국민들은 정치에 대한 뿌리 깊은 불신을 갖고 있습니다. 우리 국민들은 스스로 정치 후진국이라 부르기를 주저하지 않습니다. 해방 후 지금까지 정치적인 안정을 누린 적이 없었으니 어쩌면 당연한 일이겠죠. 우리 정치를 몇 개 단어로 정리해 보면 이렇습니다. '혼란', '독재', '분열', '민주화에 대한 열망' ……. 우리는 해방 후 곧바로 강대국에 의해 분할 통치되었고, 정부 수립 후 줄곧 독재 정치를 이어갔습니다. 민주 정부가 들어선 후에도 정치판은 분열을 벗어나지 못하고 오늘에 이르렀습니다.

　물론 그동안 발전도 있었습니다. 분명 우리는 민주적인 제도를 많이 도입했고, 언론의 자유, 표현의 자유, 정치활동의 자유를 얻었습니다. 국민들의 의식수준도 높아졌고, 교육수준도 향상되었습니다. 사회의 불합리도 많이 줄어들었습니다. 경제도 발전했고요. 그러나 여전히 국민들은 양쪽으로 갈려 싸우고 있고, 정치판은 혼탁합니다.

사회경제의 발전을 정치가 따라가지 못하고 있습니다.

노무현 신드롬과 안철수 현상은 기존 정치인들이 만들어낸 것

——

2002년, 국민참여 경선부터 대선까지의 노무현 신드롬은 새로운 인물에 대한 국민들의 열망을 반영한 것이었습니다. 기존 정치인들에 대한 뿌리 깊은 불신이 만들어낸 결과였죠. 권력욕과 시리사욕에 물들지 않을 것 같은 인물, 정의롭고 깨끗한 이미지의 정치인을 갈망했던 국민들이 그에 가장 부합하는 인물로 노무현을 지목한 것입니다. 기존 정치판에서 야생마처럼 할 말 다 하던 정치인, 인권운동과 노동운동을 지지하던 서민적인 이미지, 민주화 세력을 넘어서는 새 시대의 인물로 노무현만 한 이는 없어 보였습니다.

그런데 노무현 자신이 대권 의지를 드러냈으니 국민들의 애

정이 그에게 한꺼번에 쏠린 것은 당연한 일이었습니다. 특히
젊은 층들은 권력을 지향하지 않을 것 같은 이 참신한 인물이
새 시대의 대통령으로 완전히 다른 대한민국을 만들어 주리라
는 막연한 기대를 품었습니다.

최근의 안철수 현상은 2002년의 상황과 매우 닮아 있습니다.

한 발 더 나아가 이제 국민은 정치권 밖에서 인물을 찾아냈습
니다. 빌 게이츠를 연상시키는, 성공적이면서도 도덕적인 이런
인상의 기업가는 우리나라에서 찾아보기 힘든 유형이었습니
다. 경제인이라면 돈의 화신이 되어 노동자 위에 군림하고, 정
치 권력자와 같이 무소불위의 권력을 휘두르는 것이 대한민국
의 기업가 이미지였으니까요. 그런데 이 사람은 그다지 돈에
집착하지도 않고, 마치 즐기듯 기업을 경영하면서 뛰어난 성과
를 이루어내지 않았겠습니까? 대한민국에서 의사란 직업이 가
지는 그 안정성과 경제력을 아무것도 아닌 것처럼 내던지고 말
입니다.

자기가 좋아하는 일에 뛰어들어 기업을 성공시켰다는 그 의
연하면서도 초월적인 태도. 그건 바로 젊은이들이 원하는 인생
이기도 했습니다. 곧바로 그는 청년들의 멘토로 우뚝 섰죠. 국

민들은 나아가 안철수에게서 새로운 시대의 리더십을 발견하고 싶어했습니다. 그리고 정치계가 그를 발탁하기 전에 국민들이 먼저 그를 정치계로 끌어들였습니다. 그는 정치를 시작하기도 전에 기존의 어느 정치인보다도 더 영향력을 떨치는 인물이 되었습니다.

국민의 바람은 좌절되고

이런 현상이 2002년을 기점으로 본격적으로 시작된 후, 우리는 매번 참신한 인물을 대통령 자리에 올려놓곤 했습니다. 노무현 대통령이 그랬고, 이명박 대통령도 마찬가지였습니다. 그리고 다음 대선을 앞두고 안철수를 발견했고요. 낭시에 안철수는 아직 권력의지가 없었던 듯, 국민들의 애를 태우며 한참 시간을 끌었죠. 그후 정치로 뛰어들어 지금 또다시 유력한 차기 대권 주자로 인식되고 있습니다. 기존 정치인들과 다른 이미지의 인물을 찾아내는 것은 그만큼 우리 국민들이 기존 정치인에 대한 불신이 깊다는 증겁니다.

그런데 노무현, 이명박 대통령은 어떻게 됐나요?

두 대통령 모두 실패했습니다.

노무현 대통령은 기존 정치 세력과의 불협화음, 우리 사회 기득권 세력과의 단절이 어떤 정치적 실패를 가져오는지를 보여주었습니다.

권력이 없는 정치는 아직 우리에게
시기상조였나 봅니다.

이명박 대통령의 경우는 어떻게 되었나요? 국민들은 그가 기대하던 신선한 새 시대의 정치인이 아니라는 것을 임기가 시작되자마자 알아차렸죠. 그는 기존 권력의 연장선상에 있었고, 민주화 이전의 권력을 일정 정도 흉내 내기까지 했습니다. 정치계에서는 신선한 인물로 여겨졌지만, 그는 역시 독재정권 하에서 성장하고 막강한 경제 권력을 휘두르며 서민들 위에 군림했던 기업인이었던 것입니다.

김대중 전 대통령은 이명박 대통령에 대해
이승만, 박정희, 전두환의 연장선상의 인물로
평가한 바 있죠.

이는 국민들도 뼈저리게 느낀 바입니다. 결국 국민들의 새로
운 시도는 모두 좌절되고 말았습니다.

권력으로
유지하는 정권

———

　　　　우리나라의 정치는 지금껏 힘에 의해 실현돼왔습
니다. 정치력이 아닌 권력을 가진 자들이 나라를 움직여왔습니
다. 대통령에게는 제왕적 권위가 주어졌고, 대통령을 따르는
정당에 의해 나라가 운영되었습니다.

이승만 대통령은 미국의 힘을 등에 업고 있었지요. 박정희와
전두환 대통령은 군대를 움직일 수 있는 힘이 있었습니다. 이
두 힘은 너무나 막강해서 민간 정치인들은 감히 넘볼 수 없는
권력이었습니다.

1948년 이승만 정부가 수립된 후부터 1993년

문민정부가 들어서기까지 45년간

우리나라에 정치는 없었습니다.

일당 독재였고, 그 반대편에는 독재에 맞선 민주화 투쟁이 있었을 뿐입니다.

강력한 카리스마를 가진 보스를 중심으로 정치권력이 형성되어 왔습니다. 독재권력은 아예 자신의 정당을 만들었습니다. 민주화 세력은 투쟁을 통해 절대적인 지도력을 획득한 이들을 중심으로 모여들었습니다. 정당은 대통령을 만들기 위한 조직이 되어버렸습니다. 그렇게 하지 않으면 살아남을 수가 없었습니다.

과도한 인물 중심의 정치는 야합과 분열을 낳고, 정권이 한 번 바뀔 때마다 극심한 혼란을 야기시켰습니다. 정치인이 정치를 하는 것이 아니라 권력을 쥐기 위해 존재하는 듯 보였습니다. 그 사이에 국민들은 점점 희망을 잃어갔고, 정치에 대한 혐오감을 키웠습니다.

대통령 하나로 바뀌지 않는다

———

이런 숨 막히는 정치 상황은 새로운 정치세력의 탄생을 불가능하게 합니다. 정치가 단조로워질 수 밖에 없는 것입니다. 이쪽 아니면 저쪽입니다. 여러 사람들이 여러 목소리를 내야 정치는 건강해집니다. 그런데 단 두 목소리만 냅니다. 그리고 양쪽 모두 권력의 화신으로 변해버렸습니다. 오로지 대권을 향해 국민들을 이용해왔지요.

그런 우리나라의 대통령들, 다시 말해 권력자들은 이제 역사에서 사라졌습니다. 독재자는 죽거나 정치적 힘을 잃었고, 권위와 카리스마를 가진 민주 지도자들 또한 죽거나 늙었습니다. 그렇다면 과거 정치는 물러간 것일까요? 아니죠. 여전히 살아 숨쉬고 활동하고 있죠. 세대교체가 된 듯하지만 그대로인 겁니다. 권력은 유기체라고 합니다. 권력자가 죽어도 그 권력은 어딘가로 이동해 살아남습니다.

숙주를 잃은 기생충이 다른 숙주를 찾아 이동하여 생을 이어가는 것과 같습니다.

고인 물은 썩습니다. 여당이든 야당이든 썩지 않은 인물이 없고 비리에 얽히지 않은 인물이 없습니다. 주머니 속을 털어보면 먼지가 꼭 나오죠. 먼지뭉치가 나오기도 하고요. 국민들은 정치판을 모두 한 통속으로 보고 썩은 물이라고 생각합니다. 썩은 물에서 자란 권력이 건강할 리 없습니다. 그래서 자꾸 새로운 인물을 찾아나서는 것입니다.

그러나 대선 후보 한 사람의 성향과 인격에 모든 것이 달려 있다고 생각하면 오산입니다. 그는 사실 아무것도 할 수 없습니다. 누가 대통령이 된다 해도, 대통령의 뜻대로 국가가 움직여지지는 않을 겁니다. 그가 움직이는 판이 중요합니다. 어떤 메커니즘의 지배를 받는지를 알아야 합니다.

이제 그 썩은 물의 발원지를 찾아보려 합니다. 어떻게 지금의 웅덩이를 이루었는지 한번 봅시다.

그 첫 발원지는 1945년 해방 공간입니다.

02 대한민국 정치, 잘못 꿰어진 단추

   우리의 정치가 안정을 갖지 못한 가장 큰 이유는, 분단 상황을 극복하지 못해 사회와 경제가 순식간에 무너질 수도 있다는 잠재적 위험에 노출되어 있기 때문일 겁니다. 여전히 북한이라는 존재는 우리의 삶과 정치를 위협하고 있고, 또 세계 강대국의 영향에서도 우리는 자유로울 수 없습니다. 국내 문제만 해결해서 될 수 있는 상황이 아닙니다. 국내에서도 사회의 발전과 함께 갖가지 모순이 불거지고 있습니다. 경제발전도 한계에 부딪혔고요.

   그런데 정치인들은 국내의 얽히고 설킨 복잡한 상황을 해소하는 데 힘을 합치기는커녕 더욱 복잡하게 만들고 있습니다. 정권을 잡기 위해서는 국민들을 분열시켜야 한다는 것이 우리나라의 정치 공식이었습니다. 안 그래도 분단된 국가를 정치인들은 동서로, 좌우로, 상하로 분열시켜 사회의 혼란을 가중시키고 오로지 정권 유지에만 목을 맸습니다.

우리 정치의 시작,
처음부터 잘못되었을까?

한국은 정치의 격동기를 거쳐 여기까지 왔습니다. 그동안 많은 권력자들이 떠오르고 사라져갔습니다. 그중에는 독재자도 있었고, 민주운동가도 있었으며, 혁명가도 있었습니다. 그들은 각자 추구하는 바가 너무나 달랐습니다.

국가 운영이 한 사람의 권력자에게 집중되었던 우리나라는 그로 인해 함께 갈라졌습니다. 국민들의 생각과 가치관은 지지하는 정치인에 따라 갈래갈래 찢어졌습니다. 지금의 사회분열은 국민들 스스로 만들었다기보다는 정치가들의 이익에 따라 형성된 부분이 큽니다.

우리나라가 처음부터 이러지는 않았습니다. 처음엔 국민 모두가 뜻을 모아 국가 발전의 이상을 품고 뭉쳤습니다. 그 처음을 1945년 해방 당시라고 보고 그때로 돌아가봅시다.

해방 후부터 지금까지 우리 정치와 권력이 어떻게 흘러왔는지 짚어봅시다. 이는 지금의 정치 현실을 파악하기 위해 꼭 필요한 일입니다.

36년간의 일제 식민시기를 겪으며
우리의 기존 정치는 완전히 무너졌습니다.

외세에 의한 왕정의 몰락이었고, 정치의 완전한 공백이었습니다. 조선 후기에 민중은 새로운 정치, 새로운 사회에 대한 희망을 갈망하고 있었으나, 우리 스스로 새로운 질서를 모색하기도 전에 나라를 빼앗기고 만 겁니다. 그리고 1945년 8월 15일, 해방과 함께 우리는 새로운 정치를 만들어가야 하는 숙제를 안게 되었습니다. 국가 지도자는 이미 사라졌고 정치조직은 전무한 상태에서 말이죠.

그래도 1945년 해방은 가능성의 시기이기도 했습니다. 정치적으로나 사회적으로나 어느 방향으로든 변화가 가능했으니까요. 봉건제도와 식민지배에서 벗어난 우리나라는 국민 스스로 정치 질서와 사회 질서를 하나하나 세워갈 수 있었습니다. 권력구조의 변화도 가능했습니다. 위정자가 한꺼번에 물갈이된다는 것은 혁명과도 같은 것이니까요.

실제로 우리는 급격한 전환을 맞았습니다. 일제 36년간 우리 정치의식에 아무런 발전이 없었던 것은 아니었습니다. 세계로 열린 작은 창구를 통해 민주국가로 변모한 서방 세계와 사회주의 사상이 함께 유입되었습니다.

당시 지식인들에게 이것은 획기적인 사상이었습니다. 일제로부터의 독립이 급선무이긴 했지만, 물밑에서는 새로운 사회에 대한 인식이 퍼지고 있었습니다.

따라서 해방 후 빈 공간에 들어설 정부는 왕정이 아닌 국민의 정권이라는 합의가 곧바로 이루어진 겁니다. 바로 몇 십 년 전 왕정과 신분제도가 유지되던 나라에서 이 질서의 와애를 받아들였다는 것은 굉장한 일입니다.

> **이 빠른 변화를 지도자들이나 민중이 그대로 흡수했다는 것은 당시 우리의 정치의식이 미숙하지 만은 않았음을 보여주는 것이죠.**

한 국가가 탄생하는 데 있어 정부의 수립보다 중요한 것이 사람들의 의식 변화입니다. 일제 36년간의 암흑 속에서도 민중의 의식은 근대국가를 열망할 수 있을 만큼 성장했고, 지식인들은 민주주의나 사회주의 사상을 이미 흡수하고 있었기에 우리는 해방이라는 빈 공간에 민중에 의한 정치라는 혁명을 구상할 수 있었던 것입니다. 다만 외세로부터 여전히 자유로울 수 없었다는 점에서 우리가 결코 자유로운 국민적 합의에 이를 수 없으리라는 것은 예고되어 있었지만 말입니다.

남북으로 갈라진 한반도에 우후죽순 나타난 권력자들

———

해방 당시 우리는 어떤 형태의 정부를 추구했나요? 분명 왕정은 아니었고요. 해방된 우리나라에서는 민족주의와 사회주의가 함께 대두되고 있었습니다. 그러나 이는 지식인들의 생각일 뿐,

대다수의 국민에게 정치사상은 중요하지 않았습니다.

우리 힘으로 국가를 세워 자립 경제를 이루는 것이 국민들의 단 하나의 열망이었으니까요. 그러나 당시 세계정세는 이런 국민들의 기대대로 흘러가지는 않았습니다. 민주주의 국가와 사회주의 국가로 양분되며 냉전 체제가 형성되고 있었고, 우리도

그 영향 하에 놓이게 된 것입니다.

해방 후 한반도는 강대국의 신탁통치를 받으며 남북으로 갈렸습니다. 그리고 막강한 정치·군사력을 가진 미소의 영향권 아래 들어갔지요. 이는 우리 민족의 정치지도자나 민중이 자발적이고 주체적인 행동을 하는 데 제한이 되었습니다. 한반도는 냉전 체제의 최전방이 되었고, 강대국의 이해관계에 따라 통일 국가 수립은 계속 지연됐습니다. 남북에는 각각 다른 이념 체제가 들어섰습니다. 북쪽에는 소련의 사회주의가, 남쪽에는 미국의 민주주의 사상이 정착되어 갔습니다.

그리고 남북 모두 혼탁한 상황 속에서 자기 이득을 챙기고 권력을 잡는 이들이 속속 생겨났습니다. 나라를 빼앗겼다고는 하나 여전히 권력 기반을 유지하는 이들은 분명 있었습니다. 그리고 독립운동을 하던 각지의 사람들이 해방이 되자 새로운 나라를 세우기 위해 서울로 집결했을 것이고, 해외에서 공부하던 유학파들도 부푼 꿈을 안고 조국으로 돌아왔을 것입니다. 대한민국 임시정부 인사들도 귀국했습니다.

나라를 걱정하는 지식인들도 각자의 사상으로 무장한 채 조국 건국에 앞장섰습니다. 그 중에는 사회주의 사상을 가진 자들이 많았고요. 거리에서 힘깨나 쓴다는 무법자들도 정치를 하겠다고 깝죽거렸습니다. 지방 유지들도 재력을 기반으로 정치판을 기웃거렸습니다.

그리고 하나같이 그들은 애국자를 자처했습니다.

이때 조금이나마 권력을 획득하기 위해서는 남쪽의 경우 미국에, 북쪽의 경우 소련에 붙어야 했습니다. 민중의 지지를 받는 민족주의자들보다는 친미 세력이 득세하기 시작했습니다. 그 와중에 사람들이 원하던 일본 식민 잔재 척결은 더뎌졌습니다. 미국으로서는 친일세력을 척결하는 것보다 소련을 경계하는 것이 더 중요했으니까요. 행정 편의상 일제시대의 관료행정 구조는 그대로 유지됐고, 친일 기득권 세력도 흡수되었습니다.

한국의 권력구조가 점점 모습을 드러내다

결국 해방은 민족의 염원 달성도, 새로운 정치 질서의 확립도 좌절되는 상황으로 고착되어 갔습니다. 일제의 지배에서 미군정으로 넘어가 다시 외세에 휘둘리는 형국이 되었습니다. 일제 식민통치 기간의 정치 단절로 정치조직과 지도자의 결집이 이루어지지 못한 상태에서 미소 양대국의 간섭은 새로운 정치 질서에 대한 모색을 불가능하게 만들었습니다. 남북은 사상적인 분열로 치달았습니다. 신선한 정치세력이 성장하지 못하고 개인적 이익추구와 정치적 생존에만 목을 매는 권력자들이 양 강대국을 등에 업고 권력을 차지하기 시작했습니다.

독립 운동가들이나 김구를 중심으로 하는 대한민국 임시정부 인사들은 미국과 뜻이 달랐습니다. 그들은 오로지 통일정부를 수립할 것과, 임시정부가 정부 수립의 주체가 될 것을 주장했지요. 그러는 사이 한반도를 둘러싼 미소 양국의 협상은 계속 결렬되었습니다. 그리고 결국 양쪽에 각각의 정부를 수립하자는 것으로 귀결되었습니다. 많은 이들이 반대했습니다. 임시정부를 비롯한 민족주의자들과 사회주의자들이 특히 격렬히 반대했죠. 4.3항쟁과 같은 민중의 반대 시위도 있었습니다. 그러나 좌파로 몰려 철저히 탄압받았습니다.

이런 반대를 무릅쓰고 1948년 5월 총선이 실시되었습니다. 그리고 첫 국회의원들이 탄생했습니다. 이들은 헌법을 만들고, 이승만을 초대 대통령으로 선출했습니다. 이리하여 1948년, 8월과 9월에 남과 북에서는 각각 다른 이념과 체제를 가진 정권이 들어서게 되었습니다. 그러나 분단 상황이 그렇게 오래 지속될 줄 당시에는 몰랐을 겁니다. 전쟁이 일어날 줄도 몰랐을 테고요. 이렇게 우리의 초기 정치인들은 국민들에게 커다란 실망감을 안겨주며 그 첫발을 떼었습니다.

03 대한민국 정당사, 그 안에 답은 없다

　남한만의 정부 수립이 결정되고, 첫 국회의원을 선출하는 선거가 실시되었습니다. 그러자 정당을 표방하는 다수의 단체들(48개 단체)과 사회 인사들이 국회의원에 출마하겠다고 나섰습니다. 단 임시정부 인사들과 좌익 계열은 출마하지 않았고요.

　1948년 5월 10일, 우리의 할아버지 할머니들은 처음으로 자신의 손으로 직접 국회의원을 뽑았습니다. 그야말로 감격스러운 순간이었습니다. 국민들이 직접 정치인을 뽑다니요, 얼마 전까지만 해도 한반도에서 상상이나 할 수 있는 일이었습니까?

　21세 이상 국민들은 모두 참여할 수 있었습니다. 당시 투표율을 보면 어마어마한데요, 무려 95.5%였습니다. 이 정도면 몸이 불편하거나 부득이하게 투표장에 나갈 수 없는 사람들을 제외하면 모두 다 투표에 참여했다는 말입니다. 지난 19대 국회의원선거 투표율이 54.2%였습니다. 겨우 절반을 넘었죠. 당시 첫 국회의원들에 대한 국민들의 기대가 어느 정도였는지 짐작

할 수 있겠죠.

한국의 첫 정치가들,
그들이 시작이었다

———

이때의 선거로 제헌국회에 발을 들여놓은 이들이 대한민국의 첫 정치세력이라 할 수 있습니다. 이들이 어떤 인물들로 구성되었는지를 보면, 우리 정치의 기원도 엿볼 수 있습니다.

200명가량의 의원 중 무소속이 85명이나 차지했습니다. 앞에서 말했듯이 당시에는 우후죽순이었습니다. 그러나 정치단체도 분명 있었습니다.

1. 대한독립촉성국민회(55명)

2. 한국민주당(29명)

3. 대동청년단(12명)

4. 조선민족청년단(6명)

5. 대한독립촉성농민총연맹(2명)

등이 국회의원을 배출했으며, 또한 대한노동총연맹, 교육협회, 단민회, 대성회, 전도회, 민족통일본부, 조선공화당, 부산15

구락부가 각각 한 명씩의 의원을 배출했습니다.

그렇다면 저 무수한, 이름도 생소한 단체들의 정체는 무엇일까요?

하나하나 알아보죠.

가장 많은 당선자를 낸 대한독립촉성국민회, 줄여서 독촉이라고도 부르는 이 단체는 이승만과 김구의 민족주의 계열 인사들이 만든 정치조직입니다. 처음에는 신탁통치에 반대하여 완전한 독립을 이루겠다는 목표로 출범했죠. 우익에 속했고요. 그런데 이후 임시정부를 계승하자는 김구 계열과 총선거로 남한만의 정부를 수립하자는 이승만 계열이 분열되었습니다. 그래서 당시 독촉은 이승만을 중심으로 하는 우익운동 조직이 되어 있었습니다.

한국민주당(한민당)은 해방 후 각각의 단체로 흩어져 있던 민족주의 세력이 모두 모여 만든 정당입니다. 지주계층과 자산가, 지성인들이 주축이 되었고 일제시대 친일 세력이 대거 포함되어 있었습니다. 그러나 후에는 명망 있는 민족지도자들을 영입하여 우익 민족진영의 대표적인 단체가 되었죠. 1945년 설립 초기에는 임시정부의 입장을 지지했으나, 남한만의 정부 수립으로 노선을 바꿔 이승만을 지지했습니다. 이들은 제헌국회에서 가장 주도적인 활동을 한 세력이기도 합니다만 이승만과 권력다툼을 하다 밀려나 후에는 이승만 대통령을 견제하는 야당이 됩니다.

대동청년단은 이런저런 청년단체들을 통합해 구성한 조직입니다. 그 수장은 임시정부의 광복군 총사령관을 지낸 지청천이었고요. 당시 그는 인기가 많은 인물이었습니다. 이들도 역시 임시정부 지지파와 이승만 지지파로 분열되었고, 총선거 때는 이승만의 정부 수립을 지지했습니다. 훗날 이승만이 조직한 대한청년단에 흡수됩니다.

색깔론을 시작한 대통령

제헌국회에서 가장 큰 문제가 되었던 건 대통령제를 선택할 것이냐, 내각책임제를 선택할 것이냐 하는 것이었습니다. 이 문제로 의견이 갈라져 국회는 두 세력으로 나뉘었는데, 이승만은 강력하게 대통령제를 주장했지요. 한국민주당, 즉 한민당은 내각책임제를 주장했고요. 결국 이승만 세력의 뜻대로 대통령 간선제를 선택했습니다. 그리고 초대 대통령으로 이승만이 뽑혔습니다.

한민당은 그후로도 내각책임제의 뜻을 꺾지 않았습니다. 그래서 대동청년단의 지청천 세력을 규합해 민국당(민주국민당)으로 이름을 바꾸고, 이승만 정권을 견제하기 시작했습니다. 그리고 개헌을 추진했지요. 이승만 대통령은 지지기반이 점점 약해졌습니다. 그러자 다음 총선이 걱정됐던 것 같습니다. 총선을 연기하려는 시도를 하는데요, 그러나 미국의 압력으로 그대로 선거를 치러야 했지요.

> 이승만 대통령이 빨갱이를 들먹이고
> 중도파들에게까지 색깔론을 덮어씌워
> 정계 진출을 본격적으로 저지하기 시작했던
> 것이 이때부터였습니다.

2회 총선은 1950년 5월 30일에 치러졌습니다. 이 선거에는 공산주의 진영을 제외한 모든 정치세력이 뛰어들어 역대 가장 높은 경쟁률을 기록했지요. 48년 총선에 참여하지 않았던 이들도 이 선거에는 대거 참여했습니다. 약 200명의 국회의원을 뽑는데 2,000명이 넘는 후보가 달려들었으니까요.

그중 1,500명이 넘는 사람이 무소속 후보였습니다. 그리고 선거 결과도 무소속 후보들이 가장 많은 62.9%의 지지를 얻었습니다. 아직 정당정치가 완전히 자리 잡지 못하고 있던 때입니다.

6·25가 발발하지 않았으면
정권유지는 어려웠을까?

———

총선 후 한 달 만에 6·25전쟁이 발발한 것은 이승만 대통령에게는 정치적인 행운이었습니다. 국회에서 계속하여 내각책임제 개헌을 추진하고 있었고, 이승만이 두려워하는 중도 인사들이 대거 국회에 합류해 있었으니까요. 이승만은 이제 위협을 느끼고 자신만의 정당을 만드는 작업을 시도합니다. 그리고 6·25전쟁 중에 창당을 합니다. 바로 이승만 대통령의 독재정권을 유지시켜준 자유당입니다.

자유당의 초기 구성을 한번 볼까요?

한민당이 친일세력 중에서도 부를 유지하는 지주들로 구성되었다면,

자유당은 친일 관료, 군인, 경찰들로 채워졌습니다.

이승만은 애초부터 친일 척결에 대해서는 아직 그럴 때가 아니라는, 좀 더 사회가 안정된 후, 다시 말해 자기가 대통령이 된 후 해도 늦지 않다고 주장해왔었죠. 그러다 정부 수립 후에는 더 노골적으로 친일 세력을 자기 권력의 수하로 감싸 안았습니다. 전쟁은 확실히 이승만의 정권을 지켜주었습니다. 당시 국회에 소속된 중도 민족주의자들이 대거 북한에 납치된 데다, 반대 정치세력을 제거하기 위해서는 색깔만 덮어씌우면 되었으니까요. 이승만은 임시수도 부산에서 계엄령을 선포하고, 반대 국회의원을 구속하는 부산정치파동을 일으킵니다. 그리고 소원하던 대통령 직선제로의 개헌을 성공시킵니다.

개헌 후 한 달 만에 치러진 대통령 선거에서 이승만은 국민들의 지지를 얻어 대한민국 제2대 대통령으로 선출되었습니다. 이후 총선(1954년 3대 국회의원선거)에서 자유당은 99석을 확보하며 제1당으로 부상했고요.

이리하여 안정적이라면 안정적이라 할 수 있는 굳건한 정권이 자리를 잡았습니다.

'거대여당 대 민주연합'의
정치 구도가 시작되다

이때 한국의 권력은 이승만 대통령 한 사람에게 집중되었습니다. 여당은 오로지 이승만의 정권 유지를 위한 꼭두각시에 불과했고, 야당과 다양한 정치세력의 진입은 철저하게 차단되었습니다. 전쟁 직전에 치렀던 제2회 총선에서, 다양한 정치세력의 진출로 보여주었던 정치적 활기는 사라지고, 좌파는 물론 중도 세력까지 전멸해버렸습니다. 그리고 이후 정치판은 '독재 대 민주화'의 싸움으로 고착되었습니다.

이후 세 번째 정권 창출을 시도하며 이승만은 3선 개헌을 밀어붙이고, 자유당은 이에 발맞춰 사사오입 논리로 3선 개헌을 통과시킵니다. 그러나 이것이 국민과 야권의 큰 반발을 불러일으키고 맙니다. 당시 제1야당의 명맥을 유지하고 있던 민국당은 반독재를 위해 야권을 규합하기 시작하는데, 이때 자유당을 탈당한 이들과 흥사단계 인물, 그리고 무소속 의원 60명이 여기에 참여하여 거대 야당을 만듭니다. 이들은 이름을 민주당으로 바꾸고 반독재 투쟁을 본격 시작했습니다.

다음 총선(1958년 제4대 총선)에서 민주당은 국민들의 지지를 얻어내는 데도 성공해, 이승만 정권을 견제하는 제1야당의 자리를 굳히죠. 정권을 보좌하는 거대여당과 야권의 연합이라는, 우리나라 정당정치의 고질적인 형태가 이때 확립됩니다.

이런 양태는 이후 박정희 정권과 전두환 정권에서도 거듭 반복되었습니다. 우리 국회는 국민을 대표하는 기관으로서 존재하기보다는, 정권유지와 정권타도로 맞서는 정치기구로서 그 첫 출발을 하였고, 정당은 국민을 위한 정책을 연구하고 경쟁하는 조직이 아닌 권력을 지키고 빼앗는 투쟁을 위한 집단이 되었습니다.

해방에 들떠 저마다의 사상과 새 조국의
비전을 품고 출항한 정치조직들이
이승만의 세 차례 집권을 거치며 대부분
이 두 개의 거대 정당에 흡수되었습니다.

04 여의도의 시간은 거꾸로 흐른다

1960년, 3·15부정선거에 대한 전 국민적인 분노로 일어난
4·19혁명은 비로소 이승만 정권을 몰락시켰습니다. 이때 자유
당의 실권을 잡고 있던 이기붕은 자살하고 자유당은 붕괴되었
지요. 잔존 세력이 남아 여전히 부활을 꿈꾸었으나 당세는 기
울어 유명무실한 정당이 되었습니다.

정부가 무너진 자리에서 다시 정치는 활기를 띠고 꿈틀거리
기 시작했습니다. 해방 후와 비슷한 상황이 재현된 것입니다.
그러나 이번 혁명 공간에는 사회주의와 민족주의를 벗어난 다
양한 정치세력도 등장했습니다. 새로운 정치단체들은 보수 정
당의 이념보다 더욱 혁신적인 목소리를 표출했습니다.

과도정부가 들어서고, 국회에서는 의원내각제로의 개헌이
추진되었지요. 그리고 1960년 7월, 제5대 국회의원 선거가 실
시되었습니다.

민주당,
뭐하니?

　　다시 무소속 의원들과 수많은 군소 정당들이 선거에 참여했습니다. 이때 두드러진 혁신 정당으로는 사회대중당과 한국사회당이 있었는데요, 사회대중당은 이승만 정권에 의해 정치활동이 차단되었던 진보적인 세력들이 4·19혁명 후 규합하여 만든 정당입니다. 한국사회당은 사회주의 계열에 속하는데, 이들은 온건한 사회민주주의를 내세우며 통일, 자립을 주장했지요. 이리하여 5대 총선은 민주당을 비롯한 보수와 혁신의 대결 구도가 되었습니다. 여기에 자유당도 출마했고요.

　선거 결과는 무소속과 민주당이 88%가 넘는 지지율을 얻어 결과적으로 혁신 정당의 패배였지만, 급하게 결성되었던 정당이기에 그다지 힘을 쓰지 못했습니다. 그보다는 당시 다시 한 번 활력적인 정치활동이 전개되었다는 섬에 이의를 둘 수 있겠지요. 이 선거는 애초에 독재정권에 대한 심판의 성격이 강했던 것입니다.

결과는 민주당이 41.7%, 자유당이 2.7%의 지지를 얻음으로써 민주당의 압승이었습니다.

이로써 장면을 수장으로 하는 의원내각제가 드디어 시작되었습니다. 민주당의 전신인 한민당은 정부 수립 초기부터 의원내각제를 주장해왔습니다. 이제야 그 판이 마련된 것이지요. 그러면서 민주당은 분열되기 시작합니다. 민주당은 본래 독재 타도를 위해 힘을 모았던 야권 연합이었죠. 목적을 이루자마자 민주당 내 여러 세력들이 분열되기 시작한 겁니다.

민주당이 이승만 정권을 견제했다고는 하나, 독재를 몰아낸 건 국민들이었습니다.

그리고 국민들이 민주당에게 정권을 넘겨준 거죠. 그런데 민주당은 국민들로부터 건네받은 정권을 지키지 못했습니다. 이런 상황은 그후로도 계속 반복되어, 민주당은 독재자가 물러난 자리에서 매번 분열을 일으킴으로써 실망을 안겨주었습니다.

이는 막강한 독재권력에 맞서기 위해 정치사상의 견해차에도 불구하고 연대할 수밖에 없었던 우리 정치현실에서 불가피한 일이었을 수도 있습니다. 그러나 분명 그 때문에 국민이 만들어낸 민주화의 성과는 매번 결실을 맺지 못하고 꺾이고 말았으니 그 책임을 면할 수는 없을 겁니다.

민주공화당은
자유당의 복제?

장면 내각이 우왕좌왕하고 있는 사이에 군에서 쿠데타가 일어났습니다. 박정희가 군권을 장악했죠. 박정희의 집권 시나리오에 따라 모든 정당은 해산되고 정치활동은 금지되었습니다. 장면 내각은 힘도 한번 못 써본 채 1년도 채우지 못하고 해체되고 말았습니다.

국가재건최고회의 의장이 된 박정희는 이승만 정부와 마찬가지로 자신의 정당을 만듭니다. 처음 창당에 참여한 이가 박정희의 조카사위 김종필이었죠. 그리고 박정희는 이 당에 입당하여 총재가 됩니다. 바로 민주공화당입니다.

대통령 선거는 좀 고전이었습니다. 상대후보 윤보선을 1.5% 차이로 간신히 앞섰거든요. 그러나 한 달 만에 치러진 국회의원 선거에서는 박정희의 민주공화당이 175명 의석 중 110명을 차지하는 압승을 거둡니다. 민주당은 여전히 분열되어 헤매고 있었고, 이 선거는 처음으로 후보등록 시 정당 공천을 필수요건으로 하여 무소속 출마는 불가능했습니다. 어쨌든 이때부터는 선거 때마다 이어졌던 후보의 난립은 줄어들었지요.

이후 민주당은 절치부심 다시 한 번 야권 세력들을 결집시키는데요, 다음 대선과 총선을 앞두고 총연대하여 신민당을 창당한 겁니다. 반독재와 평화적 정권교체를 2대 투쟁목표로 삼고 여당에 대한 전쟁을 선포했지요. 신민당은 단일 후보로 윤보선을 다시 내세우고, 다른 야당 후보도 스스로 사퇴합니다. 그리하여 야권은 박정희 후보와의 단검승부를 준비했습니다. 그러나 경제개발계획을 완수하기 위해서는 재집권이 필요하다고 주장한 박정희 후보의 승리로 끝이 납니다. 이어진 총선에서도 민주공화당이 개헌 가능 의석수인 3분의 2 이상을 확보하며 승리하고요.

그렇습니다.
민주공화당 의석수가 3분의 2가 된 겁니다.

의결정족수를 채운 민주공화당은 곧 3선 개헌을 추진합니다. 그리고 이어 박정희 대통령의 세 번째 정권 창출을 성공시킨 7대 대선이 치러졌죠.

박정희 vs 신민당

야권의 선전으로 박정희 정권이 위협을 받았던 건, 확실히 7대 대선인 김대중 후보와의 싸움이었습니다. 이 선거는 3선 개헌을 날치기 통과시킨 후 치른 선거여서 이미 반대하는 학생운동이 일어나고 있었습니다. 그런데다 40대 기수론을 내세우며 등장한 신민당의 젊은 정치인들이 만만치 않았습니다.

당시 53세였던 박정희는 이를 어린애들과의 싸움이라고 편하게 얘기했지만, 실은 꽤 위협을 느꼈던 듯 자신에게 온건한 이가 신민당 후보가 되길 원해 물밑작업을 벌입니다. 당시 중앙정보부의 가장 중요한 일 중 하나는 야당 공작이었습니다. 신민당 대선 후보로 거론되던 유진산에게 중앙정보부는 물론 박정희 대통령 자신도 직접 불러다 정치자금을 대줍니다. 박정희 대통령과 유진산의 협력관계는 이후 소문이 퍼져, 유진산이 당 내 공격을 받으며 밀려나게 되지요.

그런데 신민당 후보 경선에서 마지막 승자는 김대중이었습니다. 당시, 역시 유력한 후보였던 김영삼이 "김대중 씨의 승리는 우리들의 승리이며 곧 나의 승리이다. 나는 가벼운 마음으로 김대중 씨를 앞세우고 전국을 누빌 것을 약속한다"라고 말하며 대인배다운 모습도 보여주었지만, 이후 김대중의 지원유세를 다니며 한 호텔에서 혼자 통곡하기도 했다고 합니다. 그만큼 신민당이 이 선거에 거는 기대는 컸습니다.

이는 박정희 대통령에게도 유쾌하지 않은 일이었을 겁니다. 이 선거에서 김대중은 45.2%의 득표율을 얻었습니다. 53.2%의 득표율을 얻은 박정희 후보가 승리했지만, 표차는 95만 정도에 불과했습니다. 그리고 이 선거에 쏟아 부은 천문학적인 선거자금과 지역감정 조장 등을 생각하면 절대 위기를 느낄 수밖에 없는 차이였습니다.

당시 박정희 대통령은 노골적으로 지역감정을 조장했습니다. 공공연하게 "신라 임금을 뽑자", "김대중 후보가 정권을 잡으면 경상도 전역에 피의 보복이 있을 것"이라고 선동했죠. 영남 지역 공무원들에게도 김대중이 대통령이 되면 전부 모가지가 날아갈 거라고 위협했습니다. 이때 중앙정보부도 팔을 걷어붙이고 나섰습니다. 대구에 가서 "호남인이여, 단결하라"는 호남향우회 명의의 전단지를 뿌려 영남 지방의 지역감정을 유발하기도 했답니다.

당시 중앙정보부가 한 일들이 지금의 인터넷 댓글 공작과 비슷하지요.

이는 분명 효과가 있어 당시 영남에서 김대중이 72만여 표를 얻은 데 비해 박정희는 222만 표를 훌쩍 넘었습니다. 호남에서 박정희는 약 79만 표, 김대중은 약 141만 표를 얻었고요.

정치의 죽음

—

　　이승만 때와 마찬가지로, 박정희 대통령의 3선 개헌도 국민들의 분노를 폭발시켰습니다. 전국에서 3선 개헌 반대 시위가 일어나고, 국민들은 신민당에 표를 몰아줬습니다. 대통령 선거 한 달 만에 치러진 8대 국회의원 선거에서 신민당(44.4%)은 비로소 민주공화당(47.8%)과 비등한 의석수로 겨룰 수 있게 됐습니다.

　그러나 이때 국회는 다시 한 번 해산됩니다. 박정희 대통령의 유신 선포. 정치활동은 물론 언론, 문화 활동까지 강력한 통제를 받았죠. 이 일로 그동안 미약하나마 정치활동과 정권 견제가 가능했던 신민당과 기타 야당은 정치적 힘을 상실했습니다. 이후 몇 달 지나지 않아 박정희 대통령은 유신헌법에 따른 대통령 선거를 실시했습니다.

대통령 임기는 6년으로 늘고, 직선제는 폐지되었습니다.

이때부터 소위 체육관 선거가 실시된 겁니다. 장충체육관에 모여 대통령 선거를 했지요. 통일주체국민회의에서 후보를 내고, 통일주체국민회의가 투표를 했습니다. 박정희 대통령은 단독 입후보했고요. 그리고 무효표 2표를 제외한 전원의 찬성을 얻었습니다.

이후 총선도 모두 집권여당인 민주공화당의 승리였습니다. 그러나 그것으로 부족했던지 박정희 대통령은 국회에 새로운 집단을 만들었죠. 바로 유신정우회입니다. 이제 국회의원의 3분의 1은 통일주체국민회의가 뽑게 됐습니다. 여기에 입후보하려면 대통령의 추천을 받아야 했고요.

국회는 민주공화당과 유신정우회만으로도 충분히 잘 돌아갔습니다.

유신정우회는 여당인 민주공화당마저 압도하여 사실상 국회는 박정희 대통령의 손으로 들어간 셈이었습니다.

신민당은 어디로 갔냐고요? 국회에 남아 있기는 했습니다. 그러나 의석수는 뚝뚝 줄어갔습니다. 당내 분열의 골도 깊어갔고요. 김대중은 일본에서 납치됐다가 자택에 감금되어 있었고, 김영삼 또한 의원직에서 제명되어 가택연금을 당하고 있었습니다.

18년의 박정희 정부 하에 우리 경제는 급속도로 성장하고 농업 중심의 사회에서 산업사회로 이동하며 염원하던 사회·경제적 근대화를 이뤘지만, 정치 시계는 멈췄습니다. 미약한 힘으로 민주화투쟁을 이어오던 신민당은 유명무실한 정당으로 전락했고, 정치계·사회계 인사들은 몸을 납작 엎드리고 있었습니다. 학생들이나 문화 관련 인물들도 철저한 감시를 받았습니다. 정치인은 사라졌고, 새로운 정치가 자라날 인적 기반은 무너졌습니다.

거꾸로 돌아가는 시계

———

이후 전두환 정부 때도 발전은커녕 오히려 정치 시계는 거꾸로 갔습니다. 전두환 정부는 하나회 회원들로 속속 채워졌습니다. 내각은 물론 국회의원, 사회단체, 국영기업체, 그리고 당연히 군도 하나회 출신들이 장악했습니다.

이미 전임자들이 자신의 당을 창출하여 독재를 공고히 했듯

이, 전두환은 관제여당 민정당을 만드는 동시에,

한 걸음 더 나가 야당마저 직접 만들었습니다.

당시 중앙정보부가 주도하여 야당인 민주한국당과 한국국민당이 창당됐습니다. 구 신민당계 일부가 민주한국당으로, 박정희의 공화당과 유신정우회 의원들이 한국국민당으로 스며들어 야권을 형성했죠. 그리하여 이후 국회의원 선거는 큰 의미가 없습니다. 여당, 야당 모두 여당이었으니까요. 이렇게 우리 정치는 또 한 번 후퇴했습니다.

이익집단 정당에 고여버린 권력

노태우 정부라는 과도기를 지나 93년 이후부터 한국의 권력은 확실히 군에서 민간으로 넘어왔습니다. 이후 우리는 대통령 직선제를 이어오고 있고, 비록 이합집산을 통한 정권 창출일지언정 합법적인 방법으로 정권이 이양되고 있습니다. 노골적인 정치인 탄압, 언론 탄압, 인권 탄압도 더 이상은 용납되지 않는 사회가 되었습니다.

　권력집단에 대한 견제도 과거보다 쉬워졌습니다. 김영삼 대통령 시절, 헌정사상 최초로 고위공직자 및 국회의원들의 재산공개가 이루어졌고, 공직자윤리법을 개정해 재산공개의 대상을 법적으로 규정했습니다. 그래서 이제 우리는 정치인들이 얼마의 재산을 축적하고 있는지 압니다. 이전에는 그들이 얼마나 부자인지 알 수가 없었습니다. 금융실명제와 정치자금법 같은 것으로 정치인들의 정치 비자금 형성도 어느 정도 막을 수 있게 됐습니다. 군에서 민간으로 권력이 이양되어 국민이 정치인과 권력자를 감시할 수 있게 된 건 큰 성과라고 할 수 있습니다. 그러나 현실 속 정치는 아직 제자리 걸음입니다. 현재 정치에 만족하는 국민들이 있나요? 대한민국에서 과연 무소불위의 정치권력이 해체되었다고 여기는 국민들이 얼마나 있을까요?

　권력이 군에서 민간으로 이양된 상태에서, 이제 새로운 정치권력은 정당이 아닐까 하는 생각이 듭니다. 대통령 한 사람에 권력이 집중되는 것에서는 벗어났어도 그 권력이 아래로 내려오지 못하고 정치인들의 이익집단이라는 정당에 그대로 고여 버렸습니다. 독재권력 하에서 정당은 정권의 하수인일 뿐이었지만,

이제 그들은 우두머리만 잘라내고 한국의

권력자로 등극하여 나라 전체를
좌지우지하고 있습니다.

대통령이 정당을 만들던 시대에서, 정당이 대통령을 만드는 시대가 됐습니다.

얼핏 보면 문제가 없어 보입니다. 정당이란 것이 정권을 창출하기 위해 존재하는 것이니까요. 하지만 정당이 존재하는 또 하나의 이유가 있죠. 권력이 한 곳에 집중되지 않도록 견제하며 서로 건강한 경쟁을 하는 것입니다. 하지만 우리 정치에서 이 부분은 완전히 빠져 있습니다.

정당들은 새로운 인물을 영입해 와 계속 정권을 유지합니다. 오히려 대통령은 꼭두각시라는 느낌이 들 정돕니다. 마치 팔다리를 줄에 매달아 위에서 조종하고 있는 것 같죠. 정당의 말을 듣지 않으면 대통령도 쫓아낼 테세고요.

그런데 국민이 뽑은 국회의원이라고 해서
국민을 대표할까요?

이승만 대통령도, 박정희 대통령도 국민이 뽑았습니다. 그리고 먼 훗날 독재자라고 불렀습니다. 지금도 그저 무늬만 민주주의, 직선제의 옷을 입고 있던 독재 시절과 똑같습니다. 국민들은 여전히 권력집단을 국민의 손으로 뽑았다는 위안을 하며, 실은 그들을 모시고 살고 있습니다. 대통령은 얼굴 마담일 뿐입니다.

일단 선거에서 당선이 되면 이전의 공약을 헌신짝처럼 버리고는 국민에게 사과의 말씀을 한 번 날려주는 당 대표들을 볼까요? 그들은 속으로 웃고 있을 겁니다. 그리고 국민들도 알고 있었습니다. 그들이 약속을 지키지 않을 것이라는 걸요. 우리는 여전히 권력자들에게 농락당하고 있습니다.

87년 이후 노태우, 김영삼, 김대중, 노무현, 이명박 대통령이 차례로 대통령 자리에 앉았으나 그들은 실세가 아니었습니다. 그 이후는 새누리당과 민주당과 거대 기업이 있을 뿐입니다. 권력과 결탁한 재벌이 든든하게 권력을 받쳐주고, 한때 언론 민주화를 외치던 거대 언론사들이 다시 정권의 하수인이 되어 보좌하고 있습니다.

그 철옹성 같은 이익집단의 지배에서 한국은 벗어나지 못하고 있습니다.

05 또 하나의 권력—
군사정권과 함께 성장한 기업과 언론 재벌

오랜 군사정권은 대한민국에 또 다른 권력층을 만들어냈습니다. 바로 거대 기업입니다. 권력자와 장사꾼이 손을 잡으면 그 탐욕은 걷잡을 수 없습니다. 87년 이후 한국의 새로운 권력층은 그들입니다. 정치꾼과 장사꾼의 연합. 그들이 한국을 지배하고 있습니다.

군부권력에 대해서는, 부족한 청산이라고 하지만 이제 군대가 정치를 위협하는 일은 없을 거라는 게 일반적인 의견입니다. 대개 군 쿠데타는 사회가 아직 불안정할 때 일어납니다. 그러나 지금의 대한민국 사회에서는 군부권력이 민간의 권력을 압도하기는 어려울 거라고들 하지요.

그러나 신자유주의 체제 하에서 기업 권력, 즉 돈의 권력은 통제할 수 없을 만큼 자라나고 있습니다. 게다가 대한민국은 재벌이라는 고유한 용어를 가진 나라답게 거대 기업과 정권의 유착이 뿌리 깊고, 정부가 팔을 걷어붙이고 기업을 도와왔습니다.

군사정권,
기업과의 끈끈한 관계

———

박정희 대통령이 산업화를 다그치며 세계에서 유례없는 특혜로 기업의 재벌화를 만들어냈다면, 전두환 대통령은 정경유착을 더욱 공고하게 다졌습니다.

재벌에게 특혜를 제공하는 한편

비자금도 꾸준히 걷어냈죠.

박정희 정권에서 알차게 성장한 재벌들은 이후 전두환 정권과도 친밀한 관계를 유지하고, 이후 노태우 정권으로 넘어가면서 실질적인 대한민국의 실권으로 떠올랐습니다.

군사정부가 만들어준 무균실에서 배아하고 성장한 한국 재벌은 면역력이 떨어진다는 게 최대 약점이었는데요, 이후 군사정권이 막을 내리며 그 취약성을 드러냈지만, IMF라는 도약대를 힘차게 구르고 현재는 명실상부한 한국의 제1권력으로 등극하는 데 성공했습니다.

언론을
정부의 수하로

———

언론은 어떤가요? 박정희 대통령의 강력한 언론 통제 정책 속에서 언론은 스스로 정치권력의 밑으로 들어가 새로운 집단권력층으로 약진하는 성장기를 보냈습니다. 언론자유를 실현하려 하는 기자들은 가차 없이 탄압받았습니다. 말단 기자들이 목숨을 내놓고, 또는 적당히 타협하며 기자 활동을 이어가는 동안 언론사 사주들은 권력 앞에 머리를 조아리고 충성 맹세를 하는 쪽을 택했죠. 그러면 박정희 정권은 언론사주들에게 그 대가를 하사해주었습니다.

그중에서 가장 앞장섰던 조선일보의 경우를 보죠. 유신 선포 다음 날 조선일보는 '평화통일을 위한 신체제'라는 제목의 사설을 내보냈습니다. 내용은 유신에 대한 찬양이었고요. "앞으로의 보다 보람되고 영광스러운 삶을 얻기 위하여 진정 알맞은 조치임을 기쁘게 생각한다." "비상사태는 민주제도의 향상과 발전을 위하여 하나의 탈각이요 시련이요 진보의 표현임을 믿어 의심치 않는다."

또 당시 한국신문협회는 "정부의 비상사태 선언을 강력히 뒷받침할 국민의 총단결을 호소한다", "국가안전보장 논의에 있어 언론이 지켜야 할 절도를 자인한다"라는 성명서를 냈지요.

유신헌법 발표 이후 긴급조치 9호를 이용해 박정희 정권은 언론을 더 집요하게 구속하기 시작했습니다.

이에 '알아서 기는' 언론인이 속출하며 기득권 속으로 편입되었습니다.

언론은 박정희의 행보, 행보마다 그에 대해 미화하고, 심지어는 박정희의 정권유지에 아이디어를 제공해주면서 권력의 맛에 빠져들어 갔습니다. 언론사는 정권의 파트너로까지 위치가 격상되었습니다.

박정희 대통령이 3선 선거에서 "이번만 하고는 다시는 여러분께 표를 달라고 하지 않겠다"라고 발언한 것도 여론 심리에 대해서는 전문가 집단이라 할 수 있는 언론사에서, 콕 집어 말하자면 조선일보 최석채 주필로부터 나온 아이디어라는 얘기가 있습니다.

정권을 보좌하며 성장한 언론 재벌

　　정권에 대한 절대 충성의 길을 택한 언론사는 박정희 정부를 거치며 언론재벌로 성장했습니다. 이것은 이후 전두환 정권으로 그대로 이어졌고요. 전두환은 박정희로부터 배운 군사 쿠데타를 실행한 후, 보안사 정보처 산하에 언론대책반을 짰습니다. 언론에서 방송의 영역이 크게 확대된 이때는 신문사에 이어 방송사도 적극 포섭 대상이 되었습니다. 이들은 이른바 '전두환 대통령 만들기' K-공작계획을 실행했죠. 전두환의 신군부를 안정 세력으로 포장하고, 3김의 대결을 구태의연한 정치작태, 대통령병에 사로잡힌 추악한 파벌싸움으로 묘사했습니다. 대학생 시위와 노동쟁의를 사회혼란의 유발로 단정하고, 이후 5·18민주항쟁에 대해 왜곡보도를 하고요.

　　전두환 정권 하에서도 언론탄압은 집요하게 이루어졌습니다. 쿠데타 직후 이미 172종의 정기간행물이 폐간됐고, 870여 명의 언론인이 해직당했습니다. 신군부가 만든 언론기본법은 아무런 사법 절차 없이 언론기관을 문 닫게 할 수 있었습니다. 5공화국 시절에 문화공보부는 매일 보도지침을 편집국에 내려보냈습니다.

그러나 이런 폭압이 있기 전부터 언론사들은
자신들의 바뀐 주인이 누구인지
금방 알아보았습니다.

12·12사태가 일어나자마자 전두환 찬양하기에 열을 올렸습니다. 조선일보는 79년 12월 20일자 사설에서 발 빠르게 전두환을 지지하는 기사를 내보냈습니다. "군의 이러한 입장과 결의가 새삼 천명되었다는 것은 전 국민의 공감과 지지를 받아 마땅하다"고 국민들을 설득하면서 말이죠. 이에 대한 대가는 충분했습니다. 1980년 매출액이 161억 원이던 조선일보는 5공을 거치고 1988년에는 914억 원으로 훌쩍 성장해 여타 언론사들을 제치고 선두에 섰거든요.

언론의
각성과 실패

그러나 노태우 정부에 이르러서는 언론에 대한 정부 통제가 상당히 약화되었습니다. 이때 언론 내부에서 자성의 목소리가 일기 시작했지만, 이미 권력의 달콤함에 취한 언론사주들은 알아서 정부를 주인으로 모셨습니다.

전두환 정권 말기 6월항쟁을 전후로 방송사 기자들을 중심으로 언론 민주화 바람이 불었습니다. 그해 7월 2일, MBC 보도국 기자들이 '방송 언론의 민주화를 위한 우리의 다짐' 이라는 선언문을 낭독했고요, 이에 교양 제작국, 라디오, 아나운서 등이 잇따라 성명을 발표하면서 운동에 동참했죠. 그리고 10월, 한국일보가 최초로 노동조합을 결성한 것을 시작으로, 이후 중앙 일간지, 방송사들에 속속 노조가 들어섰습니다. 그해 11월에는 5공의 언론기본법도 폐기되었고요. 다음해 1988년에 한겨레신문이 창간되고, 89년에는 방송사 노조가 '방송 민주화 원년' 을 선언했습니다.

그러나 전두환 정부와 같은 전면적인 언론탄압이 누그러졌다 해도 친정부적인 언론의 태도는 변화가 없었습니다. 정부를 열심히 도우면 여전히 자신들의 기득권을 유지할 수 있다는 걸 언론사들은 이미 체득했습니다. 한쪽에서는 언론의 정상화를 추구하는 움직임이 있었으나, 여전히 대형 언론사 사주들은 기존의 처세를 유지했습니다.

친정부 인사가 아니면 언론사 사장 자리에 오래 앉아 있을 수도 없었습니다. 1990년, 방송 민주화에 우호적이던 KBS 서영훈 사장이 안기부의 사찰과 사퇴압력, 감사 대상이 되고 사장 자리를 물러났던 것이 그 예입니다. 노조 파업에는 경찰 투입으로 강경 대응했고요.

주로 방송 쪽에서 목소리를 높였던 언론민주화에 대해 신문사들은 부정적인 태도로 일관했습니다. 방송 노조가 언론민주화를 요구하며 파업을 강행하면, 당장 '국민을 경시하고 우롱하는 처사'라며 소리높여 비판하고 나섰죠. 이때의 방송민주화 투쟁 실패 후 방송도 대체로 권력 옹호적인 쪽으로 돌아섰고요.

신문사 중에서 다른 신문사들과 다른 노선을 택한 곳은 알다시피 한겨레신문과 경향신문이 대표적입니다. 경향신문은 본래 가지고 있던 정권 수호적 태도를 반성하고 180도 돌아섰습니다. 그런데 이들이 권력의 입김에서 자유로울 수 있었던 건 회사의 구조가 변했기 때문이었습니다. 경향신문은 1998년 한화그룹이 손을 떼면서 사원들이 퇴직금 등을 투자해 신문사를 지켜내며 사원주주 회사로 변모했죠. 그 때문에 논조가 바뀐 것입니다. 한겨레신문은 애초에 국민들로부터 자금을 모으는 국민주 형태로 시작했고요.

구조 자체가 권력추구형, 정권 아부형 기사를 쏟아내지 않아도 되는 방식인 것이죠.

현재 MBC, KBS 사장을 사실상 대통령이 임명하고 해임하고 있습니다. 언론사 사장을 정권이 임명한다는 건 생각해보면 참웃긴 일입니다. SBS는 애초에 조중동 등의 신문사처럼 사주가 존재하는 민영 방송사로 시작해 그들과 같은 속성을 가지고 있고요. 게다가 이제 재벌화된 신문사 사주들은 방송사까지 운영할 수 있게 됐습니다. 군사정권 시절의 언론탄압과 언론 길들이기는 언론을 또 하나의 비굴한 권력자로 만들었고, 노태우 시절 한국 언론의 양극화를 낳았지요. 그런데 이명박 정부에 이르러서는, 신문사와 대기업에 종편의 지분을 나눠줌으로써 언론재벌 몸 불리기에 정점을 찍었습니다.

이것이 군사정권 시절부터 권력에 충실함으로써 언론사가 얻어낸 전리품입니다.

또 대기업에조차 언론을 장악할 수 있는 길을 열어주었고요.

"박근혜 보디가드 된 조중동,
이 정도일 줄이야"

[오마이뉴스 게릴라칼럼] 시민기자의 글에서 (2014. 4. 16.)

'대통령 공약파기 눈뜨고 바라만 보는 보수언론'

'60세 이상 노인에게 월 20만 원 기초연금 지급'

'의료비 본인부담 상한 50만 원으로 인하'

'국민적 합의 없는 민영화 추진 없을 것'

'4대 중증질환 진료비 100% 국가 부담'

'초등학교 온종일 돌봄 교실 운영'

'소득연계 맞춤형 반값 등록금'

'군복무기간 18개월로 단축'

'공영방송 지배구조 개선'

'지역 간 의료격차 해소'

'무상보육 시행'

2013년 10월 16일. 경제민주화국민본부 등 19개 시민사회단체가 서울 시청 광장에서 기자회견을 열고 "공약을 파기하고 사죄도 반성도 없는 현 정부에 범국민투쟁을 선언한다"고 밝히면서 예로 든 파기 공약들이다.

그런데 파기된 공약들 대부분은 우리 사회의 노동자, 청년, 노인 등 사회적 약자에 대한 약속이었다는 점에서 더욱 화가 치민다. 새누리당은 대선기간 중 정책 공약을 무려 398쪽 분량으로 제시했다. '세상을 바꾸는 약속 책임 있는 변화', '대한민국 어디나 살기 좋아집니다' 란 슬로건과 함께 화려한 공약들이 공약집을 가득 메웠다.

지난 제18대 대통령 선거기간에 새누리당 박근혜 후보가 내놓은 장밋빛 공약 중에서 선거기간 내내 많은 주목을 끌었던 공약은 서민과 노인들을 겨냥한 것들이었다. 일부 공약들은 선거 막판에 등장한 것들도 있다. '군복무기간 단축' 공약은 불과 대선 이틀 전에 내놓았다. 당시 민주당 문재인 후보가 먼저 내놓은 '군복무기간 단축' 에 대해 비판적·부정적 입장을 취했던 새누리당과 박 후보는 대규모 유세로는 마지막인 서울 광화문 유세에서 슬그머니 이 공약까지 끄집어냈다.

원칙·신뢰 강조하더니 공약 헌신짝 버리듯… 이유 있는 "바꾸네" 유행

남녀노소, 누구나 할 것 없이 많은 유권자들의 환심을 끌어 모을 만한 공약들이었다. 그런데 취임 2년차에 접어든 지금, 기대를 잔뜩 모았던 노동자, 청년, 노인 등 사회적 약자에 대한 공약들은 현실적으로 지키지 못할 공약(空約)이 되고 말았다. 금세 퇴색한 공약들은 이 외에도 많다.

1년 2개월 전 박 대통령은 취임식에서 '국민' 이라는 단어를 무려 57번이나 언급할 정도로 국민을 위해 헌신할 것을 다짐했다. 후보 시절부터 원칙과 신뢰를 내내 강조하더니 얼마 지나지 않아 국민들과 약속한 공약이행은 헌신짝처럼 여기기 시작했다. 취임한 지 불과 1년도 안 돼 '잘못된 공약'이란 자조 섞인 소리가 집권여당 내부에서 흘러나올 정도다. 표심을 사기 위한 무리한 공약이었음을 인정한 꼴이다.

그토록 많은 국민들에게 믿음과 신뢰를 주었던 경제민주화, 기초연금, 4대 중증질환 국가보장 등 대선 핵심 공약들을 당선되자마자 폐기하거나 뒤집어버리고도 별로 미안해하거나 제대로 된 사과도 없다. 공약들을 철석같이 믿고 투표장을 향했던 많은 국민들의 가슴에 못을 박는 것과 다를 바 없어서. 오죽했으면 "박근혜가 바꾸네?, 박근혜가 말 바꾸네!'란 유행어가 세간에 나돌 정도다.

설상가상으로 박 대통령과 새누리당은 대선기간엔 "기초단체의장과 의원의 정당공천을 폐지하겠다"고 약속해놓고 6 · 4 지방선거를 앞두고 천연덕스럽게, 언제 그랬냐는 듯이 공천을 강행했다. "정당공천 폐지는 더 자유롭고 더 독립적으로 의정활동을 펼치고 주민들의 뜻을 더 충실히 반영할 수 있는 여건을 만들 것"이라던 당시 박 후보는 대통령 당선 이후 첫 번째로 치러지는 지방선거를 앞두고 파기된 기초선거 공천폐지 공약에 대해서도 입을 굳게 다물고 있다.

'기초선거 정당공천 폐지'는 지난 대선 과정에서 안철수 후보가 가장 먼저 꺼내들었다. 이어 문재인 후보와 박근혜 후보도 함께 약속했지만 이번 지방선거를 앞두고 파기되고 말았다. 그나마 문재인 · 안철수 의원은 약속 파기에 대한 대국민 사과를 했지만, 박 대통령은 일언반구도 없다. "국민 여러분 저 박근혜는 약속 대통령이 되겠습니다. 국민과 한 약속은 반드시 지키겠습니다" 던 말은 찾아볼 수 없다.

차제에 헛공약들이 남발되지 않도록 하기 위해 중앙선거관리위원회에서 선거공약에 대한 사전 점검과 사후 실천사항을 점검해서 기준점에 미달 시 다음 선거에 후보자 자격을 박탈할 수 있는 제도를 마련하는 것은 어떨까? 공약을 함부로 남발하지 않게 유도하는 법적인 장치를 마련하지 않는 한 헛공약 남발과 공약파기는 계속 이어질 것이 불 보듯 뻔하기 때문이다.

〈조중동〉 "복지공약은 비현실적?"... 공약파기 '부채질' 주범

여당과 대통령의 대선 공약 잇단 파기로 인해 공분이 확산되고 있지만 책임은커녕 새누리당은 오히려 대통령의 공약 축소가 당연하다고 입을 모으며 두둔하기 바쁘다. 여기에 보수신문과 방송사들이 더욱 힘을 보태는 모양새다.

대통령의 공약이행 뭉개기를 비판하기보다는 공약파기 부채질과 보디가드 역할에 올인하는 양태가 볼썽사납다. 박근혜 대통령이 당선되자마자 〈조선일보〉〈중앙일보〉〈동아일보〉 3대 보수 신문사들은 일반기사와 사설을 통해 일제히 '선거공약이 아닌 국정공약을 다시 만들어야 한다' 는 해괴한 논리를 경쟁적으로 펼쳐들기 시작했다.

'복지공약은 비현실적' 이라며 '과감하게 조정할 필요가 있다' 며 집권여당과 대통령의 부담을 덜어주기 위한 경쟁적인 의제 설정은 가히 '정권의 애완견' 이란 소릴 듣고도 남기에 충분할 정도다.

〈중앙일보〉는 가장 빠르게 포문을 열었다. 지난해 4월 25일 '취임 2개월, 안보·경제·외교 삼각파도' 란 제목의 사설에서 "복지 공약을 과감히 조정하고, 기업 투자를 유도하며, 저성장 위기를 경고하는 구체적인 리더십을 보여주어야 한다" 고 주장했다.

〈조선일보〉는 한 달 후인 5월 28일 '불요불급 SOC 줄이되 복지의 효과도 꼼꼼히 따져야' 란 사설에서 한술 더 떴다. "대선 복지 공약 가운데 국민에게 실제 큰 도움이 못 되면서도 장기적으로 국가 재정을 악화시킬 소지가 있는 복지 공약은 과감하게 조정해야 한다" 고 주장하면서 "복지를 늘리기 위해 서민들에게 어려움을 안겨주는 불합리한 역설이 생길 수 있다" 는 궤변을 내놓았다.

〈동아일보〉도 못 참았던지 7월 16일 '나라곳간 위험하다' 는 기획시리즈 기사와 함께 첫날 실은 사설에서 "빠른 속도로 늘어난 각종 복지지출의 우선순위를 다시 점검해 일부 정책은 폐기하거나 늦춰야 한다" 고 강변했다. 이처럼 〈조중동〉의 주장에 힘을 받았는지 박 대통령은 지난해 9월 26일 '기초연금 공약을 다 지키지 못하게 된 데 대해 죄송하다' 며 공약파기를 슬그머니 꺼내들었다.

그러자 기다렸다는 듯이 다음날인 9월 27일, 〈조중동〉은 1면부터 이구동성으로 '재정적자', '나라 빚' 이란 키워드를 앞세워 대통령의 복지공약 파기 불가피론을 항변하고 두둔하기 바빴다. 언론이라면 제대로 지키지도 못할 공약을 남발한 집권당과 대통령을 따갑게 비판했어야 마땅하다. 그런데 국내 최대 보수신문들은 최고 권력 앞에서 대변인, 선동가, 보디가드 역할에 충실했다.

박근혜 공약파기엔 '침묵', 안철수 공약파기는 "사기극"… 잣대 다른 공영방송

공영방송사들도 별반 다르지 않다. 새누리당이 기초단위 선거 무공천 공약을 파기할 때는 침묵으로 일관하더니 새정치민주연합이 뒤늦게 무공천 방침을 철회하자 포문을 일제히 열었다. 새누리당이 새정치민주연합을 향해 "국민을 우롱하고 기만했다", "대국민 사기극"이라는 적반하장식의 비난을 가하자 여기에 즉각 힘을 보탰다.

KBS는 8일, 안철수 대표가 약속했던 기초선거 무공천을 국민과 당원의 판단에 맡기기로 했다는 소식을 전하면서도 박 대통령의 공약 파기에 대한 비판성 보도는 일체 하지 않았다. 그러더니 KBS는 10일 〈뉴스9〉에서 "새정치민주연합이 기초선거 무공천 방침을 철회하고 공천하기로 최종 결정했다"며 "이로써 여야 모두 무공천 공약은 지키지 못하게 됐다"고 물타기의 전형을 보여줬다.

MBC도 10일 〈뉴스데스크〉에서 이 소식을 전했지만 새누리당의 입장을 대변하느라 바빴다. MBC는 기사에서 "새누리당은 무공천을 철회한 데 대해 합당 명분이 사라졌다고 비판했다"며 "안철수 대표가 사퇴해야 한다는 주장도 나왔다"고 새누리당의 주장을 고스란히 전했다. MBC는 이날 리포트에서 "안철수 대표가 오락가락하는 행보를 해왔다는 비판과 함께, 새 정치를 하러 호랑이 굴에 들어간다고 했지만 호랑이에게 먹힌 것 아니냐며 정계은퇴를 요구하기도 했다"는 등 "기초선거 무공천을 번복한 만큼 도로 민주당"이란 비아냥까지 내보냈다.

이처럼 6·4 지방선거를 앞두고 국내 거대 보수신문들과 양대 공영방송사들은 여당 또는 대통령과 관련된 나쁜 이슈 거리가 불거질 때마다 '논란', '논쟁' 등으로 물타기를 하거나 침묵으로 일관하는 보도 행태가 반복되고 있다. 그러나 자세히 들여다보면 비판의 잣대가 다르고 사안에 따라 강도가 다르다.

이러는 와중에도 6·4 지방선거를 50일 앞둔 가운데 박근혜 대통령의 국정운영 지지도가 68.5%로 나타났다는 보수언론사들의 보도는 왠지 거북하기만 하다. 14일 KBS가 미디어리서치에 의뢰해 만 19세 이상 남녀 1000명을 대상으로 여론조사를 실시한 결과, 박근혜 정부의 국정운영 지지도는 68.5%로 지난 2월 취임 1주년 조사 때보다 5.4%p 오른 것으로 나타났다는 것. '과연 그럴까' 하는 의문부터 드는 이유는 뭘까?

불확실한 미래에 대한 희망으로 현재의 고통을 이유 없이 견디는 상태를 학자들은 흔히 '잔혹한 낙관주의' 상태라고 부른다. 정치적으로는 헛된 공약으로 현재의 민주주의를 포기하는 것을 뜻한다. 지금 대한민국 국민의 68.5%와 보수언론들은 바로 이 '잔혹한 낙관주의' 속에서 허우적거리고 있는 것은 아닐까?

경기일보 강해인의 뉴스보기

"새로운 틀 필요" 안철수 공식 창당 선언
-이용경 · 이계안 · 김성식 前의원 · 표철수씨 등 거론

2013. 11. 29

무소속 안철수 의원이 28일 창당준비기구인 '국민과 함께하는 새 정치 추진위원회' 출범을 통해 공식적인 창당 작업을 선언하고 정치세력화 추진을 공식화했다. 안 의원이 이처럼 한국정치를 새 정치 추진의 목표로 내세움으로써 향후 정치권의 지각변동 가능성을 예고했다. 안 의원은 이날 국회 정론관에서 기자회견을 통해 "이제 저는 뜻을 같이하는 분들과 함께, 가칭 '국민과 함께하는 새 정치 추진위원회' 를 출범시키고자 한다"면서 "공식적인 정치세력화의 첫걸음" 이라고 밝혔다. 그는 국내외 정치상황을 진단하면서 " 낡은 틀로는 더 이상 아무것도 담아낼 수 없으며, 이제는 새로운 정치세력이 나설 수밖에 없다' 는 결론에 이르게 됐다"고 그 이유를 설명했다. 그는 이어 "당연히 지향점은 창당" 이라며 "새로운 정치에 대한 국민적 요구가 존재한다. 새 정치 추진위원회는 그 과정에 있다고 보면 된다" 고 창당 추진을 공식화했다.

창당 시점과 관련해서는 "새 정치 추진위원회에서 로드맵을 만들 것" 이라면서 구체적으로 제시하지는 않았지만 내년 6월 지방선거와 관련해 "지방선거에서는 최선을 다해 책임있게 참여하겠다는 말씀을 드린다"라는 답변으로 대신했다. 정치세력화의 성격에 대해선 "극단주의와 독단론이 아닌 다양한 생각을 지닌 사람들이 함께 모일 수 있는 정치공간이며 수평적이고 개방적인 논의구조, 합리적인 의사결정 시스템을 갖춘 국민통합의 정치세력이 될 것"이라고 밝혔다.

안 의원이 독자적인 정치세력화를 공식 선언함에 따라 향후 '안철수 신당'이 현실정치 세력으로 자리매김할 수 있을지에 관심이 집중되고 있다.

기성정치권에 대한 대안세력을 표방한 '안철수 신당'의 출현은 새누리당-민주당이 분할해온 양당체제 중심의 현 정치구도에서 다당제로의 재편을 알리며 '태풍의 눈'으로 떠올랐다.

이날 안 의원은 사실상 신당 창당준비위원회인 '국민과 함께하는 새 정치 추진위원회'를 출범한 것에 이어 내주 내 함께하는 인사들도 공개할 예정이다.

또한 조만간 안 의원은 전국을 돌며 '새 정치 국민토론회'를 개최하고 신당 창당을 위한 본격적인 세력화에 나설 계획이다.

여론조사에 나타난 민의는 '안철수 신당'에 긍정적이다. 한국사회여론연구소가 지난 23일 전국의 유권자 700명을 대상으로 전화번호 RDD 방식의 여론조사 (신뢰도: 95%, 오차범위: ±3.7%p)를 실시한 결과 각 정당의 지지율은 새누리당 37.9%, 안철수 신당 27.3%, 민주당 12.1%로 나타났다. 신당 지지율이 민주당의 두 배를 넘는다.

그러나 양당제 중심의 우리 정치 현실에서 '제3정당'이 자생력을 갖고 뿌리내리기는 쉽지 않다. 그동안 우리 정치사에서 다양한 제3정당 시도가 적지 않았지만 모두 실패로 돌아간 것만 봐도 현실적 어려움을 알 수 있다.

우선 양당제 중심의 우리 정치 구조에서 현역 의원이 안 의원과 송호창 의원(과천 의왕) 단 2석에 불과한 신당이 주도적인 역할을 하기가 쉽지 않다.

안철수 의원이 여론 상으로 높은 지지율을 기록하면서도 국회 내 주요 이슈에서 소외돼 존재감이 줄어들었던 기존 상황이 반복될 가능성이 크다.

특히 민주당과 지지 세력이 상당 부분 겹치고 국가기관의 대선 개입 사건에 대한 공동 대응 등으로 지지자들 대부분이 비 새누리당 성향의 잠재적 야권 지지층이라는 점도 약점이다.

이는 현재 안철수 신당을 지지하는 상당 세력이 야권 성향의 기존 민주당 지지층이었음을 반증해 준다. 이들은 100% 신당 지지자로 보기 어렵다. 향후 지방선거 과정에서 이들이 신당의 승리보다는 야권 전체의 승리를 위해 강한 연대 요구 세력이 될 가능성도 적지 않다.

따라서 안철수 신당이 정치권에서 자리매김하려면 오는 지방선거에서

민주당을 능가할 만큼의 정치적 결과물을 내야만 야권의 주도권을 잡을 수 있다.

정당과 단절된 새로운 정치 인물의 발견은 쉽지 않다. 대선과 이후 정치 세력화 과정에서 안 의원은 상당한 세력화를 이룬 것으로 보이지만 신당의 첫 검증대인 지방선거에서 참신함과 개혁성, 당선 가능성을 지닌 후보를 지역 단위까지 낼 수 있느냐는 또 다른 문제다.

이처럼 베일을 벗은 안철수 신당이 현실 정당으로 자리매김하기까지는 상당 기간이 필요할 것으로 보인다.

안철수 의원이 의사에서 기업인으로, CEO에서 현실 정치인으로 성공적인 변신을 한 것처럼 '안철수 신당'은 이제 현실 정치세력으로 자리 잡기 위한 시험대에 올랐다.

강해인, 송우일 기자

3장

권력과 현실의 상관성에 대한 단상

01 국민들은 더 가난해지고 있다

IMF 외환위기 후 우리나라는 4년도 안 되어 IMF에서 빌린 195억 달러를 모두 갚았습니다. 2008년 글로벌 금융위기 상황에서도 신용등급은 상승하여, 2013년 현재 국제신용평가사 S&P는 우리나라에게 A+ 점수를 주고 있습니다. 또 2013년 현재 한국은 국민총생산 15위 국가입니다. 세계가 부러워하는 경제규모를 갖고 있죠.

그러나 국민들은 이런 영광과는 다른 길을
걷고 있습니다.

국가와 기업은 성장하는데 국민들은 쪼그라들고 있습니다. 2006년 이후 기업소득 대비 가계소득 증가율이 18.6% : 1.7%입니다. 그 격차가 무려 열 배가 넘습니다. 안 그래도 비대했던 한국 기업은 점점 더 성장하는 데 비해 가계는 더 가난해지고 있는 것입니다. 우리나라 국민총소득에서 가계가 가져가는 몫을 비교해볼까요? 2000년 69%였던 것이 2012년 62%로 떨어졌습니다. 반면 기업 비중은 17%에서 23%로 올랐습니다. 가계소득 비중의 하락 속도는 경제협력개발기구(OECD) 회원국 가운데 3위입니다.

일해도
가난한 사람들

———

　현재 정부는 사상 최대 경상수지 흑자와 1%대 저물가 기조에서 경기가 점차 회복되고 있다고 자랑스럽게 말합니다. 그러나 현재 가계부채가 1천조 원을 넘었습니다. 우리나라 가계, 기업, 정부 전체 부채 총액 3천 783조 원 가운데 1천조를 가정들이 차지하고 있습니다.

　빈곤이 개인의 문제가 아니라는 데는 이제 모두 공감할 겁니다. 외환위기 후 소위 빈곤층에 속하지 않았던 이들도 가파른 경제 추락을 통해 새롭게 빈곤층으로 편입되고 있습니다. 그 구성도 다양해졌습니다. 그중에서도 근로, 주거, 노후 빈곤의 3대 빈곤이 가장 크게 지목되고 있지요.

워킹 푸어라고 부르죠. 일을 하는데도 빈곤에서 벗어나지 못하는 이들입니다. 안정적인 일자리가 크게 줄어들면서 많은 이들이 근로 빈곤을 경험하고 있습니다. 2013년 현재 월 임금 100만 원 미만인 근로 빈곤층이 전체 근로자의 13.5%입니다.

대략적으로 생각해도 근로자 열 명 중 한 명은 월수입이 100만 원도 안 된다는 겁니다.

월수입이 100~200만 원 미만을 워킹푸어 잠재 위험군으로 보는데, 그 비율이 38.3%입니다. 둘을 합치면 근로자 중 51.8%가 생활비를 충당할 수 없어 빈곤에 빠져 있거나, 어떤 위험이 생기면 곧바로 빈곤층으로 떨어질 수 있는 위험에 노출되어 있다는 겁니다.

50만 원
월세라는 것

—

얼마 전 세 모녀가 자살한 안타까운 사건이 있었습니다. 지난 2월, 생활고에 시달리던 60대 어머니와 30대 두 딸이 반 지하방에서 집주인에게 보내는 죄송하다는 유서와 함께, 마지막 월세와 공과금을 합해 전 재산 70만 원을 놓고 번개탄을 피워 목숨을 끊었습니다.

세 모녀는 한국 사람들이 빈곤층으로 추락해가는 과정을 여실히 보여줍니다. 이미 12년 전 아버지가 사업 실패 후 암투병으로 세상을 떠났습니다. 어머니는 식당일을 하며 100만 원여의 돈으로 생계를 꾸려왔습니다. 그러다 넘어져서 팔을 다치며 당분간 일을 할 수 없게 됐습니다. 큰딸은 당뇨와 고혈압을 앓고 있었고, 둘째딸은 알바를 전전하며 생활비와 병원비를 보태다 신용불량자가 됐습니다. 만화가로 데뷔했지만 원고료는 1년에 10만 원이 조금 넘었습니다. 그런데 지난해까지 38만 원이던 월세가 올해 1월부터 50만 원으로 올랐습니다. 한 번도 집세를 밀린 적이 없다는 그들은 결국 마지막 집세를 남겨놓고 세상을 떠났습니다.

우리나라 전체 가구 중 재난적 의료비를 감당하는 비율이 열 집 중 한 집입니다. 가족 중 큰병이나 만성질환 환자가 생기면 그 병원비를 중산층조차 감당하기 어렵습니다. 병원에서는 건강보험이 적용되지 않는, 병원에 이익이 되는 치료법이나 약으로 환자들을 유도합니다. 아버지가 사업 실패와 투병을 겪었다면 이미 이들은 한 푼도 남아 있지 않았다는 얘깁니다.

월세가 한 달 만에 12만 원이 올랐습니다.

그러나 우리나라에서는 알다시피 절이 싫으면 중이 떠나야 합니다. 그리고 집주인도 그저 서민이었을 뿐입니다. 월세 장사를 하는 사람이 아니라, 월세 받아 생활하는 노년층이었습니다. 이들이 피해자가 되고, 가해자 아닌 가해자가 되는 것이 개인의 문제가 아닌 사회 구조적인 문제라는 겁니다.

우리나라에서 빈곤의 시작과 끝은 결국 주거 문제로 귀결됩니다. 빈곤에 허덕이는 저소득층에게 넘을 수 없는 벽이 집값입니다. 아니, 정확하게 월세값이죠. 2012년 주거실태 조사 결과에 따르면 이들과 같은 수도권 저소득층의 소득 대비 월세 임대료 비율이 29%에 육박합니다. 세 모녀의 경우도 그랬습니다. 110만 원을 벌어서 월세로 38만 원을 내다 50만 원을 내게 되었습니다. 저축은 물론 꿈도 꿀 수 없고, 밀린 카드빚에 대한 이자와 주거비만으로 대부분의 수입이 나갔을 겁니다.

정부의
부동산 대책

———

반 지하방 월세를 높인 집주인의 잘못이 아닙니다. 임대차 시장이 이렇게 망가지도록 방치한 정부의 잘못입니다. 작년부터 정부와 새누리당은 전월세 폭등에 대한 대책을 마련하겠다고 했습니다. 아니, 이건 대선 당시 박근혜 대통령 후보의 공약에 있었습니다.

그리고 지난여름 정부는 전월세 대책이라는 8.28대책을 내놓았습니다. 당시 새누리당은 전월세 불안의 근본 원인이 주택시장의 침체라고 했습니다. 그리고 취득세, 다주택자 양도세 등을 인하하겠다고 했지요. 장기 저금리로 주택을 구입할 수 있는 모기지를 확대한다고 했고요.

그러나 후보 공약이었던 전월세 상한제는 빠뜨렸습니다.

전세 수요를 매매 수요로 전환시켜 부동산 시장을 활성화시키겠다는 것이지만, 부동산 시장이 활성화되면 전월세 세입자가 도움을 받나요? 이름은 전월세 대책이었지만, 일부 사람들이 집을 사게 될지는 모르나, 특히 월세 세입자에게는 도움이 안 되는 정책이었습니다. 그러나 결국 지난해 12월 말, 국회에서 취득세 영구 인하와 다주택자 양도세 중과 폐지 법안이 통과되었습니다.

이후 매매는 늘었지만 전월세 가격은 계속 상승했습니다.

이 기회에 건설사들은 미분양 주택을 처리했고요. 당시 8·28 대책 자체가 미분양 아파트를 노골적으로 해소해주기 위한 정책이었다고 비판하는 이들도 있었습니다. 정부는 전월세 가격을 떨어뜨릴 마음이 없었다는 겁니다. 저금리로 집을 살 기회를 얻은 미래의 하우스푸어들이 세입자 전세금까지 합쳐서 집을 사고, 투자 손실을 만회하기 위해 전세금을 끌어올리거나 보증부 월세로 돌릴 수밖에 없기 때문이죠.

이것은 중하위층 사람들을 둘로 나눕니다. '이 기회에 집을 사는 사람'과 '월세로 전락하는 사람'. 소득이 어느 정도 받쳐주는 사람에게는 기회가 될 수도 있습니다. 물론 하우스푸어로 전락하는 것도 감수해야 하지만요. 그러나 소득이 받쳐주지 않는 사람은 전세 세입자에서 월세 세입자로 갑니다. 이 대책은 분명 장단점이 있습니다. 그러나 저소득층에게 아무런 도움이 안 된다는 건 확실합니다. 그리고 저소득층뿐이 아니죠. 대기업 직원이나 공무원 등 안정적인 직업이 아닌 웬만한 보통 사람들에게는 집값에 육박하는 전세값도, 50만 원에서 100만 원씩 하는 월세도, 많은 대출을 끼고 사는 집도 모두 감당하기 힘든 것입니다.

전월세 상한제 공약은 왜 했나

만약 박근혜 대통령이 전월세 상한제 공약을 지켰더라면 어떻게 됐을까요? 그러면 한 달에 월세를 12만 원이나 올릴 수는 없었을 겁니다.

애초에 이 전월세 상한제는 2011년에 민주당에서 내놓은 임대차 보호법 개정안에 들어 있던 내용입니다. 전월세 인상률을 5% 이내로 제한하자는 것이었죠. 당시에도 집세는 물가상승률을 훨씬 웃도는 7~8% 상승률이 이어지고 있었는데요, 이걸 물가상승률의 2배 정도인 5%로 억제해 거기까지만 집세를 올리도록 허용하자는 것이었습니다. 당시 새누리당은 시장경제의 원칙을 해치는 행위라며 반대했습니다. 그래서 이 개정안은 계속 국회에서 통과가 되지 않고 있었습니다.

지난 대선에서 문재인 후보는 전월세 상한제를 공약으로 내걸었습니다. 박근혜 후보는 애초에 전월세 대책으로 '목돈 안 드는 전세 제도'를 줄곧 주장해왔고요. 집주인이 자기 주택을 담보로 전세보증금을 대출받고, 세입자가 그 대출금의 이자를 납부하는 그 방식 말입니다. 그리고 이를 실행했습니다. 전월세 상한제에 대해서는 기존 새누리당의 주장대로 반대하고 있었고요. 그러나 대선을 코앞에 두고 그동안의 입장을 바꿔 전월세 상한제를 급히 공약에 끼워 넣었습니다. 그리고 정부 출범 후에 다시 버린 것입니다.

애초에 원해서 넣었던 공약이 아니니까요.

월세 세입자에게 세금혜택을?

올 2월, 정부는 다시 2·26 세입자 대책을 내놓았습니다. 세금 공제를 통해 월세 세입자들을 도와주겠다는 것이었습니다. 전체 월세 지출 중 10분의 1은 세금공제로 돌려받게 되고, 그러면 1년치 월세 중 한 달치는 돌려받는 셈이 되는 것이라 했습니다. 이는 조금 보완하여 실행을 앞두고 있지요.

이로써 분명 혜택을 받는 이들이 생길 겁니다. 그러나 그렇지 못한 사람들도 있겠죠. 세금 공제를 받을 것이 없는 과세 미달자들입니다. 과세 미달자라는 말이 주는 느낌이 상당히 저소득층일 것 같지만, 실은 여기에 들어가는 사람들이 꽤 많습니다. 국세청 2013년 통계자료에 따르면, 2012년 4인 가족 기준으로 연간소득 2064만 원 미만이 과세 미달자에 속하는데, 전체 근로소득자 1577만 명 중 516만 명이 여기에 들어갔습니다.

전체의 33%입니다. 즉 일자리가 있는 가정 중에서도 셋 중 하나는 혜택을 못 받는다는 말입니다.

억대 연봉을 받는 사람이라도 임대 명의를 소득이 적은 가족에게 돌려놓으면 이 세금혜택을 받을 수 있는데 말이죠. 그러나 실질적으로 도움이 필요한 이들에게는 해당 사항이 없지요.

그리고 근로소득자가 아니면 혜택을 받을 수 없습니다. 자영업자들은 물론이고, 일자리가 없어 소득도 없는 사람들에게는 아무런 도움이 안 됩니다. 웬만한 소득 수준을 가지고 월세를 사는 사람들이 혜택을 조금 볼 수 있는, 빛 좋은 개살구입니다.

그리고 실제로는 연봉 3천~4천만 원 정도 되는 월세 가구도 의료비, 보험료, 신용카드, 기부금 등 각종 공제를 모두 제하고 나면 월세 세액공제 혜택을 받지 못할 가능성이 크다고 합니다.

문제는 세제혜택을 받느냐보다,
그로 인해 월세가 더 올라갈 거라는 것이죠.

지금까진 임대소득에 대해서는 신고하지 않는 게 관행이었습니다. 그런데 임대소득을 신고하고 세금을 내라고 합니다. 더구나 세입자들에게 월세에 대한 세금혜택을 준다고 하니 이들이 계약 내용을 적극적으로 신고할 겁니다. 그러면 집주인은 그동안 노출되지 않았던 것에 대해 소득세를 낼 수밖에 없습니다. 이렇게 되면 월세값이 올라갑니다. 부담하는 세금만큼 월세로 충당하려 할 테니까요.

안 그래도 월세 세입자는 넘쳐납니다.
월세를 올리지 못할 이유가 없습니다.

그리고 이들도 노후 대비용으로 임대사업을 하는 영세한 집주인들이라는 점이 또 문젭니다. 이들은 늘어난 세 부담에, 소득 노출로 인한 건강보험료 납부까지 걱정하고 있습니다. 대개 은퇴한 부모님들이 아들이나 딸의 직장에 건강보험을 돌려놓습니다. 은퇴하면 재산이 있을 경우 지역 가입자가 되어, 이때 은퇴 전보다 보험료가 몇 배로 뛰기 때문입니다. 평생 번 돈으로 집밖에 없는 사람들에겐 소득이 끊어진 상태에서 늘어난 보험료가 큰 부담일 수밖에 없습니다. 임대소득세에 더해 건보료도 납입하게 된 이들은 세를 올리는 수밖에 없겠죠.

가장 기본적인 문제는 우리나라 주거비용이 너무 높다는 것입니다. 원룸 월세조차 제대로 살 수 없는 이들은 더 외곽으로, 더 작은 방으로 갑니다. 그런데 가로 세로 2미터 남짓한 반지하방의 월세가 20만 원입니다. 쪽방촌에 사는 노인들은 기초수급비 절반을 월세로 내고 있습니다. 이 마저도 지원받지 못하는 이들이 더 많고요.

선심성 복지는 그만,
사회위험을 줄이는 복지를

우리 사회에서는 빈곤 문제를 개인적인 문제로 생각하는 경향이 있었습니다. 지금은 생각이 많이 바뀌었지만요. 빈곤 문제는 점점 개인의 문제가 아닌 사회 구조의 문제로 변하고 있습니다. 빈곤층이 적어야 그나마 여러 사람이 열심히 일해서 소수를 구제할 수 있습니다. 그러나 먹고살 수는 있었던 이들이 점점 빈곤층으로 추락하고 있습니다. 그럼 더 이상 이런 식으로 유지하기는 어려워집니다.

복지예산도 중요하지만 그보다 중요한 건 시장을 조절하여 구조적인 가난에 빠져들지 않을 수 있도록 안전망을 만드는 겁니다. 최하위 계층에 떨어졌을 때 겨우 연명할 수 있는 정도의 지원에 그쳐서는 안 된다는 거지요. 이들의 기초수급비 반이 월세로 나가고, 나머지 20~30만 원으로 생활해야 합니다. 그러다 병에 걸리면 그런 생활조차 끝나는 거고요.

일률적으로 현금을 나눠주며 선심성 복지를 베푸는 것도 그렇습니다.

중산층에게 몇 십 만원씩 일률적으로 나눠주는 복지는 세금만 많이 나갈 뿐, 사실 큰 도움도 안 되고 모두에게 골고루 돌아가는 것도 아닙니다. 이런 걸 복지 포퓰리즘이라 하는 겁니다.

현재 정부는 경제혁신 3개년 계획의 실행 과제 중 하나로 노조 동의권 '남용' 등의 관행을 바로잡겠다고 나섰습니다. 현재 기업의 상당수가 정원 조정이나 정리해고 등에 대해 노조의 동의를 얻도록 단협을 맺고 있는데요, 정부가 이를 개선해주겠다고 하는 것입니다. 기업들이 자율적으로 인력운용을 할 수 있게 하여 기업을 더 효율적으로 운영하게 해주겠다는 것이죠.

기업들은 이제 더 쉽게 정리해고를 할 수 있게 될 것 같습니다.

국민이 가난해지지 않으려면 일자리가 늘어나야 합니다. 있는 일자리를 빼앗으려 할 것이 아니고요. 대기업 노조가 노소 동의권을 제한받는 것은 그들만의 문제가 아니라, 이것이 한국 노동계에 상징적인 의미를 줄 것이라는 데 더 큰 문제가 있습니다. 이곳에서 지켜지지 않는 것은 그대로 노조가 없는 중소기업으로 내려와 더 가볍게 노동자를 내칠 수 있는 환경을 만들어줍니다.

한쪽에선 복지를 이야기하면서 내놓는 정책마다 서민의 삶을 전혀 모르는 것 같고, 또 한쪽에서는 노동자에게 '노동권을 남용하지 마!' 라고 위협하는 듯한 정부의 태도가 미덥지가 않습니다. 나라는 점점 부자가 되어가는데 국민들은 가난한 나라, 열심히 일해도 가난에서 벗어날 수 없는 나라, 이 문제를 정부는 알고는 있을까 의심스럽습니다. 들어서 알고는 있겠지만, 그 고통을 뼈저리게 느끼지는 못하고 있을 테죠.

2008년 한나라당 전당대회를 앞두고 진행된 토론회에서 정몽준 의원은 시내버스요금이 70원이라고 대답하여 많은 국민의 분노를 샀다. 국회의원 재산 순위 1위인 그가 버스를 타고 다닌다고 생각하는 사람은 없었을 것이다. 그가 매일 같이 만원 버스를 타고 힘겨운 삶을 이어가는 서민의 삶을 진정으로 걱정했다면 국민들이 그렇게 분노했을까?

-오마이뉴스 2014. 4. 14.

02 정부가 국민을 지켜준다고?

"한국 중산층이 몰락했다", "우리나라 경제의 허리가 끊어졌다", 이런 이야기는 1997년 IMF 외환위기 이후 꾸준히 들려왔습니다. 우리는 언론을 통해 이런 제목의 기사를 줄곧 접해왔지요. 우리나라가 민주화된 시점을 1987년으로 잡는다면, 민주화 10년 만에 경제의 위기를 맞게 된 것입니다.

IMF 당시 많은 화이트칼라 남성들의 직장이 불안해지면서 우리는 위기를 실감했습니다. 가장이 무너지면 가계도 무너집니다. '퇴직 후 사엉업'이라는 공식도 무너졌습니다. 먹는 장사는 성공한다는 말도 옛 말입니다. 언제부턴가 자영업자들도 줄줄이 무너졌거든요. 장사로 뼈가 굵은 이들도 버티지 못하는 시기에 경험 없는 창업은 망하는 지름길이죠. 게다가 이 모든 위험을 무릅쓰고 작은 김밥 가게라도 하나 내고 싶어도, IMF 체제를 거치며 대부분의 회사가 연봉제로 바뀌었습니다. 이제 몇 십 년 직장생활을 해도 은퇴 시 목돈을 만져볼 수 없다는 겁니다. 정년이라도 채우면 다행이지요.

이렇게 고용불안을 안게 된 우리는 이후 가계빚이라는 어마어마한 짐까지 보태졌습니다. 지금 우리나라 전체 가계빚은 천조 원을 넘어섰습니다. 가장이 매일 술판을 벌여서, 도박을 해서 빚을 진 게 아닙니다.

그저 생활비와 주거비로도 많은 가정이 빚더미에 앉았습니다.

중산층은 과거의 생활수준을 누릴 수 없게 됐습니다. 자기 자식에게 중산층의 경제력과 지위를 물려줄 수 없다는 건 미래가 없다는 것이죠. 실제로 부모들은 그렇게 느낍니다. 사교육비가 너무 높아 아이들을 대학 보내기가 어렵습니다. 또 어렵게 대학을 나와도 그후엔 펑펑 놉니다. 젊은이들도 이제 자신의 미래를 장담할 수 없습니다. 예전에 여러분이 20대였을 때를 생각해보세요. 얼마나 자신만만했습니까? 젊은 패기로 넘쳤죠. 그러나 지금 젊은이들은 그렇지 않습니다. 스스로를 88만 원 세대라고 자조하고 있습니다.

정당에 따라
경제정책이 달라진다?

———

이런 위기감은 곧바로 정치에 대한 불만으로 이어졌습니다. 당연한 얘기입니다. 그리고 곧바로 선거에 나타났습니다. 이명박 대통령과 박근혜 대통령이 어떻게 대권을 잡았나요? 국민들이 경제적 위기에 빠지기 전까지 새누리당은 고전했습니다. 그러다 경제가 어려워지니 국민들은 다시 새누리당을 찾았던 것입니다. 이명박 대통령과 박근혜 대통령은 경제와 민생으로 국민들의 마음을 잡았죠.

그러나 한쪽에서는 경제성장보다 경제민주화가 더 시급하다고 얘기합니다. 여기서 국민들은 반으로 갈려버렸습니다. 민주화고 뭐고 경제부터 살려보자, 아니다 경제민주화가 되어야 먹고 살 수 있게 된다,라고 말이죠.

이렇게 한국은 용어도 거창한
'성장 분배 담론'에 빠졌습니다.

이것은 원칙적으로 경제적인 논의지만 우리나라에서는 그렇지 않습니다. 우리에게는 정치적인 문제가 됩니다. 성장을 추구하는 보수여당과 분배를 추구하는 보수야당 및 진보세력으로 나뉘어 정치에 이용합니다.

국민들은 그중 하나를 선택해 적극적으로 지지하여 원하는 정치인을 자리에 앉혀야 합니다. 그래야 자신의 가치관에 맞는 경제정책이 실현될 거라 여깁니다.

성장과
분배와 복지

—

우리나라는 복지와 분배라는 개념이 자리 잡기도 전에 먼저 신자유주의가 들어섰습니다. 김영삼 정권 5년은 민주화에 박차를 가하던 때입니다. 그러나 정권 말기에 IMF가 터졌습니다. 김대중 정부는 본래의 정치적 정체성을 버리고 시대가 요구하는 대로 신자유주의를 선택했습니다. 노무현 정부도 마찬가집니다. 그래도 분배를 포기하고 싶지 않아 무진 애를 썼지요. 그래서 보수 쪽에서는 시장주의를 억압한다는 비난을 듣고, 진보 쪽에서는 친 대기업적이라는 비난을 들어야 했습니다. 결국 양쪽 다 만족시키지 못했습니다.

지금 우리나라의 상황은 모든 것이 복잡하게 얽혀 있습니다.

성장이 막히고, 분배도 이루어지지 않으며, 복지는 엉망입니다. 오랫동안 묵혀 있던 모순들이 한꺼번에 분출되고 있습니다. 사실 이것들이 정치로 당장 해결될 문제는 아닙니다. 뿌리 깊은 모순이 정치인들의 힘으로 한순간에 바로 잡아지지는 않습니다.

하지만 국민들이 원하는 건 그 실마리를 풀어가는 시도일 것입니다.

당장 문제가 해결되리라 낙관하는 국민들은 없으리라 봅니다. 그런데 정부와 여당이 시도하는 방향이 탐탁지 않은 것입니다. 복지 공약을 남발하며 국민들의 바람을 부추기다가 집권 후에는 얼렁뚱땅 무마시키는 태도로 일관하는 것 말입니다.

신자유주의의 권력

지금 국가보다 더 위에 있는 권력이 있습니다. 김대중도 노무현도 굴복한 절대권력, 바로 신자유주의 체제 하의 거대 기업입니다. 세계화가 진행되며 기업은 국가 위로 올라섰습니다. 이제 기업이 국가를 쇼핑하고 다닙니다. 입맛에 맞는 국가를 선택하죠. 국가는 기업의 눈치를 보며 제발 우리나라에 투자해달라고 구걸하는 위치가 되었습니다.

"기업환경이 좋지 않다"
이 말 한마디면 끝납니다.

그럼 정치인들은 이리저리 법을 바꾸고 국민들을 설득하여 투자환경이 좋은 나라를 만들어줍니다.

IMF 같은 기관은 이런 신자유주의를 전파하는 첨병입니다. 우리나라에서도 분명 그런 역할을 했지요. 그들이 지시하는 대로 따르다 보면 그 사회는 매우 '합리적'인 시장경제로 변모합니다.

우리가 국제통화기금에서 빌린 빚을 갚을 때 'IMF가 내준 숙제'라는 표현을 썼던 것 기억하시죠? 그때 IMF가 내준 숙제가 뭐였습니까? 비효율적인 기업구조를 조정해라, 최소한의 인원만 남기고 정리해고해라, 빚이 많은 기업은 더 큰 기업에 합병시켜라, 이런 것들이었습니다. 그렇습니다, 다 합리적인 방법입니다. 그렇게 해야 기업 체질이 건강해집니다. 기업이 살아야 그나마 남은 노동자들도 살 수 있겠지요. 그런데 그들이 내

준 숙제를 풀다 보면, 국가는 어느새 신자유주의의 한가운데
서 있게 됩니다.

그리고 밀려난 노동자들은 개개인이 문제를
해결해야 합니다.

정부가 국민들을
지켜줄까?

———

그것이 잘못된 걸까요? 건강한 시장은 물론 효율
적인 시스템이 되어줍니다. 기업이 정당하게 활동하여 이윤을
얻고, 노동자를 고용하고, 사람들은 윤리적인 기업을 선택해
소비 활동을 하는 건강한 선순환이 일어날 겁니다. 그러나 시
장이 이렇게 다수의 이익을 위해 흘러가지는 않죠.

시장이란 옳고 그름이라는 가치가 통용되는
곳은 아닙니다.

시장이 지향하는 가치는 돈일 뿐입니다. 만약 시장을 통제하는 힘이 없다면, 그곳은 무법천지가 될 겁니다.

게다가 우리는 이 신자유주의 체제를 자연스럽게 체화하지 못하고 한순간 빚에 떠밀려 뼈아픈 구조조정을 했습니다. 그러면서 사회의 기반이 흔들릴 정도로 많은 이들이 경제적 추락을 경험했지요. 구조조정이라는 말 자체가 무서운 말입니다. 뼈대를 바꾸고 잘라낸다는 말이니까요.

이건 우리나라만의 문제는 아닙니다. 지금 전 세계 시장의 개방은 세계적인 추세입니다. 우리나라뿐 아니라 세계 경제의 중심이라는 미국조차 그로 인한 진통을 겪고 있습니다. 2011년 일어난 월가 시위 기억하시죠? 그때 시위대가 외치던 것이 "우리는 미국의 최고 부자 1%에 저항하는 99% 미국인의 입장을 대변한다", "매일 아침 일어나서 방값 걱정, 끼니 걱정을 하지 않게 해달라"였습니다. 우리와 별반 다르지 않습니다. 지금 전 세계가 경제적 합리주의를 표방한 기업 우위 구조로 인해 몸살을 앓고 있는 겁니다.

어떤 이들은 정부가 이 신자유주의 체제로부터 국민을 보호해주길 원합니다. 또 어떤 이들은 적극적으로 이 체제를 받아들여 성장에 박차를 가하길 원합니다. 대개 서민들은 정부가 국민을 보호해주길, 부자들은 더 많이 개방해주길 원하겠죠.

정부는 어느 쪽을 택할까요?

03 개방과 규제완화로 몰아가는 정부, 걱정된다

　요즘 우리 정부는 대대적인 규제완화에 나섰습니다. 대통령까지 나서서 끝장토론을 벌였습니다. 국민들과 합의하는 과정을 거치고 그것을 TV를 통해 공개한 것은 긍정적인 일이라고 할 수 있겠습니다. 그것만으로도 국민들의 관심을 환기시키는 상징적인 역할은 할 수 있었으니까요.

　그러나 단 한 번의 끝장토론으로 규제완화를 논의할 수는 없습니다. 푸드트럭 규제완화, 자동차 튜닝 규제완화와 같은 지엽적인 문제는 그 분야의 전문가와 관련자들이 상의할 일이지요. 그에 대한 장단점을 장관이 알겠습니까, 일반인들이 알겠습니까? 그보다는 어디까지 규제할 것이냐는 정부의 계획과 의지를 밝히는 것이 더 급선무겠지요. 그에 대한 국민적 합의가 이루어질 수 있도록 장을 마련하는 게 정부의 역할입니다.

　　규제완화라는 것을 지엽적인 부분에 초점을 두고 이야기하는 것은 국민들에게 실상을 제대로 알리지 않으려는 꼼수로 보일 뿐입니다. 정부가 규제완화를 하겠다고 하니 국내외 기업들이 모두 두 손 들고 환영했습니다. 주한 미국 상공회의소 대표가 한국의 규제완화 정책을 열렬히 환영하는 이야기를 들어봅시다. 한국을 '떠오르는 글로벌 리더'로 격찬하고 있습니다.

['제2 한강의 기적' 규제개혁 성공에 달렸다]

　　최근 박근혜 대통령이 새롭게 추진 중인 포괄적 규제개혁은 향후 한국 경제에 효율성과 창조성, 그리고 예측 가능성을 더해줄 것이라는 기대감을 갖게 한다. 박 대통령은 취임 초기부터 경제정책의 주요 기조의 하나로 창조경제 실현을 강조해왔다. 창의성과 혁신을 핵심으로 하는 창조경제의 기반을 마련하기 위해 한국 정부는 무엇보다 한국과 세계시장에 새로운 상품과 서비스를 도입하는 것을 가로막는 불필요한 규제들을 제거해주어야 한다.

세계 각국이 경제의 효율성을 제고하고 경기불황을 극복하기 위해 이른
바 규제전쟁을 벌이고 있는 현 시점에서 한국 정부의 강력한 규제개혁 노
력은 경제의 도약에 큰 발판을 마련해줄 것으로 기대된다. 규제 당국이 제
시한 개혁안 중 특히 규제비용총량제의 도입과 규제정당성 소명 제도의 적
극적 추진, 그리고 포지티브 규제 체계에서 네거티브 규제 체계로의 이행은
주목할 만하다. 또한 박 대통령은 외국인 투자 기업가들의 의견을 더욱 경
청할 것을 약속했다. 앞으로 공식적인 소통의 채널을 확보해 외국인 투자
기업가들과의 의사소통을 확대한다면, 한국 경제의 창의성과 성장잠재력
을 높이고 해외직접투자를 더 유치할 수 있을 것이다.

여러 측면에서 한국은 단연 떠오르는 글로벌 리더다. 높아진 국가적 위
상만큼 외교적·경제적 측면에서 한국의 활동 방향에 대한 기대감도 높아
지고 있다. 그러나 지난 몇 년 동안 외국 기업들은 다른 인근 국가들에 비해
한국 시장이 지나친 규제를 받고 있으며 국내 문제에 지나치게 치중해왔음
을 지적해왔다. 지난해만 해도 한국만의 독특한 규제가 많이 생겨났다. 특
히 금융서비스, 환경, 소비자 보호, 정부 조달, 중소기업과 관련된 규제 중
일부는 갑작스럽게 만들어진 경우도 있었다. 실제로 한국은 경제협력개발
기구(OECD)가 매년 발행하는 상품시장규제(PMR) 지표에서 2013년 33개
조사 대상 국가 중 넷째로 규제가 강한 국가로 선정됐다. 외국인 직접투자
제한, 관세, 국제기준 적합성, 규제의 투명성 등을 골자로 하는 '교역·투자
에 대한 장벽' 항목에서는 둘째로 심했다.

한국의 주력 성장 분야 가운데 하나인 정보기술(IT) 업계 역시 규제개혁
이 절실히 요구된다. 한 가지 예를 들자면 최근 한국의 대중가수들이 해외

에서 많은 인기를 얻고 있지만 정작 한국의 소비자들은 한국 신용카드를 이용해 해외 온라인 시장에서 자유롭게 이들의 앨범이나 영화를 구매할 수 없다. 가수 싸이의 경우 전 세계의 팬들이 간편 온라인 결제 시스템을 통해 아이튠즈에서 그의 앨범을 손쉽게 구매하는 반면 정작 한국의 소비자들은 해외 신용카드를 사용해야만 구매할 수 있는 현실은 규제의 비효율성을 단적으로 보여주는 예다. 다행히 한국 정부가 이 부분의 개선을 검토 중이라고 한다.

현재 한국은 중요한 분기점에 서 있다. 효과적인 규제개혁을 통해 국제적 규범과 관례를 준행한다면 국제적 경쟁력을 한층 강화할 수 있을 것이다. 반면 국내 문제 해결에만 집중한다면, 한국 경제를 새롭고 혁신적인 사고로부터 멀어지게 만들 뿐 아니라 잠재적 투자자들이 한국보다 더 개방되고 친화적인 다른 시장으로 등을 돌리게 만들 수도 있다. 돌이켜보건대 한강의 기적이 가능했던 것은 한국의 지도자들과 경제주체들이 끊임없이 새로운 아이디어를 고안해내고, 무수한 도전을 극복하면서, 결단력 있게 개혁을 이뤄왔기 때문이다. 지금은 바로 이러한 개혁의 정신이 재조명돼야 할 시점이다.

우리는 한국 정부가 긴밀한 협력을 통해 규제개혁을 반드시 성공적으로 이뤄내길 기대한다. 한국에 있는 외국인 투자기업들은 세계 속에서 한국의 가장 큰 지지자다. 한국 정부가 보다 포괄적으로 규제 완화 노력을 이어간다면, 외국인 투자기업들은 한국에 새로운 투자를 더욱 확대해야 한다는 점을 본사에 더욱 설득력 있게 요청할 수 있을 것이다. 우리 주한 미국 기업들은 이러한 일련의 규제개혁 과정을 통해 한국 경제가 한 걸음 더 크게 도약해 제2의 한강의 기적을 이룰 수 있도록 적극적으로 도울 것이다.

- 중앙일보 2014년 4월 4일, 에이미 잭슨(주한미국상공회의소 대표)

기업하기 좋은 환경, 그것은 지금까지 한국에서 꾸준히 추구되어온 것입니다. 한국은 기업들이 원하는 대로 근로자를 조절할 수 있게 해주었습니다.

그런데 이제 기업들은 한마디로, 법에도 손을 대달라고 공공연하게 요구하고 있는 것입니다.

이것저것 기업들이 이익을 추구하는 데 걸림돌이 되는 법과 규제를 없애달라는 것이죠. 이것이 규제 '완화'라는 미온적인 이름 속에 감춰진 정직한 속마음입니다.

기업하기 좋은 나라?

정부의 논리는 이렇습니다. 기업환경을 갖춰주지 않으면 다른 나라로 다 빼앗기게 된다는 것이죠. 외국인 투자자들이 한국에 투자를 안 하려 하고, 우리나라 기업들도 다른 나라로 빠져나가고요. 그럼 성장이 멈추고, 일자리가 줄어들

거라고요.

지금 이미 우리 기업들도 외국으로 많이 빠져나갔지요. 세계의 모든 기업들이 값싼 노동력이 갖춰지고 정부의 간섭이 덜한 국가로 가서 기업활동을 합니다. 이게 뭐가 문제일까요? 단순히 국내 일자리를 잃는다는 문제를 넘어섭니다. 기업들이 좋아하는 곳은 중국, 베트남, 미얀마, 방글라데시 같은 곳들입니다.

바로 환경규제, 인권규제가 가장 취약한 곳들입니다. 이런 곳에 세계의 공장이 몰려들고 있습니다.

방글라데시에서 방직공장 건물이 무너지는 바람에 천 명이 넘는 인명사고가 났었습니다. 사고 며칠 전부터 건물이 갈라지기 시작해 여공들이 출근하지 못하겠다고 했죠. 그러나 공장장들은 해고하겠다고 위협했습니다. 이 대형사고 후에도 100여 명의 인명피해를 낸 화재사고를 비롯해 열악한 환경으로 인한 피해가 끊이지 않았습니다. 노동자들이 환경 개선을 요구하며 파업을 하고 시위를 벌이면 정부는 경찰을 앞세워 무력 진압해 주었고요.

바로 몇 십 년 전 우리나라의 모습이죠.

이런 공장에서 나온 옷들이 전 세계 시장에 저렴한 가격으로 판매되고 있습니다. 자라, 유니클로 같은 기업들입니다. 전 세계에서 비판을 가하자 그들은 현지 노동자들을 위한 처우 개선을 하겠다고 했습니다. 그러나 그리 달라지지는 않았습니다. 방글라데시 정부가 자국 국민들을 알아서 제어해주며 기업활동을 하라고 독려해주니 달라질 수가 없겠죠.

환경규제가 많지 않은 곳에 공장을 세우면 더 쉽게 폐수와 폐기물을 흘려보낼 수도 있습니다. 공기 중에도 뿜어낼 수 있고요. 중국은 스모그로 인한 피해가 대단하다고 하지요. 그러자 중국의 부호들은 베이징을 떠나 남부로 속속 이사를 가고 있다고 합니다. 수도를 남쪽으로 옮기자는 말도 나오고요. 결국 힘없는 서민들이 그 피해를 고스란히 안은 것입니다. 이런 것들이 배고픈 시절을 잊어버려서 하는 태평한 말인가요?

그럼 후진국 말고 우리가 지향하는
선진국 사회로 가봅시다.

규제완화가 가져온
세계경제위기

2008년 미국 금융위기는 전 세계 경제를 침체에 빠뜨렸습니다. 세계 제일의 경제 전문가들과 세계 제일의 기업들이 몰려 있는 미국에서 왜 이런 일이 일어났을까요? 많은 전문가들이 그 주요 요인으로 글래스-스티걸법(Glass-Steagall Act)의 폐지를 들고 있습니다. 글래스-스티걸법은 미국 금융산업의 성장을 가로막는 대표적인 규제로 여겨지던 것입니다. 시장주의를 중시하는 미국 경제에서 몸을 불린 금융권이 이 규제를 풀어주기를 당연히 원했겠죠.

이 법은 본래 1930년대 경제공황의 원인을 반성하고, 그 결과로 만들었던 규제입니다. 대공황 이전의 자유롭게 방임된 금융이 대공황의 가장 큰 요인 중 하나로 꼽히면서, 은행업과 증권업을 분리시키고 금융 규제를 대폭 강화하는 금융개혁법을 시행했습니다. 글래스-스티걸법은 상업은행과 투자은행(증권회사)의 완전한 분리, 상업은행에 대한 규제 등을 핵심 내용으로 합니다. 하지만 시간이 지나며 금융산업이 더 몸을 불리려 하는데

이 규제가 걸리적거렸던 것입니다.

미국은 1999년, 글래스-스티걸법을 폐지하는 그램-리치-브라이리법(Gramm-Leach-Bliley Act), 즉 금융서비스 현대화법을 제정했습니다. 금융산업의 경쟁력을 확보하여 투자를 활성화시키고 일자리를 늘리겠다는 계획이었죠. 이로써 월스트리트에의 족쇄가 풀렸습니다. 새 법에서는 연방정부의 설립허가를 받은 모든 은행이 금융지주회사를 설립하여 다른 모든 형태의 금융업을 섭렵할 수 있게 됐습니다. 은행들은 전략적 제휴나 합병을 통해 종합 금융그룹으로 발전했습니다.

그러나 10년도 안 되어 이것이 미국 전 금융산업을 파산 위기에 몰아넣었습니다. 2007년, 대형 모기지론 업체들이 속속 파산 신청을 하기 시작했습니다. 신용등급이 낮은 저소득층에게 주택 자금을 빌려주다가 벌어진 일이었죠. 2008년 미국의 투자은행 4위 기업인 리먼브라더스도 파산했습니다. 골드먼삭스, 모건스탠리, AIG 등 은행, 증권사, 보험사 가리지 않고 줄줄이 쓰러졌습니다. 이 영향을 받은 전 세계 금융산업과 기업이 노미노처럼 엮여 들어갔고요. 미국 정부는 금융산업의 붕괴를 막기 위해 어마어마한 돈을 쏟아 부어야 했습니다. 기업들이 파산한 자리에서 사람들은 집과 일자리를 잃었습니다.

미국의 경제학자들은 글래스-스티걸법을 없앤 것을 2008년 경제위기의 주요한 원인으로 꼽습니다. 금융산업 간의 칸막이를 없앰으로써 일부 금융사의 파산으로 끝나지 않고 전체 금융 시스템으로 위기가 확산되었다는 것입니다.

그런데 그 와중에 정부의 도움으로 살아난 금융사들이 임원들에게 보너스 잔치를 벌이며 미국 시민들을 분노하게 했지요. 이것이 2011년 월가 시위로 대대적으로 확산되었고요. 규제완화를 주도했던 정치인들에게는 아무런 책임을 묻지 못했습니다.

> 당시 재무장관은 씨티은행에서 회장으로 모셔 갔고, 법안을 만든 국회의원 역시 한 투자은행에 스카우트되어 부회장 자리까지 올랐습니다.

그리고 미국 대형 금융사들이 만들어낸 세계적인 경제위기의 책임은 고스란히 각국 시민들이 떠안고 있습니다.

기준부터 가졌으면

규제완화에 대해 정치적으로 대립하는 것은 무의

미합니다. 성장-분배 담론과 마찬가지로 또다시 '보수-개방'과 '진보-규제'로 나뉘어 싸우다 이전의 복지 논쟁처럼 정권을 잡는 데 이용하고 버리는 것은 무책임하겠죠.

시장개방과 규제완화는 단기적으로 기업들을 살찌워줄 것입니다. 그러나,

지금 국민들은 기업이 잘되면 일자리가 늘어날 거라는 순진한 기대를 이미 접었습니다.

그보다 급작스런 규제완화가 앞으로 우리 사회에 어떤 장기적인 영향을 미칠지가 걱정입니다. 그러니 현 정부가 규제완화에 대해 칼을 빼 들었다면, '어디까지 규제할 것이냐'에 대한 국민의 합의를 이끌어내야 합니다. 눈 가리고 아웅 식으로 TV 토론을 일부 영세업자들의 이야기로 채우며 서민의 목소리에 귀를 기울이는 듯한 쇼를 연출하는 건 실망스러운 모습입니다.

정치인들이 시장개방과 규제에 대해 현명한 기준을 빨리 세웠으면 하는 건 무리일까요? 경제정책과 관련해 정치인들을 판단할 때, 우리는 이제 또 다른 기준이 필요하게 됐습니다. 그동안 '성장이나 분배냐'를 두고 따졌다면 이제부터는 '개방이나 규제냐'도 따져봐야 합니다. 이제 앞으로 정치인의 생명은 경제성장, 민생, 복지뿐 아니라 시장개방에 대한 대처에도 달려

있을 것입니다.

‘성장-분배’ 에 이어 ‘개방-규제’ 담론도 이제 본격적으로 시작됐습니다. 이는 오랫동안 사라지지 않을 것입니다. 국민들이 어떤 선택을 할지 궁금해집니다. 몰려오는 세계의 거대 기업 논리에 우리를 맨몸으로 노출시키지 않고, 한 겹의 옷이라도 입혀줄 수 있는 정치인을 우리 국민들이 가려낼까요?

아니, 그런 정치인이 존재할까요?

04 우리가 꿈꾸던 나라는

언론은 우리를 다른 OECD 가입 국가들과 비교하는 것을 좋아합니다. OECD 순위를 통해 우리나라의 현 상황을 한 번 짚어볼까요?

우선 자살률이 1위입니다. 10년 새 두 배 이상 증가했습니다. 20년 전보다는 세 배 증가했고요. 그중 노인 자살률은 평균 자살률에 비해 이미 두 배가량 높은 수치였는데, 역시 10년 동안 두 배 이상 더 상승했습니다.

그리고 한국 노인 빈곤율이 OECD 국가 중 1위입니다. OECD 평균의 네 배고요. 노인 빈곤율의 상승 속도도 매우 빠릅니다(2007년 44.6%, 2008년 45.5%, 2009년 47%, 2010년 47.2%, 2011년 48.6%, 2012년 49.3%). 그러나 노인복지 지출은 당당하게 OECD 꼴찌를 차지했습니다.

고용률에 있어서는 75세 이상의 고용률이 OECD 국가 중 1위입니다. OECD 국가 평균의 세 배 이상입니다. 선진국이라 하는 국가들 중에서, 노인들이 가장 많이 일하고 있는 나라이면서, 동시에 가장 노인 빈곤율이 높고 노인 자살률이 높은 나라인 셈이죠.

이 외에도 1위를 기록한 분야가 많습니다. 평균 노동시간 1위, 1인당 의료비 증가율 1위, 산재 사망률 1위(3시간에 1명꼴로 사망), 교통사고 1위, 병원 가는 횟수도 1위, 후진국병·가난병이라 불리는 결핵 발생률·사망률 모두 1위 국가입니다. 남녀 임금 격차 1위고요, 유리천장 지수(Glass-ceiling index) 1위고요, 저출산율 1위입니다. 공교육비 민간 부담률도 1위입니다.

이런 숫자를 보면 우리나라가 왜 OECD에 가입했을까 하는 의문이 들 정돕니다.

OECD 국가 랭킹에서 안 좋은 건 모두 1위를 하는 것 같고요. 하지만 뛰어난 분야도 있습니다. 아이들 수학 실력 1위고요, 대학진학률 1위고, 학생들 문제해결 능력 1위랍니다. 그런데 대졸자 열 명 중 넷이 놀고 있죠. 수학 실력은 가장 좋다지만 수학에 대한 흥미나 즐거움, 자신감 수치는 OECD 국가 중 꼴찌 수준이라고 합니다. 어린이 행복지수, 청소년 행복지수 꼴찌고요.

다른 것들도 볼까요? 정부의 전체 지출 가운데 사회보장비 비중 꼴찌, 장애인 복지예산 꼴찌, 가족·보육분야 공공지출

164

꼴찌, 아동복지 수준 꼴찌, 인구 대비 의사 수 꼴찌, 사회 안전
부문 꼴찌……. 이런데도 국민들은 너무 많은 걸 바란다는 책
망을 듣습니다. 이만큼 먹고 살 만해졌으니 더 오랫동안 잠자
코 있으라고 합니다.

도대체 국민들은 언제까지 노동력을 제공하는, 그리고 내수시장을 활성화시켜줄 소비력으로만 존재해야 하는 걸까요?

나라가 얼마나 더 부강해질 때까지 기다려야 하나요?

기업이 국민들을 먹여살려주지 않는다는 걸 알았습니다. 영
리를 추구하는 기업이 이 나라 국민들을 책임질 필요는 없습니
다. 국민을 책임지는 건 기업이 아니라 국가입니다. 그렇다고
정치인에게 이 나라를 모두 책임지라는 건 아닙니다. 정치인이
모든 것을 좌지우지할 수는 없습니다. 그러나 정치인의 가치관
과 태도가 한 나라를 어느 방향으로 이끄는 것은 사실입니다.

우리가 대개의 정치인에게 갖는 인상은 '권력이 돈과 결탁하
여 국민들의 삶을 망친다'라는 것입니다. 그게 권력의 속성이
라 어쩔 수 없다고 자위하기도 합니다. 그러나 간혹 깨끗한 정
치인이 나라를 살리는 예도 분명 존재합니다.

보통 국가가 혼란에 빠져 있을 때나, 아직 국민들이 적극적으

로 정치에 참여하지 못할 때 소수의 권력자가 마음대로 활개
칠 수 있는 상황이 됩니다. 이럴 때 국민들은 자신들이 가진 역
량보다도 더 가난해지고 불행해집니다.

어떤 가난한 나라에도 기득권자와 부자는 있습니다. 이들을
견제하여 국민들에게 좀 더 나은 환경을 만들어주는 것이 바로
정치인들이 해야 하는 일입니다. 그러면 그 국가가 가진 잠재
력만큼 국민들이 살 수 있게 됩니다. 예를 들어 아프리카 일부
국가들이 자신들이 가진 천혜의 지하자원을 가지고도 국민들
을 굶어죽게 하는 건 정치인들이 하는 일입니다. 땅이 척박해
서 굶어죽는 게 아닙니다. 척박한 땅 대신 그들은 전 세계가 원
하는 지하자원을 보유하고 있습니다. 그것을 정부가 세계 기업
과 국내의 부자들에게 고스란히 내어주는 정치를 하고 있기 때
문에 국민들은 굶어 죽습니다.

부자들은 힘이 강합니다. 게다가 똑똑하기까지 합니다. 정부
의 힘으로 감당할 수 없을지도 모릅니다. 그러나 문제는 노력
도 하지 않는다는 겁니다. 그들 자신이 좀 떼어먹으며 국내에
서의 권력과 부를 놓치지 않기 위해서 말입니다.

지금 세계의 가난한 나라들은 하나같이
부정부패에 물든 정부를 갖고 있습니다.

정부는 국민들을 지킬 수 있을 정도로 똑똑해야 하고, 틀림없이 도덕성을 지녀야 합니다. 도덕적이지 않은 정부가 국민을 금방 부자로 만들어줄 거란 착각에 빠져선 안 됩니다.

박근혜 대통령은 '비정상의 정상화'를 국정과제로 이야기하면서 그 1호 과제로 부정 수급 근절을 들고 있다. 작년 10월부터는 국민권익위원회, 보건복지부, 노동부, 여성가족부 등 부처들이 합동으로 '복지 부정 신고센터'를 운영하고 있다. 이들은 포털사이트 다음 아고라 토론방에 공개 토론방을 개설하는 등, 부정 수급에 대한 사회적 여론 형성을 위해 노력을 기울였다.

지난 1월 신고센터는 100일간 거둔 성과라며 100억 원의 복지 부정을 적발했다고 대대적으로 홍보했다. 이들이 낸 성과보고서를 보면, 연간 8조 원의 예산이 들어가는 기초생활보장제도의 부정 수급 발굴 액수는 7000만 원에 불과하다. 전체 부정 수급 발굴액 100억 원에 비추어볼 때도 그 액수가 미미하다.

실제 '복지 재정 누수'의 주범은 시설운영장 등 제공기관임에도 아고라 토론방에 수합된 '국민 의견'을 들여다보면 양상이 영 다르다. 아래는 국민권익위가 "복지 사업 부정 수급 근절을 위한 온라인 정책 토론" 결과라며 발표한 국민 의견이다.

"자식이 잘나가는 사업가인데 사는 집은 자식 명의로 해두고 국가에서 지원받는 기초생활 수급자 및 노인복지연금 받는 사례 엄청 많습니다."

"우연하게 기초생활수급자들의 임대아파트를 몇 곳 방문한 적이 있었는데 그들의 호화 생활에 깜짝 놀랐습니다. 1년에 1번씩이라도 그들이 사는 모습을 직접 현장 방문하여 조사해야 합니다."

우리 사회의 공적 영역에 대한 불신은 복지제도에 대한 불신으로, 그중에서도 사회적 약자인 복지 수급자에 대한 공격으로 곧잘 드러난다. 정부는 이를 해소하기 위해 노력해야 마땅하지만 오히려 이를 이용하고 강화한다는 느낌을 지울 수 없다. 가난한 이들과 복지 지원이 필요한 이들이 의심받고 공격받아야 할 대상인가? 복지 수급자가 사회적 낭비를 일으킨다는 착시는 복지에 대한 불신, 빈곤 문제의 사회적 해결에 대한 합의를 무너뜨리는 데 일조한다.

급기야 얼마 전 인천에서는 경찰청이 부정 수급을 적발한다는 명목으로 활동보조인과 이용자의 개인정보 2700여 건을 자립생활센터에 요청했다. 이는 명백히 복지 대상자들을 예비 범죄자로 간주하는 행위이다. 지금 정부가 해야 할 가장 중요한 일이 정말 '부정 수급 색출'인가? 800만 빈곤 인구 중 기초생활보장제도 수급자는 140만 명이 채 되지 않는다. 정부가 말하는 기초생활보장제도의 사각지대는 410만 명에 이르고 있는데 정부는 복지 확대 및 사각지대 해소와 부정 수급 색출 중 무엇에 중점을 둘 것인가? 우리 사회는 가난하고 약한 사람에게만 유독 철저하고 독한 사회다.

-프레시안 2014. 3. 3.

경기일보 강해인의 뉴스보기

"창조경제의 핵심은 새로운 아이디어"
[창조를 말하다] 김광두 국가미래연구원장
- 창조경제 핵심은 새로운 아이디어… 적합한 인프라 형성돼야

2013.08.08

김광두 국가미래연구원장은 거시경제의 대가이며, 박근혜 정부의 창조경제 선구자이다. 김 원장은 지난 2007년 남덕우 전 경제부총리의 소개로 박근혜 대통령과 처음 인연을 맺은 이래 박 대통령과 '5인 공부 모임' 을 가져온 인사기도 하다. 박 대통령의 '경제 과외교사' 라는 닉네임을 가진 그는 지난 17대, 18대 대선에서 '줄푸세(세금은 줄이고 규제는 풀고 법질서는 세운다)', '창조경제' 등 박 대통령의 굵직한 공약을 주도하는 등 경제분야에서 창조를 실천해왔다.

본보는 7일 오후 서울 마포구 김 원장의 사무실에서 만났다. 인터뷰 내내 칠판에 판서하며 이야기하는 그의 모습에서 열정과 진중함을 느낄 수 있었다. 또 호탕한 웃음과 소탈한 모습은 편안한 선생님을 떠오르게 했다.

김 원장은 "창조경제의 핵심은 새로운 아이디어다"며 "이를 위해서는 교육, 금융, 건설 등의 뒷받침이 필요하다"고 강한 어조로 주장했다.

이에 따라 김 원장이 생각하는 우리 경제의 현주소와 박근혜 정부의 경제정책에 대한 해법을 들어봤다.

- 우리나라 경제의 현주소는

안 좋다. 경제를 평가할 때 거시적으로 성장률과 일자리, 물가 등을 지표로 삼는다. 현재 물가는 전 세계적으로 괜찮은 편이다.

성장률과 일자리가 문제다. 성장은 2%대니까 좋지 않다고 볼 수 있다. 특히, 삼성전자와 현대자동차를 빼고 계산하면 성장률은 아마 0%에 가까울 것이다. 그러니까 통계적으로는 성장률이 2%대라고 해도 소위 밑바닥 경제는 훨씬 나쁘다고 봐야 한다.

일자리의 경우 정부가 발표하는 것은 전체 평균치인데 구체적으로 살펴보면 50~60대는 늘고, 20~30대는 일자리가 계속 줄었다. 이는 구조적으로 바람직하지 않다.

20~30대가 일자리를 많이 갖고 있어야 우리 경제에 긍정적인 효과를 줄 수 있다. 50~60대가 가진 일자리는 성격상 시간제거나 임시직일 가능성이 크다. 게다가 기업의 수익성도 점점 떨어지고 있어 전체적으로 경제가 안 좋은 상황이다.

- 그러면 우리 경제 문제, 해법은 무엇인가

정부가 경기를 좀 더 과감하게 회복시킬 필요가 있다. 그런데 재정적 한계가 있기 때문에 돈을 함부로 쓸 수는 없다. 창조경제는 사람이 하는 것이기 때문에 사람이 교육을 제대로 받지 못하면 창조경제 달성이 어렵다.

창조경제를 위해서는 좀 더 높은 지적 수준이 필요하기 때문에 정부가 교육에 과감히 투자할 필요가 있다. 가난의 대물림이 양극화의 주요 원인 중 하나인데 이것은 현 교육구조에 문제가 있다. 공교육이 사교육에 비해 교사의 질이나 시설 면에서 낙후돼 있다. 예전에는 시골에서 자란 학생도 서울대를 입학했지만, 지금은 사교육 없이는 힘든 상황이다.

정부 투자를 통해 공교육이 사교육보다 시설이나 교사의 질이 높아지면, 우선 학부모들의 사교육 부담을 덜어줄 수 있고 개천에서 용 나는 문화가 다시 생길 수 있다. 전체적으로 공교육 수준이 높아지면 국민 전체의 수준이 올라가게 될 것이고 국민 생산성도 높아질 것이다.

그 과정에서 시설 투자 등 관련 분야에 대한 수요도 증가할 것이고 결과적으로 경기부양에 도움이 될 것이다.

- 창조경제란 무엇이라고 생각하나

국민소득이라는 창고 속에 들어 있는 건설, 자동차, 전자, 화학 등 다양한 경제활동이 국민 소득을 만든다. 창조경제란 그 창고 안에 자리하고 있는 새로운 아이디어의 공간이 더욱 커지게 하는 것이다. 창조경제의 핵심은 새로운 아이디어다. 새로운 아이디어는 첫째, 전혀 없는 것을 만들어 내는 것, 둘째, 이미 있는 것들을 융합해 새로운 상품을 만들어 내는 것으로 나눌 수 있다. 이 둘을 경제적으로 가치 있도록 하는 행위가 창조이며, 이 아이디어의 비중이 커지도록 하는 것이 창조경제다.

경기가 침체하면 어렵다. 창조경제는 새로운 아이디어를 가지고 상품을 만드는 것인데 새로운 것을 만들어 판매하는 것인 만큼 불확실성과 위험부담이 놓다. 위험성이 높은 일을 하려면 주머니에 뭔가 있어야 한다. 배팅을 쉽게 할 수는 없지 않나. 동시에 창조경제는 아이디어가 상품으로 만들어지는 것이기 때문에 시간이 오래 걸린다. 그 과정에서 자본이 계속 들어가기 때문에 경기가 침체되면 달성이 어렵다. 그다음이 사람의 문제다.

아이디어를 바탕으로 상품을 만들 수 있는 사람이 있느냐가 관건이기 때문이다. 우리나라 교육은 창조적인 사람을 육성하는 데 부족하다. 이른바 모범생 교육이다.

이스라엘에서는 학생이 집에 돌아가면 엄마가 하루 동안 몇 개의 질문을 했는지 물어본다고 한다. 항상 창의적인 고민을 하고 있는지를 보기 위해서다. 그러나 우리나라는 집에 가면 엄마가 몇 점 맞았느냐고 물어본다. 배운 것을 잘 외웠느냐만 중시하는 것이다.

끝으로 금융 문제다. 아직까지 우리나라 금융시장의 대부분은 담보대출, 보증대출 등으로, 금융이 위험부담을 피하려는 성향을 갖고 있다. 그런데 새로운 아이디어는 금융 측에서 볼 때 위험부담을 떠안는 것이어서 애로사항이 많다. 새로운 아이디어를 상품으로 만들 수 있도록 금융이 뒷받침해줘야 한다.

교육현장을 창조경제에 걸맞게 바꿔야 한다. 공교육 투자는 경기를 부양하고 사회통합을 이루게 하는 다목적성 투자다. 단지 재정에 문제가 될 수

있다. 재정 운영을 1년 단위로 보는 견해도 있지만 5년 단위로 보는 견해도
있다.

유럽은 재정준칙을 마련해 5년 단위로 GDP 대비 국가부채수준을 체크
하며 평균치를 맞춰가는 방식으로 재정을 운영한다. 재정을 단순히 1년 단
위로만 볼 것이 아니라, 우리도 멀리 봐야 한다. 창조경제는 약속어음이다.
부도가 날 수도 있고 현금으로 갚아줄 수도 있다. 그러나 당장 결정될 수 있
는 사안이 아니다. 따라서 지속적 노력이 요구된다.

특히 새로운 아이디어에 대한 경제적 가치를 평가할 수 있는 능력을 지
닌 국가가 창조경제에 강하다. 우리나라는 이에 대한 평가 능력이 부족해서
벤처기업들이 재정 지원을 받고 싶어도 쉽게 받을 수 없다. 돈이 없는 상황
에서 새로운 상황이 있어도 사업으로 이어지기는 어렵다.

따라서 새로운 아이디어, 새 상품, 새로이 창업하려는 회사에 대한 경제
적 가치를 평가할 수 있는 능력을 길러야 한다. 또 창조경제가 한 분야의 노
력으로는 달성이 어려운 만큼 경제 전체적으로 창조경제에 적합한 인프라
가 구축돼야 한다.

- 박근혜 정부의 경제 정책에 대해 어떻게 평가하는가

각 부처별로는 열심히 하고 있는데, 다 합쳐서 무슨 집을 지으려는 것인
지는 잘 보이지 않는다. 목재를 나르는 사람, 페인트를 칠하는 사람, 못을
박는 사람 등이 각자 열심히는 하는데 무슨 집을 짓겠다는 것인지 설계도
가 안 보인다는 뜻이다. 즉 메시지가 안 보인다는 것이다.

대통령이 국민에게 신호를 줘야 한다. 지으려는 집이 초가집인지 기와집
인지 보여줘야 한다.

- 박근혜 대통령의 경제교사로 알려졌다. 요즘도 많은 조언을 하고 있는가

(웃음) 예전에 같이 공부를 했다는 근거로 기자들이 쓴 얘기고 요즘은 자문한 적 없다. 대통령이 공식 채널을 통해 자문하고 정책을 이끌어가는 것이 맞다. 박 대통령에 직접 자문을 한 적은 없다.

- 청와대로부터 입각 연락은 없었나. 제의가 온다면 들어갈 의향은

(웃음) 없다. 후배들이 해야지. 후배들 중 유능한 사람이 들어가는 게 맞다.

- 청와대의 깜짝 인선을 놓고 비판적 평가가 많다. 어떻게 보는가

성과를 놓고 평가해야지 사전적으로 얘기하는 것은 지양해야 한다.

- 경기도는 각종 규제가 많다. 박근혜 정부가 규제 완화 공약을 했는데 어떻게 생각하는가

일반적으로 규제라는 것은 기업 활동에 발목을 잡는 것이기 때문에 되도록 풀어주는 편이 좋다. 다만, 불공정거래를 하는 강자들에 대해서는 규제할 필요가 있다. 가만히 놔두면 중소기업이나 서민들을 대상으로 힘을 쓰기 때문이다. 또 전 세계적으로 규제를 풀어가는 상황이다. 국제 기준이 있기 때문에 외국기업에 대해서는 규제를 할 수가 없다. 결국 우리나라 기업만 규제를 받는 것이다. 전반적으로 규제를 풀어줄 필요가 있다.

- 국가미래연구원이 개혁적 보수를 지향한다는데 무슨 의미인가

전 세계적으로 이제는 좌우의 경계가 허물어지고 있다. 좌우가 중간으로 수렴하는 것이다.

보수는 기존의 질서를 지키자는 것이다. 그런데 보수가 비난받는 이유는 변화를 싫어한다는 것 때문이다. 그러나 시대적 흐름에 맞게 보완해야 할 것은 해야 한다. 개혁적 보수란 기존의 가치는 지키되, 변화에 적응해서 고칠 것은 고치자는 것이다. 기존의 보수가 '잘 살자'였다면 개혁적 보수는 '같이 잘 살자'라고 보면 된다.

- 국가미래연구원 운영은 어떻게 하는지

자본이 민간싱크탱크 독립성의 기초인데, 어려움이 많다.

헤리티지 재단이나 브루킹스 연구소는 다수의 소액 후원자들의 도움으로 운영된다. 헤리티지 재단의 경우 1인당 50불 후원자들이 70여만 명 있을 정도로 후원자들이 많다.

우리나라는 두 종류의 연구소가 대부분이다. 첫째는 정부 출연 연구소, 둘째는 재벌이 가진 연구소다. 독립적인 싱크탱크는 거의 없다. 왜 없을까. 돈이 없기 때문이다. 정부에 손을 벌리면 정부에 예속되고, 재벌에 손을 벌리면 재벌에 예속되는 것이지만 민간 싱크탱크는 돈이 없기 때문에 어려움을 겪는다.

우리 국가미래연구원도 소액 후원자들을 찾고 있다. 시작한 지 얼마 되지 않아 많지는 않다. 후원자들의 도움이 연구원의 존속 여부를 결정한다. 지금까지는 자원봉사자들의 도움 덕분에 큰 돈 없이 운영됐다. 하지만 내실 있게 하려면 자본이 필요하다. 도움이 필요하다.

<김광두 국가미래연구원 원장은…>

전남 나주 출신으로 서강대 경제학과를 나와 미국 하와이대학교 대학원에서 경제학 박사 학위를 받았다. 서강대학교 경상대학 학장, 경제대학원 원장을 역임했으며 6차 경제사회발전 5개년계획 실무위원회 위원을 지냈다. 제17대, 18대 대선에서 박근혜 대통령이 대선 후보시절 '줄푸세', '창조경제' 등 경제 공약을 주도했으며 현재 국가미래연구원 원장으로 활동하고 있다.

대담= 강해인 부국장 정리= 송우일 기자 사진= 김시범 기자

4장

권력자들,
시치미 뚝 떼고…

01 국민을 들었다 놨다, 들었다 놨다

전통적으로 여론을 움직이는 방법이 있습니다. 바로 공공의 적을 만들어 내부의 소란을 잠재우는 것입니다. 이것은 언제나 효과적인 방법이었습니다. 국가적인 위기감을 고조시키면 기득권을 유지하기가 쉬워집니다.

그럼 그 공공의 적은 누구일까요? 종종 다른 국가나 민족이 그 먹잇감이 되기도 합니다. 또 때로는 자국 내에서 희생자를 찾아 내기도 하지요. 그런데 지구상의 유일한 분단국가인 한반도에는 그 대상이 언제나 상존하고 있습니다. 바로 북한이죠. 한국의 정치가 시작된 이래, 북한에 대한 여론만 조장하면 권력자가 국민을 마음대로 주무를 수 있는 나라가 한국이었습니다.

반공 감정을 이용하는 정치

권력자의 안정적인 국가 관리라는 명목 하에 우리 정치는 북한을 자주 이용해왔습니다. 이승만 정부는 반공 정책을 국시로 정하면서 6·25전쟁이라는 대혼란에 빠진 국민들의 지지를 얻어냈습니다. 박정희 정부도 반공 정책을 내세워 권력을 유지하고 국민들을 잠재우는 수단으로 이용했고요. 북한도 마찬가집니다. 그들도 자신들의 정치적 목적을 달성하기 위한 도구로 대남 정책을 이용합니다. 북한의 전 세계적으로 유례없는 반시대적인 세습정권은 분명 남한이라는 존재가 있었기에 유지될 수 있었습니다.

한반도에 위험이 상존해 있음을 부정할 사람은 없습니다. 그리고 모든 국민이 전쟁이 일어나지 않기를 바랄 겁니다. 안 그래도 우리 국민들은 늘 위기의식을 느끼며 살고 있습니다. 그런데 정치인이 그것을 이용합니다. 그것은 상당히 미안해해야 할 일이죠. 더구나 국민들의 정치의식 수준이 높아진 지금, 국민의 반공 감정을 이용하는 것은 이제 시대착오적인 낡은 방법이기도 하고요.

무리한 용공 사건,
언론의 맞장구

이전에도 간첩 혐의를 받고 무죄로 풀려난 이들은 많았습니다. 그들이 무죄 판결을 받는다 해도 이미 언론에서 실컷 떠들고 정부는 소기의 목적을 달성한 후였습니다. 국민들이 정의와 분배를 요구할 때마다 언제나 용공 사건이 불거졌고,

이를 통해 기득권층이 자신의 권력을 놓지 않으려 하는 행태를 우리 국민들은 질릴 만큼 보아왔습니다.

게다가 요사이 거듭된 국정원 사태는 체제 유지라는 명분조차 없습니다. 댓글 선거개입이라는 건 오로지 정권 유지의 목적이니까요. 현 정부 들어 두 번의 간첩 사건은 위기에 빠진 국정원과 정부에 대한 비난을 덮으려는 의도가 엿보이고요. 국가기관이 궁지에서 벗어나기 위해 사안을 키우고, 언론이 이에 맞장구친 형국으로밖에는 보이지 않습니다.

언론은 지난 1년 내내 국정원발 정보를 남발했습니다. 유우
성 씨와 이석기 의원의 기사는 모두 국정원으로부터 나왔습니
다. 국정원의 혐의를 받고 있음이 언론에 공개된 후에야 검찰
수사가 이루어졌죠. 장성택 실각설도 아직 사실로 밝혀지기 전
부터 기사가 남발되었습니다.

국정원 비리가 수면 위로 떠오르는 시점에 마치 자신들의 존
재감을 확인시켜 주기라도 하듯 기사가 터지는 것을 보며 국민
들은 의심의 시선을 보내지 않을 수 없었습니다. 국민들의 눈
을 돌리고 싶은 일이 있을 때마다 북한의 뉴스나 연예계 찌라
시로 여론을 잠재우곤 했던 정치계의 구태가 다시금 떠오르는
것이죠.

국민들의 수준을 너무 낮게 봤나?

___

만약 이석기 의원이나 유우성 씨에 대한 혐의가
사실이라 해도 이들이 대한민국 체제를 전복할 수 있을 거라
여기는 이들은 별로 없었습니다. 이미 실패했음이 드러난 북한
체제를 옹호하고 원하는 국민은 없습니다. 만약 국정원이 이

내란음모를 감지하지 못하고, 이석기 의원 등이 정말로 전쟁 준비를 실행해 국민을 선동하기 시작했다 해도, 그에 국민들이 호응했을까요?

국민들이 이 사건에 그다지 위기감을 못 느끼는 것은 이미 대한민국의 민주주의는 간첩 한두 명의 선동에 흔들릴 만큼 위험하지 않다는 공감대가 형성되어 있기 때문입니다. 일개 극단적 성향의 국회의원이 자유민주주의 체제를 흔들 수는 없다고 국민들은 믿고 있습니다.

그건 안보의식이 후퇴해서가 아니라, 대한민국 체제에 대한 믿음 때문입니다.

자유민주주의 체제에 대한 국민들의 믿음이 이렇게 뿌리 깊은 데 비해 권력층은 아직도 대한민국이 민주국가로서 부족하다고 느끼는 것일까요? 그렇다면 오히려 그들이 국민들에 비해 훨씬 더 반체제적이지 않은가요?

국민들이 위기의식을 느끼는 것은, 국회의원 하나가 반체제적인 선동을 한다는 것이 아닙니다. 국정원 개혁의 목소리가 높은 때에 33년 만에 내란예비음모 혐의를 들고 나온 국정원과 정부의 태도가 반시대적이라는 것에 국민들은 더욱 위기의식을 느낍니다.

국민이 국가정보기관을
조롱하는 현실

—

　　이석기 내란음모 사건과 서울시 공무원 간첩 사건은 아직 항소심이 진행 중입니다. 아직 법원의 최종 판결은 나오지 않았습니다. 그러나 문제는, 이석기 의원과 유우성 씨가 간첩이냐 아니냐가 아닙니다. 이를 바라보는 국민들이 이를 통해 안보의식을 고취하기는커녕 정부를 향해 실소하고 조롱하고 있다는 사실입니다.

　이석기 내란음모가 터져 나오던 지난 8월, 트위터에는 이런 글들이 올라왔습니다.

　"2013년도에 내란음모죄라는 말을 뉴스에서 보게 되다니……."

　"검찰도 모르는 내란음모 사건. 웃으면 안 되는데 웃기네."

　"내란예비음모라는 단어가 뉴스에 나오는 걸 보니 갑자기 1980년대 나의 추억이 떠오른다."

　국정원의 문서 조작을 보며, 국민들은 대한민국의 국가정보기관이라는 곳의 허술함에 실소하기까지 했습니다. 우리나라의 안보에 중요한 책임을 지고 있는 최고 정보기관이 저리도 허술하게 수사를 하나? 국정원 직원 권 과장의 번개탄 자살기도 사건에 대해서도, 국민들은 깜짝 놀랐습니다. 실업한 가장들이 주로 이용하는 방법으로 자살을 기도하는 국정원 직원이라니. 첩보 영화를 많이 보아온 우리 국민들은 국가 첩보원이 번개탄으로 자살을 시도한다는 사실이 믿어지지 않는다고들 했습니다.

국정원의 위신은 바닥으로 떨어졌습니다. 아무리 대선개입 위기를 용공 사건으로 덮어 자신의 존재감을 드러내 보이려 해도, 더 이상 국민들에게 먹히지 않고 있습니다.

이는 대북정책에 대한 진지한 시각과 태도에까지 부정적인 영향을 미칩니다. 국정원을 뿌리부터 개혁하자는 주장에 많은 이들이 우려를 표하고 있죠? 그러면서 다시 위기의식을 환기시키려는 이들이 있습니다. 맞는 말입니다. 국가 정보기관이 국민의 우롱거리가 되어서는 곤란합니다. 그러나 그런 말이 있지요. 가만히 있으면 중간은 간다. 국정원이 계속 일을 터뜨리지 않고 대선개입 건에만 충실했다면 이 정도가 되지는 않았을 겁니다. 정부는 국정원 흔들기가 국가안보에 구멍을 낼 거라 우려하고 있겠지만,

국정원을 흔든 건 정부인 것 같습니다.

그렇기 때문에 빨리 일을 수습해야겠지요. 더 이상의 사건이 터지기 전에 말입니다. 그리고 국민들의 비웃음 뒤에는 깊은 우려가 숨어 있다는 것을 볼 수 있어야 합니다.

통일이
로또?

통일 대박론도 그렇습니다. 국내에서는 국정원이 간첩을 조작했다는 의혹이 점점 현실로 드러나고 있고, 국민들이 양쪽으로 갈리어 색깔 논쟁이 끊이지 않고 있습니다. 북한의 핵 위협은 여전하고, 여전히 동해에 미사일을 빵빵 쏴대고 있죠. 그런 가운데 통일이라니, 국민들의 공감대가 형성되지 못합니다. 오히려 혼란을 키우는 듯한 인상만 받게 되죠.

요즘 북의 도발 위험이 다시 고조되고 있습니다. 박근혜 대통령이 해외를 방문하며 통일에 대한 적극적인 태도를 보여주자 북한에서는 즉각 박 대통령에 대한 비난으로 응답했습니다. 그런 소식을 들을 때마다 국민들은 반갑지가 않습니다.

반가운 통일 소식에 걱정의 목소리부터 나오는 것은 현재 정부가 보여주는 태도 때문이기도 합니다.

우선 대박이라는 용어 자체에 거부감을 표시하는 이들이 많았습니다. 조국 통일을 로또 당첨에나 쓰이는 말로 표현한다는 것이 영 꺼림칙한 것입니다.

통일을 이야기하는 정부의 용어 선택에서

정부 지도자들의 철학과 태도를 가늠하는 것은 당연한 일입니다.

한국은 단순한 분단국가가 아닙니다. 남북은 분단 후 한 차례 전쟁을 치렀습니다. 그렇기 때문에 독일의 경우와는 비교할 수 없습니다. 우리는 통일을 바라는 마음 만큼이나 서로에 대한 증오가 큰 분단 국가입니다. 그래서 우리 나라는 더더욱 조심스럽게 통일에 다가가야 하고, 권력자들이 국민의 반감과 증오를 정치에 이용하는 것은 절대로 경계해야 하는 것입니다.

02   인터넷 세계에서 정치하기

　민주주의라는 이름을 걸고 있는 현대의 권력은 국민을 내 편으로 만들지 않고는 유지가 불가능합니다. 현대의 국가 권력은 국민들의 선택을 받아야 합니다. 그래야 정권을 유지할 수 있습니다. 이승만 정권의 부정 선거나 박정희, 전두환 정권의 체육관 투표 같은 것이 아닌 한, 선거에서 국민들의 외면을 받으면 정권유지는 어렵습니다.

　여론의 반대에 맞닥뜨리면 마음껏 정책을 펼 수도 없습니다. 그래서 현대의 권력자에게 대중을 움직이는 기술은 하나의 에술로까지 승화하고 있습니다. 그 전조를 보인 것이 나치였고, 지금도 암암리에 또는 공공연하게 각 국가에서는 언론을 움직이는 작업이 진행됩니다. 소위 정치 선진국이라고 하는 국가에서도 권력자의 입맛대로 여론을 형성해 이익을 얻으려는 자들은 언제나 존재했습니다. 언론이 스스로 그런 역할을 해주기도 하고요.

그 목적은 대개 권력 유지이거나, 혹은 공공의 이익일 수도 있겠죠. 의견이 분분한 가운데 전 국민의 합의로 도달하는 지난한 과정을 견딜 수 없는 정치 지도자는, 원하는 방향으로 여론을 움직여 어떤 목표를 성취하는 것이 국가의 이익이라 여깁니다.

대중이 새로운 언론 생산자로 등극하다

역대 어느 권력자들도 언제나 언론을 장악하고 싶어했습니다. 권력 유지든, 자신이 생각하는 국가 이익이든, 그 어떤 욕심이 언론과 여론에 손을 대는 반칙으로 연결됐습니다.

그런데 현대에 이르러 여론 형성의 전통적인 방법이었던 언론 외에 다른 것이 등장했습니다. 예전에는 언론을 움직이면 어느 정도 여론을 조정할 수 있었습니다. 입맛에 맞는 기사를 가려내고, 흥미로운 다른 기사로 헤드라인을 덮으면 되었죠. 그런데 90년대 말 인터넷이 등장하고, 2000년대 들어 소셜네트워크 시대가 시작되며 여론 형성의 주체가 일부 기존의 언론사에서 대중으로 옮겨갔습니다.

전통적인 언론에 더해, 소셜네트워크와 인터넷 댓글 등이 여론 형성의 한 몫을 하게 된 것입니다.

사람들은 이제 언론사가 만들어낸 기사를 읽기만 하는 수요자에서 벗어나 댓글이라는 형태로 언론 기사를 보완하는 주체자가 되었습니다.

신문 대신 인터넷 뉴스를 읽고, 기사 아래 자신의 의견을 덧붙입니다. 뉴스를 보는 사람들은 언론사의 기사와 함께 다른 이들의 생각까지 함께 읽게 됐습니다. 이것은 파격적인 변화입니다. 국민이 언론의 수요자에서 생산자로 그 지위가 변한 것이기 때문입니다.

개인이 직접 목소리를 내다

이제 국민 개개인은 자신의 의사를 언제든 자유

롭게 대중을 향해 표현할 수 있습니다. 사람들은 소셜네트워크라는 지극히 개인적이면서도 동시에 대중적인 공간에 자신의 정치적 의견을 피력하는 것을 꺼리지 않습니다. 술자리에서 친구에게나 하던 개인의 정치적 의견이 날것 그대로 인터넷에 공개되고 있습니다. 개인들 하나하나의 의견이 이제 아무런 거름 장치 없이 공론화될 수도 있는 것입니다.

언론이나 여론조사는 어느 정도의 거름망이 존재할 수 있습니다. 뉴스 생산자를 포섭함으로써, 그리고 여론조사 방식에 따라, 얼마든지 권력자의 의도가 들어갈 수 있죠. 그러나 인터넷을 통해 수많은 국민들이 개인 대 개인으로 나누는 대화는 어떻게 할 수가 없습니다.

이것은 굉장한 파급력을 지닙니다.

인터넷 시대에 대처하는 정권의 자세

이명박 정부는 국가권력이 이런 개인적 의견에 대

처하는 방법을 몇 가지 보여주었습니다. 하나는 그중 몇몇을 뽑아 마녀사냥을 하는 것이죠. 본보기를 보여줌으로써 스스로 할 말을 가리라는 것입니다. 2008년의 미네르바 사건이 그 예입니다. 미네르바라는 필명으로 인터넷 포털 사이트에 경제 관련 글을 게재한 사람이 구속되었다가 후에 무죄 판결을 받은 사건입니다.

이명박 정부는 증권가 루머도 단속했습니다. 증권가에서 금융위기설이 속속 제기되자 증권가 찌라시를 단속한다며 불안감을 조성하는 리포트들을 조사하게 했습니다. 이 일들로 이명박 대통령과 검찰은 표현의 자유를 침해한다는 비판을 받았죠.

인터넷 여론을 단속하는 또 하나의 예는 인터넷의 세계에 직접 뛰어들어 여론 조장에 나서는 것입니다. 지난 대선에서 보여준 국정원 댓글 달기가 그 예죠. 국가정보원이 오피스텔에 들어가 앉아 대선후보를 비난하는 댓글을 작성했습니다. 이는 오로지 정권유지에 그 목적이 있었기 때문에 더더욱 비난을 면치 못할 일이었습니다.

국민들의 의사가 날것 그대로 퍼져나가 공론화될 때, 권력은 더 이상 감추고 싶은 것을 감출 수 없게 됩니다. 감춰야 할 것을 감추지 못한 권력은 힘을 잃고 맙니다. 그 파급력이 어디로 미칠지 알 수 없고, 통제할 수도 없습니다. 그리하여 결국 지난 대선 때와 같은 코미디가 벌어진 것입니다.

고작 인터넷 댓글?

정보가 넘쳐나는 지금 언론은 더 이상 국민을 속이는 수단이 될 수 없습니다. 몇 십 년 전만 해도 언론을 통제하면 국민들은 진실을 들을 수 있는 창구가 없었습니다. 정보가 흐르는 곳은 대학가 정도였죠. 그래서 대학생과 교수들이 진실을 외치는 역할을 맡아왔습니다. 소수의 목소리가 4.19나 6월 항쟁으로까지 번졌을 때는 이미 울분으로 변해 있었습니다. 그만큼 폭발력이 있었지요.

그런데 지금 국민들은 고작 인터넷 댓글이나 촛불로 의사표시를 합니다. 그래서 정치권이 국민에 대한 두려움을 잊은 것 같기도 합니다. 그러나 실시간으로 여론을 접하고, 실시간으로 자신의 의견을 개진한다는 건 어찌 보면 더 큰 영향력을 지닌 것입니다. 인터넷 시대가 된 후로 권력자들은 실시간으로 심판을 받습니다. 다음 정부까지 기다리지 않고 시민들은 곧바로 반응합니다. 정부와 권력자에 대한 불신과 조롱으로 응답하지요.

토머스 제퍼슨이 "신문 없는 정부보다 정부 없는 신문을 택하겠다" 고 말한 바 있는데요, 지금 우리의 신문은 정부의 나팔수일 뿐이니 이 말도 이제는 바꿔야 할지도 모르겠습니다. '인

터넷 없는 정부보다 정부 없는 인터넷을 택하겠다’고. 혹은

“인터넷 없는 신문보다 신문 없는 인터넷을 택하겠다”는 어떨까요?

언론이 언론의 역할을 하지 못할 때는 아마도 정말 이렇게 될지도 모르겠습니다. 썩은 언론을 이용하는 정권 유지는 결코 정당화될 수 없습니다.

03 조용히 있으라고?
헌법 1조를 다시 외치는 국민

　살기 좋아졌다고 합니다. 뭘 몰라서 떠드는 거라고도 합니다. 먹고사는 문제가 시급하다고 합니다. 제발 좀 조용히 있으라고 하지요. 우리들이 알아서 잘 해줄테니, 가만히 있으면 다 알아서 해줄테니……

　정치인과 권력자뿐 아니라 국민들 스스로도 그렇게 말합니다. 몇 명쯤 간첩이 되어 구속된다 해도 대다수의 국민에게 해당되지 않는 일이니까요. 이런 일로 언론이 들썩인다는 것 자체가 어떤 국민들에게는 피곤한 일일 뿐입니다. 공권력이 더 광범위하게 포악을 떨지만 않는다면 괜찮은 거 아니냐고들 합니다. 과거 많은 정치인이나 학생들이 탄압을 받던 시절에도 대다수의 국민들은 대체로 평화롭게 생업을 이어갈 수 있었으니까요. 그래서 국민들은 양쪽으로 나뉘어 싸우고 있습니다. "정부를 그냥 놔둬라, 너희들은 좌빨이다" 한쪽에서는 "안 된다, 너희들은 보수꼴통이다" 하면서 말입니다. 한 사건을 보는 두 극단적인 시각이 사회의 다양한 목소리라며 반기기에는 위험스러운 수준입니다.

국민은 가만히 있는 게 도와주는 것?

———

혹 우리는 지금 우리를 살게 하는 토대가 무엇인지 잊고 있는 것은 아닐까요? 인류 역사에서 국민들에게 이렇게 많은 권력과 부를 내어준 때는 없었습니다. 물론 지금도 권력과 부는 집중되어 있고, 대다수의 국민은 그럭저럭 먹고사는 정도라 이를 크게 실감하지 못할 수도 있습니다. 그러나 그조차도 100년 전 사회에서는 불가능했습니다.

우리가 지금과 같은 비교적 평등하고 자유로운 세상을 만들기까지, 우리는 많은 희생을 치렀습니다. 합법적이고 정당한 방법으로 국가권력을 견제하고, 부정축재한 기업인들을 감옥에 넣을 수 있게 된 건 실로 최근의 일입니다.

자, 그렇다면 앞서 살았던 이들의 희생으로 지금은 살기 좋은 세상이 된 것이군요. 문제가 없는 것입니다. 그러니 이제 그만해야 하는 것일까요?

그런데 권력이란 그렇게 만만한 것이 아닙니다. 본래 권력과 부는 위정자층에 집중적으로 몰려 있는 것이 '룰'입니다. 불평등한 인간 사회가 시작된 이래 그것은 변하지 않는 법칙이었습니다.

현대에 와서 그 룰이 깨진 것이 오히려 이상한 일인 거죠.

지금 인류는, 민주주의라는 것을 만들어 권력을 통제해보려고 인류 역사상 처음으로 노력해보고 있는 중입니다. 우리나라도 그 흐름 속에 있는 것이고요. 이런 시각에서 바라보면, 지금 우리 정치는 역행하여 일부 과거로 돌아가고 있는 것이 맞습니다. 그것을 되돌리기 위해 애쓰지 않으면 권력의 룰은 다시 발동될 것이고요. 그것을 제어하려는 노력이 쓸데없이 나서는 것이 될 수는 없습니다. 당연히 분노해야 할 일입니다.

권력,
죽일까 살릴까

———

　민주주의가 정상적으로 실현되려면 국가권력이 국민의 감시를 받을 수 있어야 합니다. 정부가 국민을 두려워하지 않고 오히려 국민이 정부를 두려워하는 국가에서, 권력자는 절대로 국민을 위해 일하지 않습니다. 그런 국가 형태를 우리는 잘 알고 있지 않습니까?

바로 한 세기 전 왕이 다스리던 시절 말입니다.

　그래서 우리는 권력을 감시하려고 합니다. 이를 견제하지 못하면 권력은 제자리를 벗어나 마음껏 활개를 치니까요. 그것이 권력의 속성이고, 인간의 본성이기 때문에 우리는 계속 권력자들에게 더욱 겸손해지라고, 더 몸을 낮추라고 요구하는 것입니다.

　원하는 것은 간단합니다. 국가가 국가로서의 역할에만 충실하고, 국민들은 각자의 생활에 마음껏 집중할 수 있는 것. 국민들의 의사로 국가가 운영되는 것. 그러나 권력의 속성은 언제나 이 소박한 기대를 무너뜨립니다.

대한민국의 권력은
국민으로부터 나온다?

　　지난 1년의 사태를 보며 국민들은 씁쓸할 기분을 느낄 수밖에 없었습니다. 과연 저들은 국민을 존중하고 있을까? 국정원은 누구를 위해 일하고 있고, 대통령은 누구를 위해 존재하는가? '국민을 위해서'가 아니라 '국민 위에 군림하기 위해서' 존재하는 것처럼 보이는 국가기관을 보며 국민들은 심한 반감을 느꼈습니다. 공권력을 함부로 휘두른 것에 대해서도 국민들은 모욕감을 느꼈습니다. 정부의 선전 기관처럼 행동한 언론의 행태에도 분노를 느꼈고요.

　　정부와 여당과 언론이 한통속이 되어 국민을 희롱하는 듯한 모습에서 국가권력과 정치권력과 언론권력의 속마음은 무엇인가 궁금해졌습니다. 국민들은 그저 그들을 지지할 한 표일 뿐이며, 언론을 통해 얼마든 국민의 마음을 움직이면 된다고 착각하고 있는 것이 아닐까……. 그리고 원론적인 고민에 빠졌습니다.

지금 이 나라는 민주주의 국가인가? 국민은
이 나라에서 어떤 존재인가?

최근 "대한민국의 주권은 국민에게 있고, 모든 권력은 국민으로부터 나온다" 라고 외쳤던 지극히 당연한 영화 속 대사가 대중의 마음을 사로잡았습니다. 그것은 이 상식이 통하지 않는 사회에 대해 많은 이들이 공감했다는 뜻입니다. 그 많고 많은 대사 중에 왜 저 부분이 그리도 회자 될까요? 이 나라의 기본이 흔들리고 있다고 느끼는 겁니다.

국민을 두려워하지 않는 정부

지금 정부는 국민을 무서워하지 않고 있습니다. 오히려 국민들에게 두려움을 심어주려는 시도를 거듭해왔습니다. 지난 1년을 끌어온 두 선의 용공사건은 '북한의 위협을 잊지 마라', '국가정보기관을 간섭하지 마라' 라는 메시지로 들립니다. 국민들은 오랫동안 잊고 있던 유신 체제와 5공 시절의 기억도 떠올려야 했으며 동시에 민주주의의 후퇴를 걱정해야 했습니다.

마이클 무어의 다큐멘터리 영화 〈식코〉에 등장했던 몇 개의 인터뷰가 떠오릅니다. 최초의 흑인 대통령을 당선시켰지만 미국인들도 여전히 정치가 불만이고, 정부에 대한 비판으로 시끌한 모양입니다. 오바마케어라고 불리는 건강보험 개혁안이 저소득층에 그다지 효용이 없다는 의견으로 마이클 무어는 다큐 영화를 제작하여 가차 없이 비판을 가했습니다.

미국이 다른 서방 국가들과 달리 안전한 의료보험 체계를 갖지 못한 것에 대해 질문을 받자, 프랑스에 사는 한 미국인은 이렇게 대답합니다.

"프랑스에선 정부가 국민을 두려워하지만, 미국에선 국민이 정부를 두려워하기 때문이지요."

이 영화 속에서 토니 벤 전 영국 노동당 의원은 또 이렇게 말했죠.

"국민을 통제하는 두 가지 방법이 있어요. 첫 번째는 겁주는 거고, 두 번째는 기죽이는 거죠. 지식, 건강, 자신감이 넘치는 국민은 다루기 힘들죠. 그래서 그렇게들 생각해요.

지식, 건강, 자신감을 주지 말아야겠다. 통제하기 힘들어지니까."

이명박 대통령 때부터 우리는 다시 국가권력의 공권력 투입과 정치인의 도덕성에 민감하게 반응하게 되었습니다. 한참 잊고 있었던 일이죠. 이제 대학 옆을 지나다 공연히 최루탄 마시고 캑캑거리던 것도 과거의 추억으로만 남겨질 거라 생각했는데 말입니다.

사실 이명박 대통령은 시장이나 후보 시절에 국민들의 눈에 잘 띄는 정책들을 턱턱 내놓았습니다. 그의 반값 등록금 공약은 그 이전 정치인들이 보여준 지지부진하고 복잡하기반 한 공약들에 비해 아주 통쾌할 정도로 시원스럽게 보였죠. '대학 등록금을 몇 퍼센트 줄여 나가겠다' 가 아닌

'무조건 반으로 확 깎아 주겠다' 니, 이 얼마나

획기적인 발상입니까?

한반도 대운하 사업 공약도 국민들은 그런 시각에서 보았습니다. 이 국가 사업을 서울시장 시절 버스 전용차선이나 청계천 복원과 같이 눈에 띄는 사업, 나아가 경기를 살리는 국가적인 기간사업인가 보다, 하고 막연히 생각했습니다. 심지어는 자신의 전 재산을 기부하겠다는 공약까지 시원스럽게 내놓는 대통령 후보에게 국민들은 높은 지지도로 응답해주었습니다.

그러나 막상 이명박 정부가 시작되자 그런 기대는 하나하나 무너져갔습니다. 열렬한 환영을 받았던 반값 등록금 공약이나 전 재산 기부 공약은 지켜지지 않았고, 오히려 반대의 목소리가 높았던 4대강 사업 공약은 공격적으로 추진해갔습니다. 미국 소고기 수입을 반대하는 촛불 시위에는 공권력 투입으로 응대했고요.

국민들은 평사원으로 시작해 성공 신화를 일군, 기존에는 볼 수 없었던 이 신선한 대통령에게서 역대 권력자들과 다를 바 없는 강압적인 권력의 얼굴을 보게 된 것입니다. 그러면서 국민들은 서민은 아니라도 최소한 기존 권력자와 다를 거라 생각했던 이명박 대통령에게 강한 거부감을 드러내기 시작했습니다.

대통령 후보의
거짓말이 괜찮다고?

———

이명박 대통령이 당선된 뒤 가장 먼저 도마 위에 오르고, 국민의 불신을 키워낸 것이 바로

그 자신이 했던 거짓말들이었습니다.

17대 대선 때 이명박 후보와 그의 동업자였던 김경준 씨가 설립한 BBK라는 회사의 주가조작 사건에 이명박 후보가 연루되었다는 의혹이 있었죠. 이명박 후보는 당시 이런 말로 반박했습니다.

"BBK와는 직간접적인 관련이 없다. 주식 1주도 가져본 일이 없다."

그리고 만약 자신이 이 사건에 연루되었다는 것이 사실이라면 후보에서 사퇴하겠다고 말했습니다. 그러나 대선 막바지에 BBK 동영상이 나오며 이명박 후보가 거짓말을 했음이 밝혀졌습니다. 이명박 후보는 주가조작뿐 아니라, 대통령 후보가 국민에게 빤한 거짓말을 했다는 점에서도 큰 실망을 안겨주었습니다.

그런 위기를 의식한 탓인지, 12월 7일, 대선을 10여 일가량 앞둔 시점에서 이명박 후보는 해외 언론들도 깜짝 놀랐던 어마어마한 기부 공약을 내놓았습니다.

"우리는 내외가 살아갈 집 한 칸이면 족해 그 외 가진 재산 전부를 내놓겠다. 대통령 당락에 관계없이 약속을 지키겠다."

이 놀라운 전 재산 기부 선언 이후 이명박 후보의 지지율은 급상승했고, BBK 사건 등의 악재에도 불구하고 2위 후보와의 격차를 크게 벌리며 무난히 대선에서 승리를 거두었습니다.

이명박 대통령은 후보 시절 위장 전입 의혹을 받기도 했지요. 부인 명의로 강남에서만 15차례에 걸쳐 위장 전입을 했다는 것이었습니다. 이에 대해 이명박 대통령은 이렇게 해명했죠.

"39년간 25번의 이사를 한 것은 사실이지만, 가족 단위로 주민등록 변경이 이루어졌으며, 위장 전입은 없었다."

그러나 5일 만에 국민일보가 위장 전입 사실을 밝혀내며 이명박 후보는 난처한 입장이 되었었습니다. 그러자 이명박 후보는 그제야 위장 전입 사실을 시인하고, 자녀 교육을 위한 것이었음을 변명하며 국민에게 사과했습니다.

약속을
지키지 않는 대통령

———

　　이명박 대통령은 정치인과 경제인들의 사면에 대해서도 자신의 말을 번복하는 행동으로 비판을 받았습니다. 이명박 대통령은 임기 1년차였던 2008년 8월, 8·15 사면을 마지막으로 임기 중 사면은 없을 것이라고 선언했었죠. 그런데 이듬해인 2009년 12월 29일, 삼성그룹 이건희 회장에 대해 역사상 유례없는 단독 사면을 단행했습니다. 명분은 평창 동계올림픽 유치를 위해 이건희 회장의 역할이 필요하다는 것이었는데요, 그러나 당시 이건희 회장은 삼성특검에서 배임·탈세 혐의로 유죄를 선고받아 이미 IOC 위원의 자격을 박탈당한 상태였습니다.

　　이로써 이명박 대통령은 재벌 특혜라는 비판과 함께, 사면이 없을 거라는 자신의 말을 뒤집었다는 비난도 면할 수 없었습니다. 퇴임 한 달여를 앞두고는 부정 비리 혐의로 구속 수감 중이던 친형 이상득 전 국회의원과 최시중 전 방송통신위원장을 비롯한 측근들을 사면했고요.

　　이명박 대통령이 후보 당시 대선 당락과 관계없이 전 재산을 사회에 환원하겠다고 공언한 것에 대해 약속을 지키라는 압박은 끊이지 않았습니다. 후보 당시 선관위에 등록된 이명박 대

통령의 공식 재산은 353억 8천여 만 원이었는데요, 과연 이명
박 대통령이 공약을 지킬 것인지 국민의 관심은 높았습니다.
하지만 2년 가까이 재산환원에 대한 아무런 움직임이 없었습
니다. 이명박 대통령이 자신의 호를 딴 청계재단을 설립한 것
은 임기 3년차에 접어든 2009년이었습니다. 이명박 대통령은
자신이 소유한 부동산 등 331억 4,200만 원 상당의 자산을 청계
재단에 출연했죠. 재단 설립 당시에 청계재단은 매년 11억 원
이상의 수익이 발생할 것이며, 그 대부분을 장학사업에 쓰겠다
고 약속했더랬습니다.

　그러나 문제는 이명박 대통령이 이 건물들을 재단에 출연하
며 자신의 빚까지 함께 떠넘겼다는 것이었습니다. 또 이명박
대통령이 소유했던 건물들을 청계재단의 소유로 돌리면서 소
득세와 상속세, 법인세, 주민세 등 상당액의 세금을 감면받았
을 것이라는 추측도 있었고요. 재단의 관리와 운영 인원의 대
부분을 이명박 대통령의 측근이 맡았다는 것도 문제가 되었죠.
청계재단이 이명박의 개인 금고가 되었다는 비아냥이 흘러나
왔습니다.

청계재단은 이명박 대통령의 빚을 갚기 위해

은행에서 50억 원을 대출했고요,

지금까지 청계재단의 장학금과 장학생은 꾸준히 감소해가고 있습니다. 국민들은 이것이 과연 사회환원인지, 단순히 사유재산의 형식을 재단으로 바꾼 것인지에 대해서 의심을 거두지 않고 있습니다.

컨테이너
정부

———

2008년 6월 19일, 이명박 대통령은 취임 4개월 만에 특별 기자회견을 가졌습니다. 이 자리에서 이명박 대통령은 대운하 사업을 포기하겠다는 생각을 밝혔습니다.

"대선 공약이었던 대운하 사업도 국민이 반대한다면 추진하지 않겠다."

그러나 대운하 사업은 진행되었죠. 국가 하천 정비라는 이름을 거쳐, 4대강 살리기 사업으로 둔갑했을 뿐입니다. 애초 발표했던 13조 9천억 원의 사업비는 이후 17조 원으로 늘어났고, 두 달 후에는 22조 원으로 늘었습니다. 국민 세금이 쓰이지 않을 거라던 이명박 대통령의 약속은 지켜지지 않았습니다.

이명박 대통령이 공약했던 "7% 성장, 4만 불 소득, 세계 7대선진국"의 747공약이나 300만 개 일자리 공약은 제쳐두고라도, 국민을 향해 빤한 거짓말을 남발함으로써 이명박 대통령은 국민의 신뢰를 잃고 '거짓말 정부'라는 오명을 남겼습니다.

정치인에게, 아니 심지어 대통령에게 정직성을 요구하는 게 무리한 건가요?

만약 이명박 대통령이 자신이 목표로 했던 경제 살리기에만 전념했어도 도덕성이나 자질 논란은 묻힐 수도 있었을 것입니다. 이명박 대통령이 이미 민주의식이 고취될 대로 고취되어 있는 국민들을 향해 시대 착오적인 공권력을 남발한 것이 또 하나의 실수였습니다.

정치인의 사소한(?) 거짓말이나 경제논리는 다수의 국민들에게 의외로 관대하게 통합니다. BBK 주가조작 사건을 보고도 이명박 대통령을 뽑아준 국민입니다. 전 재산 기부 공약이나 반값 등록금 공약을 지키지 못했어도 아마 국민들은 너그럽게(?) 이해해주었을 겁니다. 반값 등록금을 요구하는 대학생들의 시위를 무력 진압하지만 않았어도 말이죠. 우리 국민은 권력자의 빤한 거짓말은 실소로 넘겨도, 민주주의를 탄압하는 권력의 남용은 용서하지 못합니다.

오랜 독재에 시달려온 국민이니까요.

소크라테스가 말했죠. 정치가 타락하면 사회 전체가 타락한다고. 이명박 정부를 건너오며 우리 국민들은 상당히 사나워졌습니다. 이쪽과 저쪽으로 나뉘어 서로 물어뜯고 있습니다. 범죄율, 자살률은 자꾸 올라가고 있습니다. 경제난은 말할 것도 없을 테고요.

경기일보 강해인의 뉴스보기

"창조의 원동력은 변화 추구하는 도전정신"
[창조를 말하다] '도전과 창조' 의 상징 안철수 국회의원

- "우리 사회의 불균등 구조 개혁이 내가 꿈꾸는 새 정치"

2013.08.08

무소속 안철수 의원의 삶은 도전 그 자체다.

의대 교수로 성공적인 삶을 살던 안 의원은 돌연 불모지와도 같았던 영역인 컴퓨터 백신 만들기에 몰입, 기업을 창업하고 중견기업으로 성장시키며 시대가 요구하는 창조를 이뤄냈다. 이후 국민과 국익에 부합하는 정치를 창조해내겠다는 시대적 사명감을 갖고 정계에 입문, 도전하는 삶을 이어가고 있다.

본보는 6일 오후 국회 의원회관에서 창조의 상징이라 불리는 안 의원을 만났다. 안 의원은 대담 내내 은은한 미소를 머금고 있었지만 그의 눈빛과 목소리에서는 자신감이 묻어났다.

안 의원은 "정치적 창조를 위해서는 우리 정치의 중심의제부터 바꿔야 한다"며 "정치 혁신을 통해 사회구조 및 불평등 구조 개혁을 이뤄야 한다"고 강조했다.

특히 "우리 사회에 만연한 불평등 구조, 특히 지역 불평등을 해소하고 올바른 지방자치 제도를 정착하기 위해서는 지방분권과 더불어 지방재정의 건전성을 확보해야 한다"고 말했다.

Q. 창조의 원동력은 무엇인가

A. 창조의 원동력은 변화를 추구하는 도전정신이다. 도전 없이 창조 없고, 창조 없는 변화도 없다. 새로운 것을 만들거나 새 영역을 개척해서 우리 사회와 인간의 삶을 좀 더 개선하고 변화시킬 수 있다면, 그래서 사회에 좋은 흔적을 남길 수 있다면 충분히 인생을 걸어볼 만 하다.

첫 직업이었던 의대 교수는 적성에 걸맞고 만족스러운 직업이었지만 그 당시 의대교수는 나 아니라도 할 사람이 많았다. 그래서 새로운 영역이었던 컴퓨터 백신 만들기에 몰입해 기업을 창업했다.

벤처기업에서 중견기업으로 성장한 이후에는 내 경험과 융합과학기술이라는 새로운 영역의 학문을 학생들에게 전수하려 했다. 지난해 힘들게 정치를 선택한 것도 마찬가지다. 세상의 긍정적 변화를 만들어내고자 하는 욕구와 의지가 원동력이다.

Q. 창조와 관련해 우리 사회에 가장 필요한 것은 무엇인가

A. 갈등과 대립으로만 점철된 사회는 절대 창조적 사회가 될 수 없다. 그런 측면에서 정치혁신이 중요한 요소다. 갈등을 조정하고 새로운 대안을 만들어야 하기 때문이다. 정치혁신을 통한 사회구조개혁과 격차해소가 중요하다. 고령사회, 양극화 사회를 극복하기 위한 고용구조, 교육개혁, 학벌사회, 지역격차 등 구체적 과제들이 많다.

A. 정치의 중심의제부터 바꾸고 싶다. 그동안 한국 정치는 선거를 위한 정치였지 민생을 위한 정치가 아니었다. 철저하게 정치인을 위한, 정치인에 의한 정치였다. 이제 중심의제를 국민을 위한 민생정치로 바꿔야 한다. 민생 중심 정치가 이뤄질 때 우리 정치는 통합의 정치, 미래를 준비하는 정치를 구현할 수 있다.

아울러 정파보다는 국민과 국익이 우선하는 정치를 꿈꾼다. 정치적으로 다소 손해를 보더라도 국민의 이익에 부합한다면 과감하게 양보하고 손해 볼 수 있는 정치, 이런 정치가 한국정치에서는 창조적 모습이고 내가 꿈꾸는 새 정치의 한 모습이다. 정치인의 정치에서 국민의 정치로, 공급자중심의 정치에서 수요자 중심의 정치로 바꾸어내는 것, 이것이 창조 아닐까?

Q. 신당 창당은 언제쯤 이뤄질 전망인가

A. 내가 그릇을 먼저 만들고 난 다음에 그릇을 채우는 것은 순서가 바뀌었다. 새 정치는 내가 아닌 새로운 정치를 바라는 국민과 함께 하는 것이다. 한국 사회의 근본적 구조개혁에 대한 의지가 있는 사람들, 자신의 영역에서 좋은 변화를 이끌어 낸 경험이 있는 사람들과 함께 하고 논의하는 것이 먼저다.

그럼에도 재보선이나 지방선거 같은 향후 정치일정에 적극적으로 대응하고 좋은 결과를 낼 수 있도록 최선을 다하겠다.

Q. 신당 창당하면 특별히 고민 중인 전략지역이 있나

A. 만약 정치세력화가 이루어진다면 전국정당, 국민통합정당을 모색해야 되지 않겠나? 대한민국에 중요하지 않은 지역이 없다고 생각하고 이제 지역주의 정당은 극복돼야 한다. 정치의 변화와 혁신에 대한 국민적 열망은 전국적으로 고르게 나타나고 있다.

Q. 신당 창당과 관련해 싱크탱크인 '정책 네트워크 내일'이 어떤 역할 하나

A. '내일'은 한국 정치가 가야 할 비전과 담론, 한국 사회 구조개혁의 방향과 추진과제들을 고민하는 연구모임이다.

그러한 정책적 부분에 관심을 둔 전문가들을 중심으로 하는 네트워크다. 만약에 정치세력화가 이뤄진다면 정책적 지원을 해줄 수는 있다고 생각하지만, 그것이 이뤄지지 않은 상황에서는 무엇이라 말하기 어렵다.

Q. 신당 창당이 이뤄진 후 의원들이 적극적으로 호응할 것으로 예측하는가

A. 현재까지 여야 현역 의원들에게 어떤 제안을 한 적은 없다. 정치세력화 과정에서 좋은 사람들이 참여하면 좋겠지만 새로운 정치의 필수조건은 아니다. 예를 들어 1985년 DJ와 YS가 함께 결성한 신민당은 한 자리 수 의원으로 출발했지만 한 달 만에 강력한 제1야당이 됐다. 군소정당이든 수권정당이든 모든 것은 누가 올바른 정치를 하는가에 따라 국민이 만들어주는 것이다.

A. 최근 한 여론조사를 보면 우리 국민은 기초선거 정당공천제 폐지에 60%가 찬성하는 것으로 나타났다. 이미 양당이 지방자치의 중앙정치 예속과 밀실 공천의 폐해문제를 고치는 대안으로 공천폐지를 생각하고 있다. 그러나 학계나 전문가들 사이에서는 폐지에 따른 폐해가 훨씬 클 것이라는 지적이 잇따르고 있다.

정당의 책임정치 실종, 지역 토호문제, 후보난립과 신진인사들의 진입의 어려움, 여성의 불이익 등 많은 문제점이 드러날 것으로 지적된다. 따라서 폐지하더라도 새로운 제도가 진정으로 지방자치 발전과 주민들의 이익에 부합할수 있도록 보완책들이 함께 만들어져야 한다. 이 문제는 정당의 공천 개혁문제, 선거구제 개편문제 등과 함께 종합적으로 다뤄져야 한다.

Q. 국회에 들어와 한국 정치를 겪어본 소감과 견해는

A. 국민으로서는 정치가 자신들의 삶과 동떨어져 있다고 느끼는 것이 제일 큰 문제다. 국회에 나라가 안 보이고, 국민이 안 보인다. 여야 간의 싸움도 진짜 나라와 국민을 생각한다면, 저렇게 못 할 것이다. 국민이 안 보이는 정치에서 책임정치가 만들어질 리 없고 사회적 약자와 소외계층의 이익이 보장될 리 없다. 그렇다면, 한국 정치가 왜 제 역할을 못 하느냐? 그것은 양대 정당이 적대적 공생을 통해 정치권력을 나눠 갖고 있기 때문에 국민을 두려워할 필요를 느끼지 못하기 때문이다.

이런 구조와 문화 때문에 주권자에게 책임지지 않는 정당과 권력구조 문제, 민의가 정확하게 대표되지 않는 과대대표, 과소대표의 문제, 진영의 정치 문제 등이 발생한다. 여대야소, 여소야대와 관계없이 적대적 구조 속에서는 어떤 정권이라도 국민 다수의 지지형성이 불가능해서 실패할 수밖에 없다.

Q. 박근혜 정부의 국정운영에 대한 평가는

A. 원칙과 신뢰의 기조 속에 나름 열심히 노력하는 모습은 평가받을 수 있다. 그러나 최근 국정원 선거개입과 NLL 공방 정국에 대한 태도는 참으로 실망스러운 것이다. 여당의 실질적 최고책임자임에도 새누리당의 국정조사 비협조를 외면하고 야당을 장외투쟁으로 내몬 것은 분명히 박 대통령에게도 책임이 있다.

부동산경기, 내수경기, 양극화 등 민생경제가 가뜩이나 더 어려워지고 있는 형국에서 문제를 풀어가려면 국회(야당)의 협조가 절대적으로 필요한데 이런 식이라면 제대로 된 국정운영이 이루어질지 걱정이다. 개성공단 문제도 마찬가지다. 국민은 정부의 원칙 있는 대응에 대체로 찬성하지만, 개성공단 폐쇄까지를 바라는 것은 아닐 것이다. 북한당국의 성의와 책임 있는 자세와 약속이 필요하지만, 우리 정부의 인내심과 유연성도 함께 필요하다.

지금 나라 안팎의 어려움과 긴장도가 점점 더 높아가는 시점에서 이럴 때일수록 정치권의 중지를 모으고 국민과 함께 하나하나 문제를 풀어나가려는 대통령의 리더십이 절실하다.

Q. 국정원 국정조사 등 정국이 혼란한데 견해는

A. 내가 필요할 때라면 나서지 않을 일이 없다. 이미 국면 초반부터 "NLL 공방을 중단하고 국정원 개혁에 집중해야 한다"는 정국의 분명한 해법을 제시한 바 있다. 그리고 대화록 원본 공개 안건에 대해서도 반대표를 던졌다. 국정원의 대선 개입, 대화록 사전 유출, 대화록 무단 공개에 대해서는 엄격한 책임을 물어야 하지만 대화록을 정치적 이해관계 따라 공개하는 것은 안 된다. 그것이 합리적이고 국익과 국민의 이익에 맞기 때문이다.

Q. 한국 정치의 미래를 어떻게 보는가

A. 새로운 정치에 대한 시대적, 국민적 요구가 더욱 거세어질 것이다. 국민은 미래를 준비하고 진정성 있게 국민을 대변할 새로운 정치세력을 열망하고 있다. 지금 양당을 지지하지 않는 무당파가 40%에 이르는 조사결과도 있다. 국민은 현재의 양당중심의 적대적 공생관계, 정치행태로는 위기극복이나 국가비전과 성장 동력, 새로운 리더십을 만들기는 불가능하다고 여긴다. 현재의 정치구도와 행태가 지속된다면 국민은 공동체의 비전과 공동의 목표를 만들고 함께 이루어갈 수 있는 새로운 사고와 인식을 가진 정치세력의 출현을 요구하게 될 것이다.

Q. 올바른 지방자치 제도가 정착하기 위한 방안은

A. 재정 분권을 포함한 과감한 지방분권이 이뤄져야 한다. 중앙정부 권한을 지방정부에 과감하게 이관하고 사무이양에 걸맞는 재원이전도 반드시 이뤄지도록 해야 한다. 국세와 지방세의 불균형을 시정하고 특별행정기관의 업무도 지방자치단체와 중복되거나 유사한 업무도 지자체에 이관해야 한다. 분권과 지방재정의 건전성이 확보되지 않으면 지방자치의 진정한

발전을 기대하기 어렵다. 아울러 그동안 형식적이었던 주민참여형 지방자
치단체를 예산편성과 근린 사업분야부터 제도화시키는 방안을 적극 검토
할 필요가 있다.

대담=강해인 부국장 정리=송우일 기자   사진=추상철 기자

2부

권력이라는 것이
뭔지도 모르겠다

원론적으로 이야기하면 민주주의 사회에서 권력은 존재하지 않아야 합니다. 민주주의 국가는 국가권력이 국민 모두에게 나뉘어 있습니다. 다수로 나뉜 권력은 권력이랄 수 없습니다. 그러나 이것은 이론일 뿐이고, 민주주의 사회에도 권력은 존재하지요. 정치인들은 많은 수단으로 정치권력을 형성합니다. 그런데 그 권력이란 것이 어디에 있을까요? 청와대에 있을까요? 정당에 있을까요? 아니면 국회에?

드라마 같은 데서 보면 흔히 권력의 실세는 커다란 저택의 음침한 서재나 고급 요정 같은 데 앉아 배후 조종을 하고 있지요. 이 사람이 권력자인 것 같습니다. 그런데 그도 실은 누군가의 조종을 받고 있고, 또 그 사람인가 싶으면 뒤에 더 큰 거물이 있습니다. 우리에게 보통 권력자의 이미지는 그런 것입니다. 여기에 어쩌면 힌트가 있을 수도 있지 않을까 합니다.

현대 정치에서 권력은 사방으로 분산되어 있어 그 정체를 찾기가 힘듭니다. TV에 나오는 정치인들? 그들은 권력자가 아닙니다. 기껏해야 권력의 한 조각을 조금 나눠 가진 이들일 뿐입니다. 진짜 권력은 TV에 얼굴을 드러내지 못합니다.

그렇다면 정치인들을 움직이는 어떤 거대한 검은 세력이 존재하는 걸까요? 아니요, 아무리 찾아봐도 찾을 수 없을 겁니다. 실제로 그런 사람은 없기 때문입니다. 권력자라는 건 추상적인 것입니다.

어떤 한 사람이 모든 열쇠를 쥐고 있지 않습니다. 검은 의자

같은 데 앉아 있는 어떤 사람을 상상하면 안 됩니다. 권력은 실체를 가지지 않으며, 어떤 인물로 표현되는 것이 아닙니다.

군부독재 시절 대통령은 군대와 공권력을 가지고 국민들을 억압했으니 그 사람이 권력자일 것이다? 그렇지 않습니다. 권력자란 건 없습니다. 그보다는 어떤 '힘'이 그에게 머물렀다고 표현하는 게 옳을 겁니다. '힘'은 여기저기를 떠돌고 어떤 구심점으로 사람들을 묶어 원하는 일을 이루어내다가, 뭉치고 흩어지기를 반복하며, 어느 순간 하나의 괴물을 만들어냅니다. 실체가 없는 괴물이기 때문에 이는 더 두려운 존재입니다. 만약 그 괴물이 엄청나게 안 좋은 일을 했다 해도, 어느 한 사람을 찾아 책임을 물을 수 없습니다.

따라서 권력이란 것을 이야기할 때, 어떤 실체를 찾으려 하기보다는 힘이 어떻게 움직이고 있는지, 어떤 힘들이 합쳐지고 있는지를 보아야 합니다. 권력은 숨어 있을 때 더 큰 힘을 발휘한다고도 합니다. 권력의 본체가 폭로되면 그 권력은 힘을 잃고 맙니다. 반대파나 국민들의 공격 대상이 되지요. 또 만일 권력이 은폐되어 있지 않고 어떤 실체로 드러난다면, 그것은 폭력이나 무력이지 권력이 아닙니다.

한 권력자를 몰락시켰다고 합시다. 그 사회의 권력현상이 사라지나요? 그렇지 않습니다. 어딘가에 또 살아남아 힘을 발휘합니다. 이 보이지 않는 실체가 드라마나 영화 속에서 어두컴컴한 저택 같은 데 앉아 있는 어두운 표정의 남자로 표현되고 있는 겁니다.

누군가가 권력의 희생자가 된다면 거기에는 수많은 손이 참여합니다. 지금은 종전의 정치 세계에서는 좀처럼 볼 수 없었을 정도로 지배와 권력의 양상이 매우 복잡합니다. 그 숨어 있는 힘의 작용을 파악한다는 건 굉장히 어려운 일입니다. 그러나 하나하나 파헤쳐본다면 실체에 가까운 무언가를 찾을 수는 있을 겁니다.

우리는 그동안 열아홉 번이나 대통령 선거를 했습니다. 그중 국민이 직접 대통령을 뽑은 건 열두 번이고요. 그런데 선거 때마다 의문이 들지 않습니까? 왜 내가 지지하는 사람이 대통령이 되지 않을까? 분명 주위 사람들도 나와 비슷한 생각이었는데……. 혹은 당선이 됐지만 왜 득표율이 그것밖에 안 될까? 그보다 더 많아야 하는 거 아닌가…….

국민이 대통령을 뽑았다고 하지만, 정말 국민이 뽑은 게 맞을까요? 선거 결과를 보면 표를 움직이는 어떤 힘이 있는 게 아닐까 하는 생각이 듭니다. 부정선거, 음모론을 이야기하는 게 아닙니다. 사람의 마음을 움직이는 힘이 존재한다는 거죠. 누가 몽둥이를 들고 협박하지 않아도 스스로 그에게 표를 주게 되는 힘, 그것이 바로 권력입니다.

5장

창조경제 대한민국 1년,
무엇을 창조했나

01 여론 속에 숨어든 권력

먼저 현재 정치계에서 일어나고 있는 가장 우스꽝스러운 일이 어떻게 시작되어 어떻게 전개되었는지 살펴보고자 합니다. 우리나라 정치의 현주소는 어디일까, 우리는 지금 민주 국가에서 살고 있을까, 여러 가지 생각이 드는 요즘입니다.

연초부터 청와대에서 '통일 대박'을 외치며 건배를 했다고 하더니, KBS에서는 1년 동안 통일에 관한 특별기획을 내보낸다고 홍보했습니다. 대통령은 외국에 나가 비핵과 통일 관련 발언을 서슴지 않고 쏟아내고 있으며, 이에 북한은 미사일과 노골적인 비난으로 대응하고 있습니다. 국민들이 마음의 준비를 할 새도 없이, 아니 애초에 국민들에게 아무런 이해도 공감도 구한 바 없이 급속도로 진행된 통일 분위기에 국민들은 반갑기보다는 오히려 위협을 느끼고 있는 처지입니다.

지난해 말, 한 북한 권력자의 실각에 모든 방송사들이 경쟁적으로 뉴스를 내보냈습니다. 그때 국민들은 우려 반 의심 반으로 지켜보았습니다. 그런데 통일이 성큼 다가오기라도 한 듯한 의미심장한 이야기들이 정치권에서 흘러나온 겁니다. 고위층에서만 알고 있는 어떤 정보가 있는 걸까? 그렇다면 왜 진지한 태도가 아닌, 밑도 끝도 없는 대박이라는 말로 흘러나오는 걸까? 의아할 수밖에 없습니다. 이에 대해 아직 누구도 시원스럽게 대답해주고 있지 않습니다. 지식인들 사이에서도 뚜렷이 이야기해주는 사람이 없고요.

그렇다면 그동안 국내에 있었던 혼란의 중심으로 가봅시다.

지난 대선부터 현 정부 1년까지 정치권에서 일어난 북한 관련 논란의 흔적들을 찾아볼 것입니다. 과연 우리가 지금 통일을 꿈꿀 수 있는 시점인지, 통일에 대한 장밋빛 환상을 키워도 되는 것인지 말입니다. 권력과 언론과 국민의 팽팽한 삼각관계도 엿볼 수 있겠지요.

우리 정치계와 언론이 만들어낸 가장 '핫한' 작품, 바로 통일 대박론과 간첩 조작 사건입니다. 그리고 키워드는 단연 '국가 정보원'입니다.

노무현 대통령의 NLL 포기,
정치생명을 걸겠다?

지난 2012년 대선은 그 어느 때보다 치열했지요. 이전의 2007년 대선에서는 참여정부에 대한 국민들의 불만이 팽배해 정권 교체를 예상하는 이들이 많았습니다. 그리고 BBK 주가조작 사건이라는 변수에도 불구하고, 별 이변 없이 이명박 대통령이 당선되었습니다. 그리고 5년이 흘렀습니다.

지난 대선 때도 이명박 정부에 대한 불만은 참여정부 때 못지않았고, 그래서 비슷한 예측을 하는 이들도 있었습니다. 또다시 정권이 바뀔 거라는 거였죠. 그러나 박근혜 후보에 대한 지지도도 만만치 않았습니다.

대선을 두 달여 앞둔 2012년 10월 8일, 역시 18대 대선에도 의외의 변수가 등장했습니다. 새누리당 정문헌 의원이 "노무현 대통령이 NLL을 포기하는 발언을 했다"는 주장을 한 것입니다. 그는 자신의 정치생명을 걸겠다고 장담하기까지 했죠. 이때부터 국민들의 머릿속에 거의 잊혀져 가고 있던 국정원이라는 이름이 다시 주목받기 시작했습니다. 그 문제의 정상회담 대화록이 국정원에 보관되어 있다고 했거든요.

새누리당은 물론 이 대화록을 대선 전에 공개해야 한다고 주장했습니다. 보수단체들도 대화록을 공개하라고 강력하게 요구했고요. 그러나 국정원은 입을 다물었습니다. 국가 기밀 사항을 공개할 수 없다는 이유였죠.

이때부터 여야는 서로를 고소하고 맞 고소하는 진흙탕 싸움을 시작했는데요, 당시 고소건 중에는 국정원 원세훈 원장에 대한 고소도 포함되어 있었답니다. 대화록 공개를 거부한 데 대한 '직권남용'이 고소 이유였지요. 대선전은 NLL 문제, 안철수의 등장 등으로 결과를 예측할 수 없게 흘러갔습니다. 그리고 선거 달인 12월이 되었지요. 어김없이 북한에서는 불안감을 고조시키는 뉴스가 날아들었습니다.

대선을 겨냥해 장거리 로켓을 발사하겠다는 예고였습니다.

국정원 직원이 오피스텔 안에서 댓글을 달고 있다고?

북한의 엄포가 있고 난 열흘 후, 12월 11일, 대선은 북한의 로켓이 아닌 상상도 못했던 의외의 사건으로 큰 영향을 받게 됩니다. 그리고 국민들의 머릿속에는 '국정원'이라는 이름이 완벽하게 각인되었고요. 국정원 소속 여직원이 역삼동의 한 오피스텔에서 대선에 개입하는 인터넷 댓글을 쓰고 있다는 뉴스가 보도된 겁니다. 민주당이 이에 대한 제보를 받았다고 합니다. 그리고 선관위에 고발하면서 국민들에게 이 사건이 알려졌죠.

대선을 일주일 앞둔 시점이었습니다. 여 야 모두 엄청난 타격이었습니다. 만약 이것이 사실이고, 민주당의 주장대로 박근혜 후보를 지지하는 여론조작이 있었다면, 박근혜 후보는 선거 전부터 그 정당성이 흔들리고 마는 것입니다. 반대로 만약 거짓이라면, 노무현 대통령 NLL 포기 발언 의혹으로 위기에 몰린 문재인 후보가 네거티브 선거전으로 여론을 호도한다는 비판을 면할 수 없었습니다. 이 싸움에서 물러서는 쪽은 곧바로 대선의 실패로 이어질 수 있었지요. 이후에 새누리당 측에서는, 국민들은 이때 이미 결정을 내린 상태였다고 말하지만, 당시에는 그렇게 생각하지 않았던 것 같습니다. 새누리당은 의외의 폭풍을 맞게 될까 봐 전전긍긍했습니다.

선관위와 경찰이 역삼동 오피스텔로 가서 증거물을 요구하고, 국정원 여직원은 집 안에서 버티는 영상이 전파를 타고 전국으로 흘러 나갔습니다. 그리고 여론은 들끓었습니다. 민주당은 이 절호의 기회를 놓치지 않기 위해 집요하게 박근혜 후보를 공격했고, 새누리당은 민주당이 사찰과 다를 바 없는 추적과 사생활 침해로 국정원 직원의 인권을 유린했다고 비난했습니다. "국정원이 선거에 개입하는 것은 선거법 위반이다", "선량한 시민의 문 앞에서 강요와 협박을 하는 것은 인권침해다"라며 소란스러운 가운데, 12월 12일, 북한은 예정보다 빨리 장거리 로켓을 발사했습니다. 그리고 다음 날인 12월 13일,

국정원 여직원은 드디어 문을 열고 모습을 드러냈습니다.

한밤중의 경찰 브리핑?

문이 열리자 서울 경찰청에서 곧바로 그의 컴퓨터를 압수해 수사를 시작했습니다. 국정원 여직원의 컴퓨터는 사이버수사대 분석실로 넘어갔죠. 경찰의 수사에 여야 모두, 그리고 유권자들도 촉각을 곤두세웠습니다. 이에 경찰은 며칠 후 기습적으로 수사결과를 내보내는데, 바로 대선을 사흘 앞둔 12월 16일 밤이었습니다.

이날은 이정희 후보가 전격 사퇴한 후 박근혜 후보와 문재인 후보의 양자 TV토론이 진행된 날이기도 합니다. 박근혜 후보는 이전 TV토론에서 이정희 후보의 거침없는 공격으로 곤혹을 치른 데다, 국정원 댓글 의혹이 수사를 받고 있는 터라, 마지막 TV토론인 그날의 방송이 이미지를 쇄신할 마지막 기회였습니다. 이 토론에서는 물론 국정원 댓글 혐의 사건에 대한 치열한 공방이 있었습니다.

이날 박근혜 후보는 사건에 대한 언급을 피하지 않았지요. 오히려 더 적극적으로 공격에 나섰습니다. 당시 박근혜 후보는 인권 문제에 초점을 맞춰 문재인 후보를 공격했습니다. "국정원 여직원이 댓글을 달았는지 증거도 없는 걸로 나왔다, 여성 인권 침해에 대해서는 한마디 말도 없고 사과도 하지 않는다." 이런 박근혜 후보의 공격에 문재인 후보는 "수사 중인 사건에 대한 발언은 수사에 개입하는 것"이라고 일축했었죠.

그런데 이때 박근혜 후보가 '증거가 없다'고 단정한 것이 이후 문제가 됐습니다. 박근혜 후보의 실수였는지, 위기에서 벗어나기 위한 정치인의 과장일 뿐이었는지, 경찰로부터 이미 정보를 제공받은 것인지에 대해서는 뚜렷이 밝혀지지 않았습니다. 댓글 사건이 터진 후 이날까지 새누리당과 국정원과 경찰청 사이에 여러 차례 통화를 나눴다는 것만 알려졌을 뿐입니다. 이 통화 내역은 이후 검찰이 확보했다가 어디론가 사라졌지요.

두 후보의 TV토론이 끝난 직후 경찰은 예정에 없었던 중간 수사 결과를 발표했습니다. 일요일 밤 11시였습니다. TV토론을 흥미진진하게 지켜본 국민들은 곧 이어진 뉴스 속보를 통해 경찰의 브리핑을 듣게 되었습니다. 이에 대해서는 표창원 전 경찰대학 교수가, 밤 11시에 경찰의 수사결과가 속보로 발표되는 건 매우 이례적인 일이라고 말한 바 있죠.

당시 경찰의 발표는 이랬습니다.

"국정원 여직원 김씨의 하드디스크에서 수십 개의 아이디 사용 흔적을 발견했지만,

대선후보 관련 댓글 작성 여부는 확인할 수 없었다."

경찰의 수사 발표 시점은 역시 의혹을 받아 김용판 당시 경찰청장은 고발되어 수사를 받게 되었습니다. 그러나 민주당은 큰 곤혹을 치르게 되었죠. 선거에 이기기 위해, 박근혜 후보의 표현대로라면 '성폭행'과 다름없는 일을 저질렀으니까요.

다음 날, 국정원은 자신들이 보유하고 있다던 남북회담 NLL 관련 자료를 검찰에 제출했습니다. 그러나 이 자료에 남북회담 대화록이 포함되었는지는 밝힐 수 없다고 하였습니다. 자료를 넘겨받은 검찰은 본격적인 수사를 시작했고요. 그리고 그로부

터 이틀 후, 18대 대통령 선거가 치러졌습니다. 2012년 12월 19일이었죠. 당시 대선의 큰 변수가 되었던 두 문제는 여전히 종결짓지 못한 채였습니다. 국정원 선거개입 의혹은 경찰의 손에, NLL 발언 건은 검찰의 손에 들려 있었습니다.

서울시 공무원 간첩을
잡은 국정원

대선이 끝나고 박근혜 후보의 취임을 앞두고 있었지만 논란은 가라앉지 않았습니다. 그리고 새해 벽두부터 국민들에게도, 국정원에게도 반갑지 않은 소식이 전해졌습니다. 경찰은 보름 만에 또다시 중간 수사결과를 발표했는데요, 2013년 1월 2일이었습니다.

"국정원 여직원이 댓글을 단 흔적을 발견했다. 국정원 여직원 김씨를 재소환해 조사하겠다."

수사 결과가 완전히 뒤집힌 것입니다.

선거 당시에는 발견하지 못했던 흔적을 이제야 발견한 것이었을까요? 어쨌든 경찰의 발표는 박근혜 차기 대통령에게 불똥이 튀었습니다. 불법 선거라는 비난이 일고, 재 선거를 주장하는 목소리까지 나왔습니다.

이때 국정원은 그다지 주목받지 못한 또 하나의 뉴스에 등장하는데요, 이 일은 그다지 많이 알려지지는 않았습니다. 작은 해프닝으로 끝났지요. 한 국정원 직원이 진보단체 간부를 미행하다 몸싸움이 벌어져 경찰에 넘겨진 사건이었습니다. 당시 경찰 조사에서 국정원 직원은 자신이 무직이며 PC방 아르바이트나 대리운전을 하는 사람이라고 주장했죠. 그러나 이틀 만에 국정원 직원임이 드러나면서 국정원은 민간인을 불법 미행했다는 비난을 받았습니다. 이것이 1월 9일의 일이었습니다.

그리고 10여 일 후, 국정원은 드디어 자신들의 존재 이유를 입증할 만한 굵직한 성과를 내놓았죠. 서울시 공무원으로 재직 중인 간첩을 체포한 겁니다. 국정원은 서울시청 복지정책과에서 탈북자 관련 업무를 하고 있는 딜북자 출신 유우성 씨를 간첩 혐의로 수사하고 있다고 발표했습니다. 그가 탈북자 관련 자료와 명단을 이미 북에 넘겼고, 그의 여동생의 자백을 확보한 상태라고 했습니다.

이 사건은 곧 검찰로 넘어갔죠. 검찰은 다음 달 유씨에게 징역 7년을 구형했고요. 이게 바로 지난해 초에 있었던 서울시 공무원 간첩 사건입니다.

그리고 1월의 마지막 날, 국정원 선거개입 의혹에 대한 경찰의 최종 수사결과가 발표되었습니다. 경찰은 이렇게 말했죠. "국가정보원 여직원이 인터넷 커뮤니티에서 정치 관련 글을 수십 차례 올린 것으로 드러났다."

이리하여 한 달 넘게 끌어오던 경찰 수사는 끝나고, 국정원과 경찰은 동시에 검찰수사를 받게 되었습니다.

박근혜 정부는 출범 전부터 댓글 정부라는 여론의 비난을 받아야 했습니다.

그러나 이에 대해 박근혜 차기 대통령은 임기 전의 일로 분명하게 선을 그었습니다. 새누리당도 이 일이 취임 후까지 이어져서는 안 된다, 새로 출범하는 정부에 힘을 실어주어야 한다고 목소리를 높였습니다. 그리고 다음 달 2월 25일, 박근혜 대통령은 취임식을 갖고 대통령으로서의 업무를 시작했습니다.

국정원과 경찰청이 박근혜 대통령의 당선을 도왔다는 의혹은 박근혜 정부에 큰 부담으로 작용했습니다. 이것이 이후 5년 임기 동안 계속하여 정부의 발목을 잡을 빌미가 될 거라는 건 불 보듯 뻔했죠.

그런데다 검찰수사는 점점 더 정부와 여당에 불리한 쪽으로 흘러갔습니다. 국정원 수사에 윗선 개입이 있었음을 폭로하는 증언이 나오고, 한편 국정원이 야심차게 준비했던 서울시 공무원 간첩 사건이 조작이라는 주장이 제기되기 시작한 겁니다.

서울시 공무원 간첩은 조작?

2012년 4월, 유우성 씨의 변호인단이 기자회견을 열고 이 간첩 사건은 국정원이 유우성 씨의 여동생을 회유해 만든 조작 사건이라고 주장했습니다. 유씨 남매가 탈북자로 인정받지 못해 강제출국 당할 수 있는 화교 출신이라는 점을 이용해, 여동생을 불법 감금한 채 압박과 회유를 했다는 겁니다. 당시 국정원이 "오빠의 간첩 혐의를 증언하면 김현희처럼 살게 해준다"고 했다죠.

당시는 선거개입 의혹으로 원세훈 원장이 검찰 소환을 받고, 이례적인 국정원 압수수색이 이루어지고 있던 시점이었습니

다. 국정원으로서는 이래저래 곤혹스러운 일이었습니다. 국정
원은 이때 민변에 대해 국정원의 명예를 훼손했다며 6억 원대
의 민사소송을 냈죠.

그리고 2012년 6월, 드디어 불법 선거개입에 관한 검찰의 수사결과가 발표되었습니다.

상당히 오래 끌었지만, 검찰의 발표는 국정원에 치명타를 날
렸습니다.

"국정원 직원 9명이 대선 기간 동안 공직선거법을 위반하는
성격의 글을 쓴 것으로 확인했다."

그리고 검찰은 원세훈 전 국정원장과 김용판 전 서울경찰청
장을 불구속 기소했습니다. 이때의 검찰 발표에 의하면, 원세
훈 전 원장은 2009년 국정원장으로 취임한 후부터 선거 때마다
야당 후보 반대 활동을 지시했다고 했습니다.

아직 법원 판결이 남아 있다고 하지만 정부에는 큰 타격이었
죠. 국가정보기관이 여당 후보를 도와 선거에 개입했다는 공격
을 피할 수 없었으니까요. 역시나 야당의 맹공격이 쏟아졌습니
다. 민주당은 국정원 국정조사를 요청하고 나섰습니다. 그때까
지 국정원에 대한 국정조사는 선례가 없는 일이었습니다.

난데없는
NLL 진실공방

—

국정원 문제로 여야가 날카롭게 대립하고 있는 가운데, 새누리당은 노무현 대통령의 남북회담 대화록을 다시 논란의 한가운데로 끌어들였습니다. 새누리당 의원들이 '국정원에 보관 중인 노 대통령 남북회담 대화록 문서를 열람했으며, NLL 포기 발언을 확인했다' 고 주장한 겁니다. 그러면서 NLL 대화록에 관한 국정조사도 함께 병행해야 한다고 제안했습니다.

이렇게 NLL 문제는 다시 수면 위로 떠올랐습니다. 이에 관련되었던 여야 소송건들은 이미 박근혜 대통령 취임식 전에 모두 종결된 상태였습니다. 전원 무혐의 처리로 말이죠. 그런데 이때 검찰은 의미심장한 말로 논란의 여지를 남겼었습니다.

"노 전 대통령이 남북 정상회담에서 'NLL을 주상하시 않겠다' 고 말한 내용은 허위사실로 보기 어렵다."

어쨌든 이를 직접 확인했다는 새누리당의 주장으로 국민들의 관심은 다시 노무현 전 대통령의 발언에 쏠렸습니다. 그리고 국민 앞에 전부 공개하라는 목소리가 일기 시작했습니다. 새누리당은 대화록을 공개하면 논란을 종결지을 수 있다고 장담했죠. 그런데 그동안 조용하던 문재인 의원도 대화록 공개를 찬성하고 나섰습니다. 그러자 국정원은 "여야가 동의할 경우 지난 2007년 남북정상회담 회의록 전문을 공개하겠다"고 뜻을 밝혔죠.

곧 여덟 쪽짜리 대화록 발췌본이 공개됐습니다. 국민들은 1년 가까이 논란이 됐던 노무현 대통령의 남북정상회담 대화 내용을 비로소 보게 된 것이죠. 그런데 그것을 본 국민들의 반응이 새누리당의 기대와는 달랐습니다. 절반이 넘는 국민이 '노 전 대통령의 회담 발언은 NLL을 포기한 것이 아니다' 라고 여론조사에 답했거든요. 그동안 NLL 대화록을 대선에 충분히 이용해온 새누리당에 대한 비난이 일었습니다. 대화록 공개는 국정조사를 피하는 데 별로 도움이 되지 못했습니다.

그러나 이어서 대화록의 원본이 사라졌다는 의혹이 제기되었죠. 동아일보의 보도였는데요, 그 기사 내용은 "2007년 남북정상회담을 수행했던 조명균 전 청와대 안보정책 비서관이 노무현 전 대통령에게서 '정상회담 회의록을 폐기하라' 는 지시를 받았다"는 것이었습니다. 이후 조명균은 그런 말을 한 적이 없다고 반박했지만요. 이렇게 NLL 진실게임은 이번에는 사초 폐기 문제로 변형되어, 새누리당은 참여정부 관련자를 모두 검찰에 고발했습니다.

사상 첫 국정원 국정조사,
그 성과는?

———

7월 2일부터 8월 15일까지 45일간의 일정으로, 사상 첫 국정원 국정조사가 시작되었습니다. 국정조사는 국민들의 기대와는 달리 처음부터 지지부진하게 흘러갔습니다. 실시 계획서 채택까지 보름이 걸렸고, 국정원 기관 보고를 언론에 공개할 것이냐를 두고 또 열흘을 보냈죠.

그리고 드디어 7월 25일, 경찰청의 기관 보고가 있었습니다. 그런데 이 자리에서 민주당이 치명적인 증거를 제출합니다. 민주당 정청래 의원이 당시 경찰청 CCTV 영상을 공개한 겁니다. 경찰청 사이버수사대 디지털 분석실에서 분석관들이 컴퓨터를 앞에 두고 대화를 나누는 모습이었습니다. 시간은 대선 나흘전인 12월 15일 오후 5시 50분. 경찰이 국정원 여직원의 컴퓨터를 압수수색하여 한창 조사하고 있던 때죠.

대화 내용은 이랬습니다.

"안 되죠. 나갔다가는 국정원 큰일 나는 거죠. 우리가 여기까지 찾을 줄은 어떻게 알겠어."

"우리가 판단하면 안 되고, 기록은 올라가겠지만, 안 하겠지."

"노다지다 노다지."

그리고 다음 날인 12월 16일 새벽 4시의

CCTV도 공개했습니다. 거기에는 이런 내용이

담겨 있었습니다. 아마도 한 분석관이

밤샘 근무로 무척 피곤했던 모양입니다.

"지금 자도 돼요?"

"지금 댓글이 삭제되고 있는 판에 잠이 와요?"

이런 대화 내용은 분석관들이 대선 사흘 전 중간수사 결과 발표 이전에 이미 댓글 존재를 알고 있었고, 이를 의도적으로 왜곡하여 발표했다는 충분한 심증이 되었죠. 게다가 다음 날의 영상은 한쪽에서 댓글을 급하게 지우고 있었다는 것도 짐작하게 했고요.

다음 날 7월 26일에는 국정원 기관 보고가 예정되어 있었습니다. 그러나 이날 새누리당 특위 위원들과 남재준 국정원장이 국정조사에 불참합니다. 그리고 국정원 기관 보고는 새누리당 의원들의 휴가 뒤로 미뤄졌습니다. 안 그래도 더디던 국정조사는 일주일간 정지됐습니다. 당시 권성동 의원은 기자들에게 이렇게 고충을 토로했었죠.

"다른 의원들은 쉬는데 우리 특위 위원들만 일하고 있다. 7월 마지막 주는 너무 덥다."

다음 달 5일에서야 남재준 국정원장은 국정조사에 출석해 기관 보고를 했습니다. 이날 남재준 원장은 일관되게 국정원의 대선 개입 의혹을 전면 부인했습니다. 그리고 이어 원세훈 전 국정원장과 김용판 전 경찰청장도 증인으로 채택되었습니다. 그런데 예정된 14일, 이 두 사람도 증인 출석을 거부합니다. 결국 동행명령장을 받고서야 16일, 국정조사에 나와 입석했지요. 그러나 이들은 헌정 사상 처음으로 증인선서를 거부하는 해프닝을 벌였습니다.

이렇게 겨우겨우 이어지던 국정원 국정조사는 예정보다 늦은 8월 23일, 결국 결과보고서 채택 없이 끝이 났습니다. 새누리당은 여야가 각각 다른 보고서를 내자고 주장했죠. 민주당은 반대했고요. 그래서 결국 국정조사는 뚜렷한 결과 없이 끝난 겁니다.

국정원 선거개입에 대해 국회에서 별 성과를 내지 못하자 국민들은 더욱 격렬하게 특검을 요구했습니다.

그런데 국정조사가 끝나가는 시점에 하나의 중요한 법원판결이 있었습니다. 서울시 공무원 간첩 혐의자 유우성 씨에 대한 1심 판결이었습니다. 8월 22일이었는데요, 법원은 국정원이 제공한 핵심 증거인 유우성 씨 여동생의 진술에 신빙성이 부족하다며, 유씨의 간첩 혐의에 무죄를 선고했습니다.

국정원이 간첩을 조작했다는 비난을 받기 시작한 건 이때부터였죠. 그러나 검찰은 이 판결에 굴복하지 않고 항소심을 준비했습니다. 그리고 새로운 증거물을 확보하는 과정에서 국정원으로부터 유우성 씨의 출입경 기록을 건네받았습니다. 이게 현재 문제가 되고 있는 위조 문서입니다.

현 국회의원이
내란을 모의했다?

유우성 씨에 대한 1심 판결이 있고 난 6일 뒤, 그
리고 국정조사가 끝난 시점으로부터는 7일 뒤였습니다. 8월 28
일, 국정원은 회심의 카드를 내놓았습니다. 바로 통합진보당
의원들의 내란 음모 수사였습니다. 통합진보당 당직자 3명을
체포하고 이를 발표했죠.

"체제 전복을 목표로 수년 동안 반국가
활동을 한 혐의가 있다",

또 " '유사시에 대비해 총기를 준비하라' 는 등의 녹취록을 증거
자료로 확보했다"고 했습니다.

공무원 재직자의 간첩 혐의도 놀라웠지만, 현직 국회의원의
내란 음모 혐의는 더욱 충격적이었습니다. 우리 국가조직의 어
디까지 간첩이 스며들어 있다는 말입니까? 국회에까지 들어갔
다면 그야말로 체제 전복의 위험을 충분히 느낄 수 있는 사건
이죠.

이 충격 속에 유우성 씨의 무죄 판결과 국정원 개혁의 목소리

는 조용히 덮여갔습니다. 뉴스 헤드라인은 온통 이석기와 통합진보당이 뒤덮고 있었습니다. 그달 말일로 예정되어 있던 KBS 추적60분의 '서울시 공무원 간첩사건 무죄판결의 전말' 방송도 취소 되었죠. 국가적 사건인 현직 국회의원의 내란음모 수사가 진행되고 있는 상황에서 방송 시기가 적합하지 않다는 이유로 KBS 내부에서 방송 보류가 결정되었습니다.

당시 KBS 언론노조는 강경하게 반발했었습니다. KBS가 정권의 눈치를 보는 것이 아니냐면서 방송 강행을 주장했죠. 결국 이 방송은 논란 끝에 다음 달 9월 7일에 전파를 탔는데요, 후에 방송통신심의위원회로부터 중징계를 받았습니다.

방송 내용은 이런 것이었습니다. "국정원의 주장대로라면, 2011년 2월 유우성 씨가 여동생에게 QQ메신저를 이용해 탈북자 명단을 넘겼고, 여동생이 이를 USB에 저장하여 북한에 넘겼다고 하는데, 추적60분 팀의 조사 결과에 의하면 여동생이 USB를 구입했다는 중국 옌지에서는 USB 판매처 자체를 찾을 수 없고, 여동생이 이 메신저에 가입한 시기도 국정원이 지목한 2011년 2월이 아닌 그해 11월이었다", "이렇게 앞뒤가 맞지 않는 증거들로 인해 유우성 씨의 간첩 혐의는 결국 1심에서 무죄로 판결났다" 는 내용이었습니다.

그러나 당시 국정원의 간첩 조작 혐의는 그다지 큰 주목을 받지는 못했습니다. 여전히 언론의 관심은 통합진보당 이석기 의원에게 쏠려 있었으니까요. 검찰은 이석기 의원에게 내란음모 및 국가보안법 위반 혐의로 사전구속영장을 청구했고, 이어 국회에서는 이석기 의원의 체포동의안을 통과시켰습니다. 이석기 의원은 9월 5일에 구속되어, 그 후 9일 동안 국정원의 조사를 받았습니다.

현직 검찰총장에게
혼외자가 있다?

———

　　　이석기 의원이 국정원 안에서 계속 입을 다물고 있다는 소식과 함께, 우리는 현직 검찰총장의 스캔들을 듣게 되었죠. 바로 채동욱 전 검찰총장의 혼외자 의혹입니다. 조선일보가 이를 단독 보도한 것이, 이석기 의원이 국정원에 구속된 다음 날인 9월 6일이었습니다. 이후 언론의 시선은 현 검찰총장의 사생활에 쏠렸습니다. 황교안 법무장관은 검찰총장에 대한 감찰 지시를 내렸고요.
　당시 검찰 측은 펄쩍 뛰며 반발했습니다. 일선 검사들이 나서서 검찰의 독립성을 훼손하는 처사라며 정부와 언론을 비난했고, 채동욱 검찰총장은 조선일보에 정정보도 청구소송을 제기했었습니다. 그러나 8월 13일, 조선일보 보도가 나간 지 7일 만

에 채동욱 총장은 사표를 제출했습니다. 그리고 이날, 국정원
은 구속수사 중이던 이석기 의원을 검찰에 송치했습니다.

채동욱 총장의 부재 속에서 이석기 의원을 넘겨받은 검찰은
본격적인 수사에 들어갔죠. 주로 혁명조직 RO의 실체와 내란
을 모의한 구체적 계획을 밝히는 데 수사 초점을 모았다고 했
습니다. 그리고 단 12일 만인 9월 26일, 이석기 의원 등의 혐의
를 확인하고 내란음모로 기소했죠.

이날은 박근혜 대통령이 기초연금 최종안을 확정한 날이기
도 합니다. 대선공약이었던 '65세 이상 모든 노인에게 매월 20
만 원 기초연금 지급'은 이날 '소득기준 하위 70%에게 국민연
금 가입기간을 고려하여 매월 10~20만 원 지급'으로 축소됐습
니다. 그리고 박근혜 대통령은 "어르신 모두에게 지급하지 못
해 죄송한 마음"이라고 유감의 뜻을 밝혔고요.

빠르게 수습되어 가는 정국

이어서 검찰에서는 남북 정상회담 회의록에 대한
중간수사 결과도 발표했습니다. 기록이 남아 있어야 할 국가기

록원에 이 기록이 없고, 봉하 이지원에 저장되어 있던 대화록
이 누군가에 의해 삭제되었다는 것이었습니다.

사초를 누군가가 고의로 삭제했다? 그렇다면 분명 뭔가 의혹이 있는 것이겠죠.

곧 사초의 미흡한 관리와 의도적인 삭제 의혹을 받으며 참여
정부 인사 30여 명이 줄줄이 검찰에 소환됐습니다.

한편에서는 유우성 씨에 대한 항소심도 진행되고 있었는데
요, 이때 검찰은 유씨가 실제로 중국을 거쳐 북한을 출입했다
는 증거를 찾는 데 주력하고 있었습니다. 1심에서 유씨 동생의
증언이 이미 증거로 인정받지 못한 터라 다른 증거를 찾아야
했던 거죠. 국정원이 이 증거를 마련해줍니다. 국정원은 2013
년 10월, 중국 허룽시 공안국이 발급한 유씨의 출입경 기록을
담당 검사에게 전달했습니다.

이어서 11월에는 이석기 의원 등 7명에 대한 재판이 시작됐
습니다. 이는 다음해 2월까지 이어졌죠. 이 재판은 방청을 신청
한 사람이 많아 법원은 사상 초유로 재판 방청권 추첨도 진행
했습니다. 공판이 열리는 중에도 국정원은 꾸준히 이석기 의원
의 혐의를 입증할 증거를 찾아다녔습니다. 11월 14일에는 혁명
조직 RO의 자금원으로 알려진 씨앤커뮤니케이션즈와 직원들

을 압수수색했었죠. 그러나 이런 노력에도 불구하고 국정원에 대해 특검을 요구하는 여론은 가라앉지 않았습니다. 7월에, 국정원은 자체개혁에 착수한다는 발표를 한 적이 있었습니다. 그러나 국민들은 계속 특검을 주장하며 박근혜 대통령의 결단도 요구했죠. 그러나 박근혜 대통령은 11월 18일, 국회 시정연설에서 이렇게 말합니다.

"지금 대선을 치른 지 1년이 되어가고 있습니다. 그런데 지금까지도 대립과 갈등이 계속되는 것에 대해 대통령으로서 매우 안타깝게 생각합니다. 정부는 국민적 의혹이 제기된 사안들에 대해 빠른 시일 내에 국민 앞에 진상을 명확하게 밝히고, 사법부의 판단이 나오는 대로 책임을 물을 일이 있다면 반드시 응분의 조치를 취할 것입니다.

> 이제는 대립과 갈등을 끝내고 정부의 의지와
> 사법부의 판단을 믿고 기다려주실 것을
> 호소 드립니다."

모든 것은 재판이 끝날 때까지 기다려야 한다고 일축한 것입니다.

국정원 자체개혁이냐,
특검이냐

지난해 하반기는 내내 국정원 문제로 시끄러웠습니다. 반년이 되도록 재판은 질질 끌고 있었고, 민주당은 특검을 요구하며 장외투쟁, 국회 파행, 새누리당은 민주당이 정치적으로 이를 이용한다며 강력하게 비난, 정부에서는 재판이 진행 중인 사안이라 특검을 실시할 수 없다는 입장만 앵무새처럼 반복하고 있었지요.

결국 연말이 되어서야 여야는 특검 보류, 국정원 개혁특위로 합의를 보았습니다. 그래서 12월부터 국회에서 국정원 개혁특위가 가동되었는데요, 이것도 별 성과는 없었습니다. 어쨌든 그 과정을 한번 보죠.

민주당은 국정원에 대한 '원샷 특검' 과 국정원 개혁특별위원회 신설을 동시에 주장하며 국회를 뛰쳐나갔습니다. 이를 받아들이지 않으면 예산통과도 없다며 강경하게 버텼죠. 새누리당은 특검, 개혁특위 모두 반대하고 민주당에 국회 파행의 책임을 물었고요. 그러다 국민들의 불만이 폭발 직전에 이르자 여야는 한 발짝씩 물러났습니다. 새누리당은 '특검 반대, 개혁특위 수용' 으로 양보했고, 민주당은 특검에 대한 논의를 이어간다는 전제로 새누리당의 의견을 받아들였습니다.

결국 여야는 특검 보류, 국회 개혁특위
도입으로 절충 합의하고, 12월 3일, 합의안
발표가 예정되었습니다. 그런데 이때,
지난해 말 언론을 떠들썩하게 했던
장성택 실각설이 터져 나왔죠.

이날은 국토교통부가 '4·1, 8·28 부동산 대책 후
속조치' 와 '행복주택 활성화 방안' 을 보고한 날이기도 합니다.
박근혜 대통령의 대선 공약이었던 '행복주택 20만 가구' 는 '14
만 가구' 로 축소되었습니다.

12월 3일 당시 장성택 실각설을 처음으로 보도한 건 YTN이
었는데요, 곧이어 모든 언론이 보도 경쟁에 뛰어들었습니다.
열흘 동안 언론은 온통 '장성택이 실제로 실각했느냐' , '그렇
다면 이후 남북관계는 어떻게 달라지느냐' 에 대한 이야기로 들

썩들썩했습니다. 당시 언론은 김정은의 고모가 장성택과 이혼하느냐를 두고 북한의 이혼 제도까지 한 꼭지의 뉴스로 다뤘는데, 그때 국민들은 북한에서 이혼은 쉽지 않은 일이며, 그러나 배우자의 사상 문제가 있으면 이혼할 수 있다는 새로운 사실도 알게 되었죠.

이때 장성택 실각설을 단독보도했던 YTN의 박순표 기자는 이후 방송 기자상을 수상했습니다. 그의 취재 후기를 통해 당시 상황을 엿보겠습니다.

오래 전부터 알고 지내던 정보당국 고위 관계자에게서 불쑥 전화를 받은 것은 12월 3일 오후. 국회팀의 오후가 늘 그렇듯 졸린 눈을 비비고 있었을 때였다. "형님 오랜 만입니다. 어떻게 지내십니까?" "응 나야 잘 지내지? 근데 그거 알아?" "뭘요?" "장성택이 실각되고 주변 인물이 처형됐어" "징후인가요 팩트인가요?" "둘 다야. 다음에 또 연락할게." 사실 통일외교팀을 출입해본 적이 없는 나로서는 장성택이 북한에서 '잘나가는 사람' 정도만 알았지, 어떤 비중이 있는 인물인지 잘 알지 못했다.

아무튼 곧바로 확인에 들어갔다. 다른 기관에 근무하는 정보당국자에게 물었다. "형님, 장성택이 짤렸다면서요. 주변인물은 처형당하고요?" "너 그거 어디서 들었니?" "형님보다 높은 사람이 알려준 이야기인데 믿어도 되겠죠?" "……(침묵)" "국회 정보위에 브리핑할 계획인가요?" "터지면 하지 않겠나……."

순간 머리가 복잡했다. 두 취재원의 신뢰도나 기관 내 위치를 감안하면 당장 속보를 쳐도 무방했다. 그러나 마지막 확인은 필요했다. 또 다른 취재원에게 문자를 넣었다. "북한 국방위 부위원장 장성택 실각. 주변인물 처형. OK?" 답장이 오는 5분이 너무 길었다. 그러나 답장은 간결하고 달콤했다. "속보쳐라ㅋㅋ"

곧바로 속보 문발과 함께 단신 3문장을 넣었다. 정확히 12월 3일 16:38분. 속보 이후 통일부 출입 기자에게 내용을 알리고 후속 기사 준비를 부탁했다. 17시 정각에는 전화 연결과 함께 특보에 돌입. YTN 속보가 전파를 타면서 AFP, TBS 등 주요 외신들도 YTN을 인용해 전 세계에 장성택 실각, 주변인물 처형 사실을 타전했다. 그런 사이 정보위 민주당 간사인 정청래 의원이 국회 기자회견장을 찾았다. 관련 사실을 확인했다. 브리핑을 막 시작할 무렵 YTN 보도가 나가자 정보당국자도 적잖게 당황했다는 후문이다.

6일. 장성택 최측근 인사가 베이징으로 도피해 우리 정부에 망명을 요청했고, 우리 정부가 신병을 보호하고 있다는 리포트도 내보냈다. 사실 이미 같은 취재원에서 제보받은 내용이었지만 망명 요청 인사의 신변 안전, 국익 등을 고려해 보도하지 않고 있었다. 그런데 한 조간신문이 제3국에 망명 요청을 했고, 신변은 중국 정부가 보호하고 있다는 기사를 내보냈다. 더는 기사를 묵힐 이유가 없어 곧바로 사실을 바로잡아 출고했다. 모든 언론이 기사를 받았다.

11일에는 장성택의 숙청이 쿠데타 가능성 때문이라는 기사도 내보냈다. 모든 언론이 부패 가능성에 초점을 맞출 때 처음으로 '쿠데타' 란 단어를 처음 꺼냈다. 북한이 특별군사재판 내용을 공개하면서 사실로 확인됐고, 관련 보도가 계속 잇따랐다.

국정원은 YTN에 관련 정보가 흘러간 배경에 대해 내부 진상조사를 벌였다고 한다. 일부 신문에서는 특별취재팀을 꾸렸다. 운 좋게 10일을 특종으

국정원 개혁특위는
산으로

장성택의 실각설이 제기되고 국정원 개혁특위가 준비되며 남재준 국정원장은 국회에 자주 출입하게 됩니다. 12월 6일에는 국회에 나가 장성택 실각설과 북한 동향을 보고합니다. 그리고 12월 12일에는 국정원 자체 개혁안을 보고하러 역시 국회에 나가야 했고요. 그리고 다음 날은, 장성택이 현장에서 끌려 나가는 장면이 뉴스 헤드라인을 도배했습니다. 그리고 사흘 후, 준비를 마친 국정원 개혁특위가 본격적으로 시작되었고요. 새누리당은 이때 장성택 처형으로 국가 안보가 불안한 시기인 만큼, 국정원에 대한 무리한 개혁보다는 해외 대북정보 역량을 강화하는 방향으로 논의를 이어가야 한다는 입장을 밝힙니다.

12월의 마지막 날, 여야가 밤샘 협상 끝에 겨우 국정원 개혁법안에 합의하면서 2014년 새해가 밝았습니다. 박근혜 정부 2년차가 시작되는 동시에 6월 지방선거가 예정된 해입니다. 당시 합의한 국정원 개혁법안이 현실적으로 실행이 가능할지는 미지수였습니다. 역시나 새해 들어 1, 2월이 지나도록 국정원 개혁특위는 단 두 번 열렸으며, 별 성과도 없었습니다.

국정원의 행태를 보고 외교가에서는 "누가 한국과 대북정보를 공유하겠는가" 하는 우려가 새나오고 있다고 한다. 그 와중에 국정원이 슬그머니 내놓은 자체 개혁안은 싱겁기 짝이 없다. 국정원법이 기왕에 금지하고 있는 정치 개입 금지 조항을 잘 지키겠다는 서약만 하고 넘어가겠다는, 개혁안 아닌 개혁안이었다.

- 경향신문 2013. 12. 16.

03 　키워드는 국민이다

　　22014년의 1, 2월은 정신없이 흘러갔습니다. 박근혜 대통령
은 통일이 대박이라고 하고, 이어서 이산가족 상봉이 성사될
듯하다가, 북한의 비협조로 무산될 것 같다가, 그러다 결국 성
사되었습니다. 두 차례에 걸친 상봉 행사는 감격적이었습니다.
동계 올림픽 열기도 뜨거웠습니다. 저 또한 새벽까지 TV 앞에
매달려 있었습니다.

　　그런데 이런 분위기에 찬물을 끼얹는 사건이 일어났습니다.
2월 14일, 중국대사관으로부터 하나의 공문이 날아온 겁니다.
서울시 공무원 간첩 사건에 대한 새로운 증언이었는데요, 이로
써 이 사건은 새로운 국면에 들어섰습니다.

통일은
대박이다?

박근혜 대통령은 1월 6일, 청와대에서 취임 후 첫 기자회견을 가졌죠. 취임 1년이 다 되도록 기자회견은 한 번도 없었습니다. 그런데 이 자리에서 통일 대박론이 흘러나온 것입니다. 그 경위는 이랬습니다.

한 기자가 박근혜 대통령에게 통일에 대해 어떻게 생각하느냐고 질문했습니다. 그러자 박근혜 대통령이 "통일은 대박이라고 생각한다"고 답했죠. 그리고 다음 날, 박근혜 대통령은 새누리당 의원들과 만찬을 가졌는데요, 이 자리에서 다시 통일 대박 이야기가 흘러나왔습니다. 새누리당 서청원 의원이 건배사로 '통일 대박'을 제의했다고 하지요. 그가 "통일!"이라고 선창하고, 참석자들이 포도주 잔을 부딪치며 "대박!"이라고 외쳤답니다.

이후 27일, 정부는 북한에 이산가족 상봉을 제의했고, 이로써 통일 대박론에 대한 온갖 추측이 무성하며 국민들의 기대감도 높아졌습니다.

다음 달 2월 3일, 이석기 의원에 대한 결심공판이 열렸고요, 검찰은 이석기 의원에게 징역 20년과 자격정지 10년을 구형했습니다. 그리고 사흘 뒤인 2월 6일에는 김용판 전 경찰청장에 대한 법원 판결이 나왔죠.

그는 무죄 판결을 받았습니다.

그리고 다음 날, 소치 올림픽이 개막하며 동계 올림픽과 이산
가족 상봉에 대한 기대로 국내 분위기는 한껏 들떴습니다.

검찰의 증거가
위조문서?

———

지난해 유우성 씨가 1심 판결에서 무죄를 받은 뒤
검찰은 야심차게 항소심을 준비했죠. 그러면서 새로운 증거를
물색했습니다. 이때 국정원이 유우성 씨의 출입경 기록을 검찰
에 넘겨줬죠. 검찰은 그것을 증거물로 법원에 제출한 상태였습
니다. 그런데 검찰과 변호인 측이 낸 문서가 상반되자 재판부
가 주한 중국대사관에 진위를 가려달라는 요청을 한 겁니다.
그리고 올해 2월 14일 중국 대사관으로부터 그 답변이 돌아온
것이고요. 중국 대사관은 "유우성 씨에 대한 검찰 측 문서가 모
두 위조된 것"이라는 공문을 재판부에 보냈습니다.

김용판 전 청장의 무죄 판결에도 잠잠하던 여론이 순식간에 끓어올랐습니다. 국정원는 간첩을 조작했다며 맹비난을 받았습니다. 그러자 검찰은 유우성 씨의 간첩 혐의는 그대로 유지하면서, 증거 위조 의혹에 대해 진상 조사팀을 꾸려 가동하겠다는 입장을 밝혔죠. 그리고 문서를 넘겨준 국정원 측에 입장 설명을 요청했습니다.

이때 천주교 인권위원회가 국정원 직원을 고발했습니다. 지난해 8월 중국 선양영사관에 파견된 국정원 직원이었습니다. 그리고 이 사건에 관련된 검사 두 명도 함께 고발됐고요. 이에 검찰은 관련된 인물들을 소환해 조사할 수 밖에 없었습니다. 이때 국정원 협력자로 알려진 조선족 김씨가 검찰에 소환되어 조사를 받은 겁니다.

국정원 협력자의 자살기도, 그가 남긴 메시지?

—

3월 5일, 김씨는 세 번째 검찰조사를 마치고 숙소로 돌아가 자살을 시도했습니다. 이 일로 언론은 발칵 뒤집혔죠. 김씨가 자살을 시도한 다음 날 오전, 이 사건은 언론에 보도

되었습니다. 온갖 추측이 난무했습니다. 검찰의 강압수사? 중국과 국정원 양쪽에 신변위험을 느꼈다? 게다가 그가 자신의 피로 국정원이라는 글씨를 남겼다는 사실이 함께 보도되며 큰 충격을 주었습니다.

그러나 이 사건이 보도되기 직전, 인터넷은 이미 다른 기사로 후끈하게 달아올라 있었습니다.

바로 김연아 선수의 첫 연애 소식입니다.

3월 6일 오전 8시 53분, 온라인 연예기사 매체 디스패치가 〈"Gold. Love. Yuna' s"…김연아, 사랑에 빠지다〉라는 제목으로, 6개월 동안 김연아 선수와 남자친구를 몰래 촬영한 파파라치 사진을 공개했죠. 그렇습니다. 디스패치라면 연예인의 열애를 들추어내는 데는 일각연이 있는 매체입니다. 김태희와 비의 언애를 우리에게 알려준 것도 그들이었고, 원빈과 이나영의 연애를 알려준 것도 그들이었습니다.

그런데 그 타이밍이 참으로 절묘했습니다. 지난해 김태희와 비의 열애설이 알려진 건 바로 1월 1일, 국정원 경찰수사가 발표되기 하루 전이죠. 원빈과 이나영의 열애설이 보도된 건 지난해 국정원 국정조사가 시작된 다음 날인 7월 3일이었습니다. 올해 벽두에도 이승기와 윤아의 열애설을 보도했었죠. 국정원 개혁법안이 합의된 날입니다.

연예계 찌라시 기사야 언제 터지든 무슨 상관이겠습니까. 그렇다 치고 본론으로 돌아가겠습니다. 3월 6일, 국정원 협조자의 자살 기도와 그가 모텔 방에 자신의 피로 남겼다는 '국정원'이라는 글자가 언론에 보도되며 이 간첩혐의 사건은 일파만파 확장되었습니다. 6일 오전 취재진에게 현장이 공개되었을 때, 이미 피로 쓴 글자는 경찰에 의해 지워진 상태였습니다. 이에 대해 경찰 측은 "평범한 자살 기도 사건이라고 판단해 과학수사팀이 현장 확인만 했다. 사진은 찍지 않았다"고 밝혔죠. 그러나 다음 날 말을 바꿉니다. "있지만 공개할 수 없다."

국정원 협조자 김씨가 대통령과 야당 의원에게 남겼다는 유서의 존재도 알려졌습니다. 경찰이 유서 양도를 요구하는 검찰과 4시간 동안이나 대치했음도 밝혀졌죠. 결국 김씨의 아들을 통해 검찰에 전해진 유서는 다음 날 3월 7일, 언론에 공개됐습니다.

가짜 서류 제작비가
천만 원?

———

김씨의 유서는 총 네 통이었습니다. 자신의 가족에게 한 통, 검찰에게 한 통, 그리고 대통령과 야당 지도자에게 각각 한 통의 유서를 남겼습니다. 가족에게 남긴 유서에서 김씨는 이렇게 썼죠. 유서 전문입니다.

"나는 오늘까지 떳떳하게 살았다. 그런데 이제는 떳떳하게 살 수 없어. 이것이 내가 떠나는 이유야, 너희들은 떳떳이 살아야 해. 화목하고 어머니 잘 모시고. ○○, ○○, ○○, ○○아 미안하다, 건강히 잘 커 착한 사람 돼야 해. ○○야 한 가지 부탁이 있다, 나는 누구한테도 빚이 일전도 없어. 그런데 대한민국 국정원에서 받아야 할 금액이 있다. 2개월 봉급 300×2=600만 원, 가짜 서류 제작비 1,000만 원, 그리고 수고비. 이 돈은 받아서 니가 쓰면 안 돼. 깨끗하게 번 돈이 아니야. 그래도 주겠다고 약속을 했던 것이니 받아서 한국 시장에 앉아서 채소 파는 할머님들께 드려. 나는 한국에 와서 보니 그 분들이 정말 존경스럽고 예쁘더라, 부탁이다. 그리고 나의 주위에서 많은 도움을 준 분들에게 대신 인사드려. 대신 가끔 찾아보기도 하고. 그리고 변호사를 위탁해. 내가 검찰 국정원에서 진술한 내용을 보고 국정원 상대 손해배상청구를 해, 가능할 것이다. 그리고 중국의 공장은 버려라. 너무 힘들게 일하는 모습이 안타깝구나.”

그리고 검찰에게는 요약하자면, “공무원 유우성 씨는 간첩이 분명하니, 증거가 없어 처벌이 불가능하다면 추방하라”는 글을 남겼습니다. 박근혜 대통령 앞으로는 “지금 국정원은 국조원입니다”라는 글을, 야당 인사들에게는 “안철수 의원님, 김한길 대표님 이번 저의 사건을 또 창당에 악용하지 마세요”라고 썼습니다.

이날 검찰은 이 사건에 대해 공식 수사로

전환했습니다.

국정원의 사과,
대통령의 유감

이제 국정원의 해명을 들어보죠. 국정원은 김씨가 전달한 문건을 진본이라고 믿고, 이를 검찰에 넘겼다고 합니다. 또 김씨가 국정원으로부터 가짜 서류 제작비 천만 원을 받아야 한다는 건, 논란이 되고 있는 서류가 아닌 별개의 다른 서류와 관련된 비용을 지칭한 것이라고 합니다.

국정원은 유서가 공개된 이틀 후인 3월 9일 밤, 국민에 대한 사과문을 언론에 보냈습니다. 일요일 저녁 언론사 기자들은 국정원으로부터 이메일 한 통을 받았는데요, 그 제목은 '국정원 발표문' 이었습니다. 그 내용을 볼까요?

"세간에 물의를 일으키고 국민께 심려를 끼쳐드린 것에 진심으로 송구스럽다. 물의를 일으킨 데 대해 국민 여러분께 사과드린다. 위법이 있었다는 사실이 확인되면 관련자는 반드시 엄벌에 처해서 거듭나는 국정원이 되겠다."

이 사과문은 다음 날 언론을 통해 공개됐습니다. 그리고 같은 날, 박근혜 대통령은 청와대에서 주재한 수석 비서관 회의에서 유감을 표했습니다.

"서울시 공무원의 국가 보안법 위반혐의 사건과 관련 증거자료에 위조 논란이 벌어지고 있는 것에 대해 매우 유감스럽게 생각합니다. 검찰은 이번 사건에 대해 한 점 의혹도 남기지 않도록 철저히 수사하고 국정원은 검찰조사에 적극 협조해야 할 것입니다. 수사결과 문제가 드러나면 반드시 바로잡을 것입니다."

그리고 나흘 후, 3월 14일이었죠.

박근혜 대통령은 새로 신설되는

통일준비위원회의 위원장을 맡으며
통일대박론을 본격화시키기 시작했습니다.

여기까지가 지난 1년 반 동안 '북한', '간첩', '국정원' 이 뉴스에 오르내린 내용입니다. 박근혜 정부 1년 동안은 그 어느 때보다 국정원이라는 기관이 정치 뉴스에 자주 등장했습니다. 이미 벌여놓은 선거개입 사건으로 국정원 개혁 논의가 끊이지 않는 가운데,

국정원은 너무도 많이 언론에 새로운 사실을
전달하곤 했다는 인상을 줍니다.

경찰이 국정원 선거개입을 확인하는 발표를 하자마자, 국정원은 서울시 공무원 간첩을 잡아냈습니다. 국정원에 대한 사상

첫 국정 조사가 논의되는 가운데, 국정원은 노무현 전 대통령 NLL 대화록을 공개했습니다.

국정 조사가 끝날 즈음 유우성 씨의 간첩 혐의가 무죄 선고를 받았고, 그러자 국정원은 일주일도 안 되어 이석기 의원의 내란음모 혐의를 발표했습니다. 이석기 의원이 국정원에 구속된 다음 날, 조선일보는 대선 개입 혐의로 국정원을 기소했던 검찰총장의 혼외자 의혹을 보도했죠. 그리고 이석기 의원이 국정원에서 검찰로 송치되는 날, 검찰총장은 사직서를 제출했습니다.

이후 여론에 밀린 여야가 국정원 개혁특위에 합의한 날, 언론은 장성택 실각설을 내놓았습니다. 이를 시작으로 새해 벽두에 박근혜 대통령은 통일대박론을 꺼내놓았고, 남북 이산가족 상봉을 진행했습니다. 그러면서 김용판 전 경찰총장은 무죄 판결이 났고, 이석기 의원은 유죄를 선고받았지만, 이미 그들에 대한 관심은 수그러든 후였습니다. 그리고 이제 더 이상 언론은 김용판에 대해, 이석기에 대해 주요 뉴스를 내보내지 않아도 되었습니다. 이산가족 상봉이나 올림픽만으로도 뉴스 거리는 충분했으니까요. 그 외에 경제, 사회 면으로 내보낼 뉴스가 한두 개인가요?

그런데 뜻밖에 국정원의 간첩조작 의혹이 불거진 겁니다. 이는 이미 오래전부터 제기되고 있던 의혹이었지만 전 국민적인 이슈로 떠오르지는 않았었죠. 그런데 이제 여론의 관심이 거기에 집중되어 버렸습니다.

1년 동안 야당과 시민단체들이 국정원 특검을 요구해도 박근혜 대통령은 묵묵부답이었습니다. 연초, 취임 후 거의 1년 만에야 가진 기자회견에서도 박근혜 대통령은 이렇게 말했죠. "현재 재판 중인 사안이기 때문에 대통령으로서 이런 문제에 대해 언급하는 것은 적절치 않다고 생각합니다"라고요. 김용판 전 경찰총장에 대한 무죄 판결로 일부 여론이 들끓어도 그에 대한 답은 들을 수 없었습니다.

국정원과 박근혜 대통령이 1년 만에 처음으로 국민을 향해 입을 떼게 만든 것은 야당의 요구도, 학생과 교수들과 종교계의 시국 성명도, 촛불도 아니었습니다.

중국에서 위조문서임을 확인하는 공문을 보내고, 위조문서를 작성했다는 김씨가 자살을 기도하며 피로 쓴 메시지와 유서가 공개되고 나서였습니다. 꺼림칙하고 자극적인 정보로 인해 사람들의 관심이 쏠린 후에야 국정원과 대통령은 사과와 유감을 표한 것입니다. 그러니 국민들은 씁쓸할 수밖에 없습니다.

검찰 수사는 유야무야 마무리됐고, 이제 재판이 진행될 겁니다. 재판이 계속되는 한 정부는 또 계속 말을 아끼겠지요. 김용판 경찰청장처럼 1년쯤 지나 판결이 나면 그때는 이미 여론은 가라앉아 있을 테고요. 원세훈 전 원장은 언제쯤 재판이 끝날까요?

국정원 직원의 번개탄 자살기도로 국정원 간첩조작 수사는 또 한풀 꺾였습니다.

결국 밑선에서 몇 명 불구속 기소하는 것으로 끝이 났죠.

국민들이 떠드는 '간첩조작' 이라는 용어에 대해서도 경고가 있었습니다. JTBC '뉴스큐브6' 이 '증거 조작' 이라고 해야 하는 걸 '간첩 조작' 이라고 표현했다하여 지난 4월 3일 방송통신심의위원회로부터 중징계를 받았습니다.

어쨌든 여기까지가 최근 국내 정치 뉴스에서 국정원을 키워드로 본 1년여의 기록이었습니다.

남재준 국정원장은 15일 내곡동 국정원 본원에서 기자회견을 열고 "최근 중국화교 유가강 간첩사건과 관련하여 증거서류 조작 혐의로 국민 여러분께 심려를 끼쳐드리게 된 것을 머리 숙여 사과드린다"며 "국민의 생명과 국가의 안위를 책임지는 정보기관으로서 임무를 완수하기 위해 각고의 노력을 다해왔으나, 일부 직원들이 증거위조로 기소되는 있을 수 없는 일이 벌어진 것에 대해 원장으로서 참담하고, 책임을 통감하고 있다"고 밝혔다.

- 미디어오늘 2014. 4. 16.

경기일보 강해인의 뉴스보기

여야, 기초연금 · 채동욱 사퇴
'격돌' … 주도권 쟁탈전

-새누리 "기초연금 수정 불가피… 채동욱 도덕성 진실 규명해야"
-민주 "대선 공약 사기… 채 전 총장 '보복성 찍어내기' " 총공세

2013.10.02

여야는 1일 기초연금과 채동욱 전 검찰총장 사퇴를 놓고 '주도권 쟁탈전' 을 벌였다. 특히 이날 긴급 현안질의는 국민적 관심이 집중된 사안인 만큼 여야 간 불꽃 튀는 격전이 전개됐다.

새누리당은 기초연금 공약의 수정이 불가피하다고 주장하며 채 전 총장의 진실규명을 촉구한 반면, 민주당은 기초연금 공약 후퇴를 '공약 파기' 라고 비판하며 채 전 총장 사퇴 파문에 대한 청와대의 개입 의혹을 집중적으로 추궁했다.

■ 기초연금 수정 놓고 격전

새누리당은 재정 건전성과 미래세대의 부담을 덜려면 기초연금 공약 수정이 불가피하다고 주장한 반면, 민주당은 '공약 사기' 라고 비판하면서 원

안 복원을 강하게 촉구했다.

새누리당 안종범 의원은 "기초연금안은 박근혜 대통령이 지난 2004년 한나라당 대표 시절부터 주장했던 것으로 연금제도개혁특위, 대선공약, 인수위에 이르기까지 현재의 기초연금 방식을 고수해왔다"며 "국민 편 가르기와 분열을 조장하지 마라"고 비판했다.

류성걸 의원도 "세계경제 침체와 맞물린 세수 부족과 연금 지속가능성을 위해 재정건전성의 고삐를 죄어야 하는 상황에서 불가피한 조정"이라고 주장했다.

반면 민주당 김용익 의원은 "모든 노인이 아닌 70%의 노인에게 지급한다는 점에서 '공약 파기'이며, 국민연금과 연계해 감액 지급한다는 점을 가리고 홍보한 점에서 '공약 사기'"라고 지적했다.

강기정 의원도 "정부안은 노인들에게 100% 지급을 못 하며 미래세대가 차별받는다"면서 "2007년 연금개혁안을 무위로 돌린 공약 파기안이다"고 비난했다.

■ 채동욱 전 검찰총장 사퇴 놓고 공방전

새누리당은 채 전 총장의 도덕성에 의혹을 제기하며 진실규명을 거듭 촉구했다.

　권성동 의원은 "국가 최고 사정기관의 수장이 헌법의 일부일처제를 어겼다는 의혹을 받고 있는 개인 도덕성 문제"라고 규정하며 "민주당은 청와대 사찰설 및 국정원 개입설 등으로 사건의 성격을 변질시키고 있다"고 주장했다.

　김도읍 의원도 "논란의 핵심은 혼외 아들 존재 여부"라면서 "민주당은 논란의 배후로 청와대, 국정원을 지목하는 등 사건의 본질을 오도했다"고 비난했다.

　반면 민주당은 채 전 총장이 국정원 댓글 의혹 사건을 기소한 데 대한 불만으로부터 비롯된 '보복성 찍어내기'라며 공세 수위를 높였다.

　신경민 의원은 "핵심과 본질은 혼외자 의혹이 아니다"고 반발하면서 "검찰 찍어내기에 모든 정보기관과 정부기관이 나섰다"고 꼬집었다.

　그는 이어 채 전 총장 사태에 대해 "총장 찍어내기이며 정부 수립 이래 처음 보는 권력과 검찰 간 대결"이라 규정하며 "원칙과 소신을 보여온 고분고분하지 않은 검찰총장을 가장 모욕적인 방법으로 내쫓았다"고 비판했다.

　박범계 의원도 "황교안 법무장관이 채 전 총장을 감찰한 것 자체에 불법적 요소가 섞여 있다"고 지적했다.

강해인, 송우일 기자

국정원장 사과 놓고 여야 반응 '극과 극'

2014.04.16

여야는 15일 남재준 국정원장이 서울시 공무원 간첩 증거 위조 사건에 대해 대국민 사과를 한 것과 관련, 극과 극의 대조적인 반응을 보였다.

새누리당은 국정원의 대오각성과 환골탈태를 요구하면서도 정쟁대상으로 삼아서는 안된다는 주장인 반면 새정치민주연합은 남 원장에 대한 즉각 해임과 특검 등을 요구하고 나섰다.

새누리당 최경환 원내대표는 이날 원내대책회의에서 "국정원은 이번 사태를 계기로 대오각성하고 환골탈태하는 계기로 삼아야 할 것" 이라면서 "국정원의 대공수사기능의 획기적인 개혁과 재건이 필요하다" 고 말했다.

민현주 대변인은 서면 브리핑에서 "이번 일로 대한민국 정보기관의 대북 정보활동과 대공수사기능이 위축돼서는 안될 것" 이라며 "북한의 핵위협과 군사적 도발이 지속되고 있고, 무인기에 의해 우리 방공망이 뚫린 엄중한 상황에서 대북 정보활동 자체가 매도되는 일은 결코 바람직하지 않다" 고 밝혔다.

민 대변인은 이어 "다만 어떤 경우에도 국정원 활동은 정도를 걸어야 한다. 다시는 국민들께 심려를 끼치는 우를 범해서는 안될 것" 이라면서 "정치권 또한 이번 사건을 정쟁에 이용해 사건의 본질을 훼손시키거나, 국정원을 흠집내기 위한 공세 수단으로 이용하는 일이 없어야 할 것"이라고 주장했다.

반면 새정치연합 안철수 공동대표는 고위전략회의에서 "국정원장을 해임하고 전면적인 국정원 개혁에 나서라"고 요구하며, "지금 국정원의 인사쇄신과 개혁을 이루지 못한다면 결국 부메랑이 돼 고스란히 대통령께 무거운 부담이 될 것"이라고 말했다.

김한길 공동대표도 "대통령이 이번에도 국정원장의 책임을 묻지 않는다면, 대통령 스스로가 기어코 그 책임을 면키 어려울 것"이라면서 "간첩증거 조작사건은 헌정질서를 농락한 명백한 국기문란 사건이다. 이제는 마땅히 특검을 통해 진실을 명명백백하게 밝혀야 한다"고 요구했다.

박광온 대변인은 현안 논평을 통해 "3급 직원에게 형사책임을 묻는 것으로 이 중대한 사건을 종결지을 수 있다고 믿는다면 국정원의 협력자인 김모씨가 말한 것처럼 국가정보원이 아니라 '국가조작원'이라는 오명을 벗어날 길이 없다"며 "이 또한 국가정보원의 존재이유를 부정하는 것"이라고 비판했다.

강해인 · 김재민 기자

6장

외국정치 & 한국정치
암투의 권력사

하나,
나치는 어떻게 국민을 속였나

이 장에서는 세계 역사에서 권력이 가진 폭력성을 확인해보려 합니다. 그러기 위해 비교적 최근의 역사 속에서 몇 가지 사건을 꼽아볼 것입니다.

권력을 가진 자는 언제나 정도를 벗어나고, 다수의 사람에게 상처를 주며, 종종 인류 전체에 해악을 끼쳤습니다. 권력은 일종의 광기를 지니고 있어 이 세계에 어떤 식으로든 대가를 치르게 했습니다. 이들은 어떤 방향으로든 뒤틀려지곤 했습니다. 그것이 세계 역사에서 가장 비참한 일들을 만들어내곤 했고요.

근대 역사에서 권력의 광기를 가장 잘 보여주는 예는 아마도 히틀러일 것입니다. 독일 국민들을 손아귀에 넣고 쥐락펴락하며 마치 실험실 안의 생쥐를 실험하듯 인류를 실험대 위에 올려놓았던 인물, 권력이 할 수 있는 가장 비열한 일을 자행한 권력자가 히틀러였습니다.

나치의 권력,
다시 새겨봐야 하는 이유

———

그런데 놀라운 일이 있습니다. 나치라면 치를 떠는 현대의 문명 국가들조차 나치를 그대로 모방한 것같이 보일 정도로 비슷한 방법을 이용해 자국 국민과 전 인류를 우롱할 때가 있거든요. 어쩌면 그래서 우리는 아직도 나치와 히틀러의 역사를 되새기고 있는 건지도 모르죠. 현대에 더 이상 의미가 없는 일이라면 그에 대한 증오는 지금보다 훨씬 완화되어 있지 않을까요?

서방 세계에서 더 이상 칭기즈 칸을 떠올리며 치를 떨지 않는 건, 정복 국가의 침략의 역사가 이미 종결되었기 때문입니다. 그들이 몽골이라는 국가에 대한 두려움에서 이미 벗어났기 때문이죠. 유럽에서는 오랫동안 칭기즈 칸의 이름만 들으면 울던 아기가 울음을 그친다는 말이 있었습니다. 우리 옛날 이야기를 보면 우는 아기에게 호랑이가 잡아간다고 말하죠? 그것과 똑같았습니다. 지금은 아무도 아이들에게 호랑이가 잡아간다는 으름장을 놓지 않죠.

만약 서방 국가들이 몽골의 힘에 위기의식을 느낀다면, 칭기즈 칸을 가르치는 유럽 고등학교 교사의 어조는 지금과는 달라질 것입니다. 우리가 일제 침략의 역사에 분노를 느끼고, 서방 국가들이 나치의 역사에 치를 떠는 것과 마찬가지로 말입니다.

강한 정부를 원했던 독일인들

———

독일은 제1차 세계대전에 패한 후 군주제가 붕괴되며 곧 민주공화국이 수립되었습니다. 이때부터 독일은 국왕이 아닌 대통령을 선출했으며, 몇 개의 정당도 존재했습니다. 국민에게 주권이 있음을 명시하는 헌법도 제정되었고요. 한마디로 독일에 민주주의가 시작된 겁니다.

히틀러는 전제주의 시대의 권력자가 아닙니다. 민주주의 독일에서 탄생한 권력자였죠.

민주주의에서 권력자는 국민의 지지를 얻어야 합니다. 그래야만 자신의 정치권력을 유지할 수 있겠죠. 그래서 이 당시의 국가권력은 여론을 이용하는 새로운 방법을 터득해야 했는데요, 국민의 허락을 받지 못하면 국가 지도자 마음대로 전쟁도 일으킬 수 없게 됐으니까요. 당시 독일도 그런 민주주의의 옷을 입고 있었습니다. 그러나 권력자의 발목을 잡는 민주주의라는 제도 속에서도, 권력은 교묘하게 자신의 뜻을 관철시키는 방법을 알고 있었습니다.

독일의 경우, 히틀러가 정권을 잡기 전 독일 국민들은 패전의 고통에서 빠져나오지 못한 채 허우적대고 있었습니다. 패전과 함께 독일의 군주만 몰락한 것이 아니었습니다. 독일 경제도 함께 몰락했습니다. 국민들은 먹고 사는 것조차 힘들었습니다.

그러자 독일 국민들은 국가를 위기에서 건져낼 더 강한 정부를 바라게 되었습니다. 나치 정부가 독일 국민들을 마음대로 주무를 수 있었던 건, 히틀러를 믿고 싶었던 독일 국민들의 열망 때문이었습니다. 나치는 그런 국민의 맹목적인 바람을 먹고 자랐습니다.

국민을 속여 전쟁
명분을 얻은 히틀러

나치가 정권을 잡은 후 히틀러는 2차 세계대전을 일으키죠. 2차 세계대전은 독일의 폴란드 침공으로 시작되었다는 건 교과서에 나오는 이야깁니다. 그러나 정작 독일 국민들은 당시 이 사실을 전혀 몰랐습니다. 히틀러가 국민의 눈을 철저히 가리고 있었기 때문입니다.

독일 국민들은 폴란드 내에 살고 있는 독일 소수 민족들이 잔인한 처우를 받는다는 소문을 종종 들었습니다. 그리고 급기야는 폴란드 군대가 독일 라디오 방송국에 무단 침입하는 치욕스러운 일이 벌어졌습니다. 독일 국민들은 흥분했죠. 폴란드 정부가, 감히, 정규군을 타국 방송국에 침입시켜 선전포고를 하다니, 이는 독일이 폴란드를 침공해야만 하는 명백한 명분이 되어주었습니다. 가짜 폴란드군의 선전포고는 라디오 전파를 타고 전 독일 국민에게 생생하게 울려 퍼졌습니다.

훗날 전쟁이 끝난 후 뉘른베르크 전범 재판이 열렸을 때, 이 테러 사건은 독일의 자작극이었음이 밝혀졌죠. 독일 방송국을 습격했다는 폴란드 정규군은 폴란드 군복을 입은 독일군이었고요. 히틀러는 현대식 언론을 이용해 원하는 정치권력을 마음껏 휘두른 최초의 권력자일 겁니다. 이 테러 사건이 일어난 다음 날 새벽, 독일은 폴란드를 침공했습니다.

히틀러는
누구인가?

—

　히틀러는 젊은 시절 병역을 기피했다가 당국에 체포된 경력을 가지고 있습니다. 그러면서도 그는 독일에 대한 열렬한 애국심을 지닌 사람이었습니다. 1차 세계대전이 발발했을 때는 자원입대하여 전공을 세우기도 했죠. 군대에서 정치 교육을 받은 그는 훗날 나치가 되는 정당에 가입하여 정치 인생을 시작했습니다. 그는 이 시기부터 베르사유 조약 타파로 강력한 독일을 세울 것을 주장했고, 독재정치를 옹호했습니다.
　웅변에 능했던 그는 대중 집회를 사주 열이 국민들의 지지를 얻었습니다. 당시 1차대전의 패배로 연합국으로부터 강력한 경제 제제를 받고 있던 독일 국민들은 히틀러의 공격적인 사상을 환영했습니다. 그는 쿠데타에 실패하여 투옥당한 적도 있고, 대통령 선거에도 패배했었습니다. 그러나 강력한 독일을 만들겠다는 그의 정당은 자본가와 지주들의 든든한 지지를 받고 있었지요.

히틀러가 독일의 제1권력자로 등극하게 된 것은 1933년 수상으로 임명되면서부터였습니다. 수상이 된 그는 보수 세력과 군부의 도움으로 반대파를 제압하며 1당 독재 체제를 확립해갔습니다. 그리고 다음 해 대통령이 사망했습니다. 그러자 히틀러는 대통령의 지위를 겸하게 됩니다. 그는 독일 총통이 되어 명실상부한 독일의 제1권력이 되었습니다.

그는 경제 재건과 공격적인 외교 정책, 그리고 군비 확장을 내세우며 국민들의 열렬한 지지를 얻어갔습니다. 히틀러는 강한 독일을 주장했고, 그러기 위해서는 군사력을 갖춰야 한다고 호소했습니다. 패전으로 망가진 독일인의 자존심과 곤두박질친 독일 경제에는 그런 강력한 독재자가 필요하다는 공감대가 형성됐음은 물론이지요.

언론을 장악한 나치

그런데 그는 어떻게 유태인 탄압이라는 반인륜적인 행위까지도 국민들의 동의를 얻어낼 수 있었을까요? 그의 앞에는 괴벨스라는 천재적인 선동가가 있었습니다. 괴벨스는 나치 정당의 당원이었는데요, 국회의원에 당선된 이력도 있고 당 선전부장도 지냈던 사람입니다. 1933년 나치가 정권을 잡은 후에는 국민 계발선전 장관, 문화회의소 총재가 되어 자기 전공을 마음껏 살렸죠. 그는 독일의 문화, 언론을 완벽하게 통제하고 국민을 전쟁에 동원했습니다.

그는 특히 독일 국민들에게 라디오를 보급하는 데 열을 올렸습니다. 라디오는 실시간으로 국민들을 선동하는 데 아주 효과적인 도구였으니까요. 당시 괴벨스는 라디오에 '민족의 수신기'라는 멋들어진 이름도 붙여주었습니다. 그리고 국가 보조금을 지급하여 집집마다 저렴한 가격에 라디오를 구비할 수 있게 했습니다. 당시 독일 라디오는 세계에서 가장 싼 라디오였다고 합니다. 그리하여 나치 정권 3년 만에 독일 전체 가정의 절반이 라디오를 구비하게 되었습니다.

공공장소와 노동현장에도 물론 라디오를 비치했고요. 모든 음식점에 라디오를 설치하는 것이 의무였습니다. 라디오에서 뉴스가 흘러나오면 독일 국민들은 근무시간 중에도 작업을 중단하고 청취해야 했습니다. 나치는 이 라디오 방송을 통해 대중 집회를 전국적으로 내보내곤 했지요.

국민 선동에 관한 한 괴벨스는 천재로 일컬어집니다. 그는 이런 말을 남겼습니다.

"선전이란 일종의 예술이다."

"나에게 하나의 문장만 주면 누구든 감옥에 보낼 수 있다."

"100퍼센트의 거짓말보다는 99개의 거짓말에 1개의 진실을 섞는 것이 가장 효과적인 방법이다."

"언론은 정부가 연주하는 피아노다."

우리나라 독재 정부 하의 누군가가 한 말이라고 속여도 믿을 법한 얘기들이죠. 당시 독일의 상황은 우리나라 현대사와 분명 겹치는 부분이 있습니다.

먹고사니즘은 파괴적인 힘이 있다

우리나라 국민들은 해방 후의 처참함과 6·25전쟁을 일으킨 빨갱이들을 몰아내 줄 강력한 권력자를 원했죠. 전쟁 중에 처음으로 치러진 대통령 직접선거에서 이승만은 74.6%의 지지율로 대통령에 당선됐습니다. 지금 어떤 대통령 후보도 이런 지지율을 기록하지는 못합니다.

또 최근에는, 급속한 경제성장이 꺾이고 IMF 외환위기와 이어진 불황의 늪에 빠져든 우리 국민들이 더 이상 잘 살 수 없다는 사실에 극심한 패배의식을 느끼고 있죠. 그래서 경제를 살린다는 정치가만 나오면 두 손 들고 환영합니다. 이명박 전 대통령이 어떻게 국민들의 마음을 휘어 잡았는지 떠올려보세요.

당시 독일도 그랬습니다. 패전 국가로서 막대한 보상금을 치러야 했던 독일 국민들의 패배감은 대단했습니다. 국민들은 게다가 극심한 경제난에 놓여 있었습니다. 연합국이 요구한 전쟁 배상금을 지불하기 위해 독일은 막무가내로 화폐를 찍어냈는데요, 이 때문에 당시 독일의 물가 상승률이 어마어마했습니다. 자고 일어나면 물건 값이 올라 있었죠. 1차대전 직후인 1918년에 빵 한 개를 0.5마르크에 샀다면, 5년 후에는 천억 마르크를 리어카에 싣고 가야 했다고 합니다.

빵 값을 구해 가게로 달려가면 이미 가격이 올라 있어 빈손으로 돌아와야 하는 것입니다. 상상할 수도 없는 일이지만, 당시 독일은 실제로 그랬습니다.

먹고사는 일이 힘들어지면 사람은 귀를 닫고 눈을 감게 됩니다. 이 상황에서 벗어날 수만 있다면 어떤 값이든 치를 수 있다는 마음의 준비가 되죠. 독일은 더 나아가 다른 나라를 짓밟고 다른 민족을 살해하는 비인간적인 행위에까지 손을 댔습니다.

국민에게 공공의 적을
만들어준 히틀러

———

　　히틀러는 분노로 끓어오르던 국민들에게 공공의 적을 만들어주었습니다. 바로 연합국과 유태인이었습니다. 그는 베르사유 체제를 거부하고 전쟁 배상금을 갚지 않겠다고 선언했죠. 그리고 독일에 사는 유태인들을 제물로 삼았습니다.

　　당시 유럽에 살고 있던 유태인들은 대개 부유하게 살았는데요, 독일 내 유태인들도 그랬습니다. 동서고금을 막론하고 아무리 경제 상황이 어려워져도 부자는 당장 굶지 않는 법입니다. 독일 경제가 무너졌다고는 하나 독일에 사는 유태인들은 튼튼한 경제적 기반으로 여전히 부를 유지하고 있었습니다. 당시 독일 인구 중 유태인은 3%밖에 되지 않았지만, 그들이 독일 전체 국부의 4분의 1을 차지하고 있었습니다. 이쯤 되면 독일인들이 유태인에게 반감을 갖는 것은 당연한 일이죠.

　　나치는 유태인이 부를 획득한 것은 국제적인 유태인 모임의 음모라고 선전하기 시작했습니다. 국제적인 유태인 단체의 조종으로 독일의 부를 모두 유태인이 가져갈 수밖에 없는 구조라는 것이었습니다.

　　마침 파리의 독일 대사관에서 유태인 차별에 항의하던 헤르

셀 그린슈판이라는 유태인 청년이 독일 외교관을 살해하는 사건이 일어났습니다. 나치로서는 절호의 기회였습니다. 히틀러 정부는 이 사건이 한 청년이 저지른 범죄가 아닌, 국제 유태인 모임의 지시로 이루어진 일이라고 단정했습니다. 괴벨스는 대대적인 선전 작업을 벌였고요.

동시에 극우적인 나치 회원들이 유태인이 운영하는 상점을 파괴하고 불을 지르는 대대적인 유태인 테러를 일으켰습니다. 수많은 상점의 유리창이 깨져 어둠 속에서 수정처럼 빛났다고 하여 이날 밤을 '수정의 밤'이라고 부릅니다. 이때 100여 명의 유태인이 목숨을 잃었고, 수만 명의 유태인이 집단수용소로 보내졌습니다. 그리고 이어 근대사의 가장 큰 비극으로 기록되는 홀로코스트가 시작됐습니다.

나치는 국민의 지지를 등에 업고 침략전쟁을 일으켰습니다. 독일은 1차대전 패전으로 잃었던 옛 영토를 회복해갔습니다. 국민들의 자신감은 다시 되살아났습니다. 국민들은 지갑과 마음을 한꺼번에 채워주는 나치 정부에 열광했습니다. 그 사이에 유태인의 집단 학살이 일어나고 있었다는 것을 독일 국민들은 제대로 보지 않았습니다.

위기감을 이용해
권력을 유지하다

———

　　이것은 국가권력이 국민들을 조종하는 가장 극단적인 예입니다. 그러나 지금의 역사에서도 이런 일은 그대로 반복되고 있지요. 근래 들어 일본 정부가 극우로 치닫고, 일본 국민이 극우 정부를 지지하는 것은 근본적으로 일본의 오랜 불황 때문이라는 데 이의가 없을 것입니다. 미국도 마찬가집니다. 9·11테러 후 이라크와 전쟁을 벌이겠다는 부시 정부를 미국인들은 지지했습니다. 미국 시민들은 테러 위험을 완화시키기 위해 부시가 적임자라고 여겼습니다. 그러나 부시가 오히려 테러 세력과의 관계를 악화시키는 데 가장 큰 공헌을 한 인물이라는 것은 전 세계가 인정하는 바입니다.

　　우리나라의 현실도 다르지 않습니다. 자살률 1위 국가라는 숫자 속에 우리의 현재가 그대로 담겨 있습니다. 우리 국민들은 지금 굉장한 패배주의에 싸여 있습니다. 경제적인 위기감으로 인해, 해방 후 겨우 극복해 낸 국민의 자존심이 망가지고 있습니다. 이런 패배감에 싸이면 사람들은 이 상황을 뒤집어줄 한 방을 원하게 됩니다. 전 국민적 자존심을 회복시켜 줄 한 방 말이죠. 그 한 방을 말해주는 정치인이 나오면 국민들은 그에게 애정을 쏟아줍니다.

　이런 위기감을 고조시킬수록 득을 보는 이들이 있습니다. 바로 권력을 유지하려는 이들입니다. 독일이 시간이 지나면서 전쟁 배상금을 그다지 갚지 않았음에도 불구하고, 히틀러는 베르샤유 조약이 독일을 망가뜨리는 주범이라고 국민들에게 각인시켰습니다. 국민의 분노를 통해 권력을 정당화하려 했던 겁니다.

　지금 우리 언론도 국내의 굵직한 사건들 대신 반일 감정을 자극하는 뉴스를 연일 내보내고, 한때는 북한 내 권력 싸움이 일주일이 넘도록 뉴스의 헤드라인을 장식했습니다. 그러나 냉정히 생각해보면 일본은 지금껏 언제나 독도를 자기 영토라고 주장했고, 동해를 일본해라고 말해왔습니다. 북한은 언제나 그 모양이었고, 또 중국이 세계의 공장이 되어 스모그를 일으킨 것은 어제오늘의 일이 아닙니다. 그런데도 지금 한국인들에게 그 어느 때보다 반일 감정과 반중 감정이 고조되고 있는 것이 그저 단순히 일본의 망언과 원자력발전 사고, 그리고 중국발 미세먼지 때문일까요? 국민들에게 공공의 적을 만들어주고 싶어하는 어떤 이들이 언론을 통해 무언가를 말하려 하고 있는 것은 아닐까요?

비뚤어진 애국심이
만들어낸 것

어찌 보면 히틀러는 강한 애국심으로 무장한 사람이었습니다. 한때 병역을 기피하려다 체포된 수치스러운 전력도 있지만, 1차 세계대전이 발발하자 스스로 군에 자원입대했습니다. 그가 내세운 기치는 민족공동체의 건설, 강대한 독일의 재건, 사회정책의 대대적인 확장이었습니다. 물론 민주정치 타도와 유태인 배척도 있었지만, 그 앞에 내세운 구호가 워낙 매력적이었기 때문에 독일 국민들에게 그다음 것들이 눈에 들어오지 않았을 겁니다.

어차피 모든 국가권력은 자국의 이익을 위해 존재합니다. 자국민의 보호를 위해서라면 타민족과 타국을 짓밟는 것은 정당화됩니다. 이런 논리라면 히틀러의 권력도 정당화될 수 있을까요? 전쟁 후 독일은 동서로 나뉘어 소련과 미국에 정치적인 간섭을 받는 치욕을 경험했지만, 결국 경제 발전에 성공했고 그 경제발전에는 앞선 전쟁과 군비 확장이 큰 역할을 한 게 사실입니다. 만약 히틀러의 전쟁이 없었다면 독일은 1차대전 패전의 후유증을 극복하지 못했을 수도 있습니다. 그렇다면 한 국가의 운영에 경제 논리를 최우선으로 하는 것은 정당한 일이 아닙니까?

이것에 대해서는 각자의 철학이 있을 테지만, 개인의 도덕성만큼이나 집단의 도덕성도 중요합니다. 도덕성이 결여된 집단의 경제 논리는 기형적인 권력을 탄생시킵니다. 자국의 이익을 가장 앞에 놓는 국민들과 그들을 이용하는 권력자는 히틀러 이후에도 무수히 등장했고, 현재도 존재하고 있습니다.

이쯤에서 히틀러라는 권력자의 최후를 봅시다. 2차대전 초기에 독일은 승승장구하는 듯 보였으나, 곧 연합군의 공격에 가로막힙니다. 국내에서는 히틀러에 반발하는 정치인들이 생겨나고요. 히틀러를 암살하려는 계획도 있었습니다. 그동안 전쟁은 연합군의 승리로 점점 기울어갔습니다. 히틀러는 패전 직전, 자살로 생을 마감했습니다. 자신이 일으킨 범죄에 대한 대가를 죽음으로 면하고, 그는 자살 하루 전 연인과 결혼식까지 올렸습니다.

잘못된 신념으로 무장한 권력자가 어떤 끔찍한 짓을 할 수 있는지 우리는 히틀러에게서 목격하고, 그것을 잊지 않고 있기에 지금도 그 악몽을 되새기고 있습니다. 그러나 그로 인해 흘린 피와 희생은 무엇으로도 보상할 수 없을 겁니다.

"존경하는 국민 여러분, 후세인은 평화를 위협하는 존재이기 때문에 반드시 무장 해제시켜야 합니다. 이라크의 독재자가 유독물질, 질병, 화학무기, 핵무기를 이용해 미국과 전 세계를 위협하게 놔둘 수 있습니까?"

조지 부시 미국 대통령이 2002년 10월 7일, TV를 통해 국민들에게 했던 연설의 일부입니다. 부시는 이라크 전쟁의 필요성을 이런 TV 연설로 국민들에게 호소했습니다.

당장 내가 살고 있는 땅에 화학무기와 핵폭탄이 떨어질 거라는 위협에 동요하지 않을 사람은 없습니다. 게다가 전 미국인을 공포로 몰아넣었던 9·11 테러가 바로 1년 전의 일이었습니다. 그 끔찍한 악몽에서 아직 벗어나지 못하고 있던 미국 국민들은 부시의 전쟁을 지지해주었습니다.

욕망의 전쟁, 이라크전

다음 해, 미국의 전투기가 바그다드에 폭격을 가하며 이라크 전쟁이 시작됐습니다. 한 달도 안 되어 이라크의 수도 바그다드가 함락되고, 곧이어 다국적군의 승리로 전쟁은 끝이 났습니다. 미군 사망자 128명 중 44명은 사고사 또는 아군의 공격으로 사망했습니다. 반면 이라크인의 사망자 수는 16만 2천 명으로 집계됐습니다. 그리고 전체 사망자의 79%인 11만 4천 명은 민간인이었습니다.

케빈 던롭이라는 미국의 육군 소령은 이라크 전쟁 중 이런 말을 했죠.

"이건 공정한 전투가 아닙니다. 우리는 이라크인들을 대학살하고 있습니다."

당시 이라크 전쟁은 신무기의 전시장이라 불릴 정도로 미국은 다양한 새로운 무기를 이 전쟁에서 선보였습니다.

애초에 전쟁의 명분은 이라크가 보유하고 있다는 대량살상무기였는데요, 그것이 미국과 영국, 연합국들의 안보를 심각하게 위협한다는 것이었죠. 그러나 전쟁 후 후세인이 테러에 관여했다는 증거는 물론, 미국을 위협한다는 대량 살상무기의 흔적도 찾아낼 수 없었습니다.

전쟁의 명분을 찾아
헤매야 했던 부시

부시는 전쟁을 일으키기 전, 이라크가 위협적인 대량 살상무기를 보유하고 있다는 증거를 찾기 위해 애를 썼습니다. 그러나 UN 이라크 무기사찰단도, 미국 자체 조사단도, 미 국방정보국도 이라크에 그런 생화학무기를 생산하는 흔적이 보이지 않는다고 보고합니다. 그러자 부시 정부는 묘한 논리를 내세웠습니다.

"증거가 없다는 것이 무기가 없다는 증거는 아니다."

그리고 2002년 9월, 미 의회 전쟁결의안 표결을 앞두고 이런 발표를 해버렸죠.

"이라크 정권은 생화학무기를 보유하고 있다. 더구나 더 많은 생화학무기 생산에 필요한 시설들을 건설 중이다."

엄청난 논리의 비약입니다. 그러나 부시 행정부는 몇 가지 증거를 더해 전쟁 여론을 이끌어냈습니다. 바로 9·11테러의 주범이었던 빈 라덴의 한 측근이 자백을 한 것이었습니다. 또 이라크에서 생화학 물질 생산과정에 직접 참여했다는 독일 망명자도 발견했습니다.

그러나 빈 라덴의 측근이라는 인물은 고문이 끝난 후 자신의 자백을 부정했고, 생화학 무기를 만들었다는 이라크인에 대해서는 국제사회에서 그에 대한 신뢰성에 계속 의문을 제기하고 있었습니다. 독일 연방정보국장은 직접 "우리는 그가 이야기를 조작했다고 생각한다"고 경고하기도 했습니다.

그러나 이런 빈약한 증거와 증언이 전쟁결의안 통과에 부족하지는 않았던 듯합니다. 미국 의회는 부시가 애써서 마련한 전쟁 명분을 인정해주었습니다.

미국이 테러범들의 근거지인 파키스탄과 아프가니스탄의 국경지대가 아닌 이라크를 공격했던 것에도 의심의 시선을 보내는 이들이 많았습니다. 테러를 막기 위해서가 아니라 그저 전쟁을 하고 싶었던 것 아니냐고요. 그러나 당시 미국 국민들은 그렇게 생각하지 않았습니다. 테러범과 중동을 연결시키는 것은 당연했고, 그것이 이라크든 파키스탄이든 중요하지 않았던 겁니다. 단지 테러에 대한 응징을 할 수만 있다면 말이죠.

부시에게 없는
단 한 가지

부시 정부는 후세인이 빈 라덴에게 테러 훈련 장소와 무기를 제공하여 테러범들을 지원하고 있다고 국민들에게 말했습니다. 테러범들을 잡겠다는 정부를 미국 국민들은 지지해주었고요. 그리고 이라크전이 끝난 후에야, 아차, 우리가 엉뚱한 곳에 폭탄을 퍼부었구나 하는 반성의 목소리가 일었습니다. 그러나 이미 전쟁은 끝난 후였습니다.

물론 그전에도 전쟁을 반대하는 사람은 많았습니다. 그러나 전쟁의 필요성을 외치는 주류의 목소리에 그런 비주류의 의견은 묻혀버렸습니다.

도대체 조지 W. 부시라는 정치인은 어떤 사람이길래 이런 일들을 한 걸까요? 단지 자국의 이익을 위해서 전쟁을 일으켰을까요? 아니, 자국의 이익이라면 전쟁이 가능한 건가요? 현재 국제사회는 이런 전쟁을 표면상 용납하지 않습니다. 그러나 힘과 명분이 있다면 국제사회의 목소리를 무력화시키는 건 가능하지요.

아무래도 현대의 권력자에게 필요한 건 힘보다는 명분입니다. 조지 부시는 그 명분을 어떻게든 마련했고요. 그리고 그에게는 힘과 경제력도 있었습니다. 단 하나 빠진 것이 있다면, 그건 도덕성이었을 겁니다.

정치 명문가의
탄생

이 권력자의 탄생 배경을 보죠.

조지 W. 부시는 알다시피 41대 조지 허버트 부시 대통령의 아들입니다. 이들 부시 부자는 미국의 41대, 43대 대통령 자리를 역임했습니다. 42대 클린턴에게 두 번 빼앗긴 것을 제외하고는, 1989년부터 2009년까지의 오랜 시간을 미국은 부시 부자와 함께했습니다.

이쯤 되면 대통령을 세 번이나 낸 유서 깊은 정치 명문가 소리를 들을 만하지요. 그런데 이 부시 가문의 내력을 들여다보면, 이 집안은 정치 명문가 이전에 재력가 집안이었습니다. 돈과 권력은 서로를 돕습니다. 권력과 전쟁도 서로를 돕지요. 돈과 권력과 전쟁은 밀접하게 관련되어 움직이는 거대한 동력장치입니다. 부시 부자는 이를 가장 잘 이용한 이들이고요.

부시 집안은 본래 철강 사업, 석유 사업을 크게 일으킨 사업가 집안이었습니다. 증조부대인 새뮤얼 부시는 철강 사업으로 재산을 모은 이입니다. 그리고 당시 월가의 거물인 조지 허버트 워커와 사돈을 맺음으로써, 부시가의 정치 인연은 시작됐습니다. 허버트는 정치적 영향력과 든든한 재력을 갖춘 사람이었습니다. 그는 사위 프리스콧의 코네티컷 주 상원의원 당선을 적극적으로 뒷바라지했습니다. 그렇게 할아버지 부시가 처음으로 정치계에 입문한 겁니다.

그 아들 조지 허버트 부시도 훗날 아버지를 따라 정치인이 되는데요, 그전에 이미 텍사스에서 석유 사업을 벌여 크게 성공해 있었습니다. 조지 허버트 부시는 미 중앙정보국 국장을 거쳐, 레이건 대통령의 러닝메이트로 활약하며 부통령도 지냈습니다. 이후 41대 대통령이 되고요.

이에 반해 아들 부시는 젊은 시절 그다지 두각을 나타내지는 못했습니다. 그는 아버지의 석유 사업을 이어받아 석유와 가스 탐색을 주로 하는 부시 탐색회사를 설립해 경영하고 있었습니다. 그 와중에 정치계를 기웃거리며 연방의회 하원의원 선거에도 출마했지만 당선되지는 못했습니다.

그는 부시 탐색회사를 매각하고 텍사스 레인저스 구단을 매입했는데, 이때부터 점점 사람들에게 얼굴을 알리기 시작했습니다. 그는 홈경기가 있을 때마다 구장으로 나와 경기를 관람했다고 하는데요, 그러면서 점점 시민들의 인기를 얻게 됐습니다.

부시가 본격적으로 정치에 입문한 건 아버지의 대통령 선거를 도우면서부터였습니다. 부시는 아버지의 든든한 조력자가 되면서 정치적인 역량을 키웠죠. 그리고 텍사스에서의 인기를 기반으로 1993년과 1998년 두 차례에 걸쳐 텍사스 주지사로 선출되었습니다.

그리고 2000년에는 대선에 출마하기에 이르렀죠, 당시 경쟁
자는 민주당 후보 앨 고어였습니다. 그 선거에서 사실 부시는
앨 고어보다 적은 표를 얻었답니다. 그러나 치열한 법정소송
끝에 연방대법원의 판결로 대통령에 당선됩니다.

부시 부자의
공통점

———

이 대통령 부자는 모두 재선을 한 해 앞두고, 국
가가 불황에 시달리는 시기에, 같은 적을 상대로 전쟁을 벌였
다는 공통점을 갖고 있습니다. 부시 부자의 상대는 이라크의
독재자 후세인이었고요.

아버지 부시는 1991년에 걸프전을 일으켰습니다. 당시 전쟁
은 이라크 전쟁과 매우 흡사하게 전개되었습니다. 다만 아들의
전쟁보다는 좀 더 명분이 확실했기 때문에 쉽게 전쟁 동의를
얻어낼 수 있었지요.

1990년, 이라크는 이웃나라 쿠웨이트를 침략했는데, 이것이
미국 참전의 확실한 명분이 되어주었습니다. 부시는 유엔 안전
보장이사회의 승인을 받아 미국을 비롯한 34개국 연합군을 구

성해 즉시 쿠웨이트로 보냈습니다. 그리고 약 한 달 보름 만에 이라크를 초토화하고 승전했습니다.

당시 이라크의 사망자는 정확히 알려지지 않으나 이라크 당국에서는 10만 명이 넘는 걸로 추산합니다. 20만 명이 넘는다는 주장도 있습니다. 미 공군 보고서는, 1차 공습으로 1만여 명, 2차 지상전으로 1만여 명이 희생당했다고 하지만요. 그러나 이 숫자도 미군 희생자에 비하면 어마어마합니다. 이때 미군 전사자는 148명이었습니다.

한마디로 상대가 안 되는 싸움이었습니다. 이 전쟁 또한 미국이 개발하여 아직 실전에서 실험해보지 못한 하이테크 병기의 실험장이었다는 말을 듣습니다.

아들 부시는 아버지와 같은 분명한 명분이 없었습니다. 걸프전 때와 달리 후세인은 너무도 조용했기 때문입니다. 그럼에도 불구하고 부시가 전쟁을 감행하려 했던 이유에 대해, 역시 정치적인 위기 극복을 드는 사람들이 많습니다. 임기 중에 일어난 9·11이라는 초유의 사태를 극복하기에 전쟁만 한 것은 없었을 테니까요. 국내의 불만을 잠재우는 데 공공의 적을 만들어주는 것만큼 효과적인 것은 없습니다.

물론 경제적인 이유도 빼놓을 수 없습니다. 미국의 긴 불황을 타계할 어떤 돌파구 내지는 환기구가 필요하지 않았겠느냐는 것입니다. 전쟁은 언제나 침체된 경제에 급속도로 활력을 제공해줍니다. 9·11테러도 부시의 자작극이라는 설이 공공연히 떠돌며, 역시 전쟁의 이유는 부시 정권을 도와주는 석유 회사와 무기 회사들의 이익 때문이 아니었겠느냐고도 하지요.

석유 사업을 하다 정치가가 된 두 부자는 제일 석유 생산국인 이라크를 연달아 공격하여 경제적인 돌파구를 마련했습니다. 두 전쟁 모두 침체된 미국 경제에 활력을 제공해주었습니다. 걸프전을 전후해 미국의 주요 주가는 약 20%씩 상승했고, 이라크전 때도 단 열흘 사이에 다우지수가 13%나 뛰었습니다. 부자가 내세운 전쟁의 명분은 하나같이 '자유민주주의의 확산'이었지만, 그들이 정치적으로나 경제적으로 얻은 이익 때문인지 그 명분은 계속하여 의심을 받고 있습니다.

권력자들 간의 끈끈한 연대의식

———

여기서 한 가지 재미있는 사실에 주목해봅시다. 본래 사담 후세인은 레이건에 이어 아버지 부시가 이란을 견제할 목적으로 지지해주던 사람이었습니다. 아들 부시도 임기 초반에는 후세인을 적대시하지 않았고요. 그들 사이에는 모종의 협력관계가 형성되어 저마다 자기 권력을 유지하는 데 적절히 이용하는 사이였습니다.

미국이 역사적으로 다른 나라의 독재자를 이용해왔다는 것은 공공연한 사실입니다. 우리나라도 예외는 아니었습니다. 이에 대해 미국의 언어학자 놈 촘스키는 이런 말을 했죠.

"사담은 워싱턴 현직자들의 환호를 받은 유일한 괴물이 아니다. 이러한 괴물들 중에는 페르디난도 마르코스, '베베 독' 뒤발리에, 니콜라에 차우세스쿠를 거론할 수 있다. 이들 모두는 그들의 운명이 끝나기 직전까지 미국의 강력한 지지를 받았음에도 불구하고, 체제 내부로부터 축출되었다. (……) 남한의 독재자들 역시 1987년의 민중운동에 의해서 군부통치(미국의 지원을 받은)가 궁극적으로 종식될 때까지 워싱턴의 강력한 지지를 받았다. 비중이 떨어지는 흉악범들까지도 그들이 자신들에게 부여된 기능을 잘 수행하는 한, 따뜻한 환영을 기대할 수 있었다."

각 나라의 권력자들 간에는 일종의 연대의식이 형성되어 있는 것일까요? 물론 자국의 이익과 자신의 권력에 적당히 이용하는, 언제 깨질지 알 수 없는 우정이겠지만 말입니다.

누가 권력을
쥐느냐가 문제

———

　　미국의 이 두 부자는 어떻게 되었을까요? 물론 그들은 지금도 잘 살고 있습니다. 아버지 부시는 "문제는 바로 경제야, 이 바보야!"라며 혜성같이 등장한 무명의 클린턴에게 패배했으나, 아들을 다음 대통령으로 만드는 데 성공했습니다. 아들 부시는 명분 없는 전쟁으로 욕을 먹고는 있으나, 어쨌든 그를 든든히 후원하는 석유 회사와 무기 회사의 지원으로 재선에 성공하고, 지금은 강아지를 기르며 예술가로 거듭나 전시회를 열며 살고 있습니다.

　히틀러와 같이 비뚤어진 애국심이 권력의 괴물을 만들어내기도 하고, 부시와 같은 욕망이 그런 결과를 빚기도 합니다. 어떤 괴물은 무책임한 죽음을 선택했고, 어떤 괴물은 평범한 사람들과 마찬가지로 말년에 아름다운 예술혼을 불태우며 행복한 나날을 보내고 있습니다. 권력자의 얼굴은 과연 어디까지가 진실이고 어디부터가 거짓인지 분간하기가 힘듭니다.

　권력을 가졌다고 해서 모두 다 거짓말쟁이가 된다거나 야욕으로 불타오르는 악마가 되는 것은 아니겠지만, 이상하게도 권력은 그런 이들에게 돌아가는 것 같습니다. 그리고 권력을 어떤 목적에 이용하겠다는 야망을 가진 이가 권력을 잡는 순간,

국민들이 그런 이에게 권력을 쥐어주는 순간, 그들은 그 힘을 이용합니다. 그 힘을 가만히 가지고 있지는 않습니다. 힘은 운동하는 법칙이 있습니다. 그런 힘의 논리에, 눈먼 사람들의 협력까지 보태지면, 그때 권력은 고삐가 풀립니다.

셋,
벨기에 국왕은 어떻게 콩고인의 절반을 죽였나

벨기에는 유럽에서 약소국에 속했습니다. 오스트리아와 스페인, 프랑스, 네덜란드로부터 번갈아 지배를 당하다, 1830년에야 혁명을 통해 독립을 이루고, 1839년에 이르러서야 독립 국가로 인정받은 나라입니다.

네덜란드에는 벨기에에 대한 이런 농담이 있다고 합니다.

"세계에서 가장 얇은 책이 두 권 있다. 한 권은 독일인의 유머에 대해 쓴 책, 그리고 또 한 권은 벨기에 역사서."

여기서는 독립 국가가 된 벨기에에서, 두 번째 국왕이 된 레오폴드 2세에 대해 이야기해보려 합니다. 그는 권력자의 사리

사욕을 철저하게 보여주는 사람입니다.

아프리카라는 커다란
케이크의 한 조각

———

레오폴드 2세는 세계적 추세에 발맞춰 더 큰 땅을 차지하고 싶다는 욕망을 품었습니다. 그는 재위 10년인 1875년에 이런 말을 했습니다.

"우리는 아프리카라는 커다란 케이크의 한 조각을 손에 넣어야만 한다."

이때 그의 탐욕을 현실화시키는 데 가장 큰 공헌을 한 언론인이 있습니다. 영국 출신의 미국 저널리스트 헨리 스탠리인데요, 그는 서방 세계에서 아프리카라는 미지의 땅을 남험하는 용감한 저널리스트로 통했습니다. 헨리 스탠리는 언론사의 지원을 받으며 서방 세계에 아프리카를 알리는 데 앞장섰습니다.

그런데 그에게 후원해주는 또 다른 이가 있었습니다. 바로 벨기에의 레오폴드 2세였습니다. 레오폴드 2세는 1878년에 상(上)콩고 연구위원회, 훗날의 콩고 국제협회를 창설했는데, 스탠리는 이 단체의 후원을 받았습니다. 그리고 콩고 강 유역에서 탐색 작업을 벌였죠. 당시 본국에서는 그가 위험을 무릅쓰고 아프리카 땅으로 건너가 국내 언론에 이 미지의 땅을 알린 용감한 언론인으로 생각했는지 모르나, 그는 권력의 꼭두각시였습니다.

스탠리는 콩고 강의 지도를 작성하며, 콩고 강의 한 호수에 자기 이름을 붙여주기도 했습니다. 바로 '스탠리 풀(Stanley Pool)' 입니다. 그는 콩고 강 하류에서 스탠리 풀까지 길을 만들고, 1881년에는 스탠리 풀 근처에 벨기에 국왕의 이름을 딴 '레오폴드 빌(Leopoldville)' (독립 후 킨샤사로 개명)을 건설했습니다. 레오폴드 2세는 이 언론인을 후원하며, 아직은 서구 열강의 손이 미치지 않았던 아프리카 내륙 지역을 사유화하는 작업에 착수했습니다.

스탠리는 원주민 족장들에게서 레오폴드 2세의 보호를 받아들인다는 동의를 얻어내는데요, 족장들은 스탠리가 내미는 이해할 수도 없는 조약서에 서명하면서 원주민의 주권을 레오폴드 2세의 콩고 국제협회에 양도한다는 엄청난 내용에 동의하고 맙니다. 이렇게 레오폴드 2세는 콩고의 천연자원과 원주민에 대한 국제적 소유권을 획득하고, 벨기에 영토의 76배에 달하는 콩고 땅을 자신의 사유지로 만드는 데 성공했습니다.

이후 베를린회의에서 콩고를 레오폴드 2세의 사유 영지로 인정해주지요. 당시 레오폴드 2세는 '콩고자유국' 이라는 이름 하에 일체의 관세를 부과하지 않았고, 이것이 아프리카 대륙에 대한 열강들의 요구와 맞아떨어졌던 것입니다. 이 일은 서구 열강이 아프리카 분할을 공식화하는 계기가 되었고, 동시에 콩고 원주민들의 끔찍한 비극이 시작되었습니다.

콩고에 문명의
빛을 주기 위해서?

———

당시 레오폴드 2세는 철저한 거짓말로 국제사회를 속이고 있었습니다. 그는 원주민 보호협회 명예 회장으로서 "오로지 콩고에 문명의 빛을 주기 위해" 봉사하겠다는 뜻을 밝혔습니다. 국제 사회는 콩고자유국을 다른 식민지와 마찬가지로 자유 무역이 가능한 지역 정도로 생각하고 있었습니다. 모든 유럽국이 식민지 사업에서 손해를 보지 않기 위해 열을 올리는 마당에 아프리카 땅 한 조각이 벨기에 국왕의 손으로 들어간 것이 그리 문제될 일은 아니었습니다.

그러나 레오폴드의 콩고 자유국은 다른 식민지들과도 비교할 수 없을 정도로 더욱 처참했습니다. 처음 레오폴드 2세는 콩고의 상아를 모조리 거둬들였습니다. 레오폴드가 요구하는 할당량을 채우지 못하면 콩고 원주민들은 무자비한 폭행과 학살을 당했습니다. 이후 유럽에서 타이어가 발명되고 고무가 산업화의 중요한 원료로 쓰이게 되자, 레오폴드는 이번에는 콩고 원주민들에게 고무나무를 채취하게 했습니다. 콩고에는 당시 유럽에서 돈이 되는 고무나무가 아주 풍부했습니다.

원주민들에게는 구역별로 생산량이 할당되었습니다. 수확량이 그에 미치지 못한 사람에게는 구타와 채찍질과 학살이 자행되었습니다. 당시 콩고자유국을 관리하던 이들이 할당량을 채우지 못한 콩고 원주민들의 손발을 잘라버렸다는 이야기는 유명합니다. 저항하는 지역에는 토벌대를 파견했습니다. 여자와 아이들을 인질로 잡아놓고 고무 생산 작업이 더디면 인질을 죽였습니다. 어떤 마을에서는 공포를 견딜 수 없는 원주민들이 집단자살을 하기도 했습니다.

콩고자유국의 한 관리는 이렇게 말했었죠.

"나는 원주민을 상대로 전쟁을 벌였다. 머리 수백 개를 잘랐다. 그러면 이후로 죽 엄청난 고무 생산으로 이어졌다. 나의 목표는 궁극적으로 인도적인 것이다. 나는 100명을 죽였지만, 그 덕분에 다른 500명이 살 수 있었다."

권력자의 거짓말,
속는 국민

자신들의 국왕이 콩고에서 저지르고 있는 만행을 국민들은 전혀 감지하지 못하고 있었습니다. 애초에 벨기에 국민들은 콩고 식민지화에 별 관심이 없었습니다. 국민과 정부의 무관심 속에서 콩고자유국은 '독립국'이라는 이름으로 국왕의 사유지가 되었던 것입니다.

그리고 노예의 인권을 옹호하는 국왕에게서, 그가 설마 아프리카 땅에서 수천만 명의 사람을 죽이고 있으리라고는 아무도 상상하지 못했습니다. 그에 대한 기록을 보면, 그는 시장에 자주 나가 서민들을 살피는 검소하고 소탈한 국왕이었다고 하니까요. 그는 벨기에 민주주의와 경제발전의 공헌자라는 평가도 받았습니다. 유럽 언론은 그가 사재를 털어 아프리카에서 공익사업을 펼치고 있다며 칭송했고요. 그러나 그 사이 레오폴드 2세의 탐욕은 콩고인의 절반을 죽이고 있었습니다.

그러나 이 일도 점점 세상에 알려지게 되죠. 이에 앞장선 이는 에드먼드 모렐이라는 젊은 운동가입니다. 그가 처음부터 인권운동가였던 건 아니고요, 그는 다만 콩고자유국을 오가는 화물 수송회사의 직원이었습니다. 그런데 이상한 상황을 목격하고 의심을 품게 된 겁니다. 콩고에서 벨기에로 가는 배에는 고

무와 상아가 가득 차 있는데, 콩고로 가는 배에는 군인과 군수물자만 가득했거든요. 이를 보고 에드먼드 모렐은 콩고자유국에서 벌어지고 있는 일을 짐작했습니다.

이후 그는 사람들에게 콩고자유국의 야만적인 실상을 알리는 데 생을 바칩니다. 시민들에게 호소하는 것은 물론 세계의 유명 인사들을 찾아다니며 국제사회에 콩고의 실상을 알렸습니다. 서서히 유럽 시민들의 마음이 움직였습니다. 곳곳에서 레오폴드를 규탄하는 운동이 일어났습니다. 영국의 추리작가 코난 도일은 이때 "역사상 최대의 범죄"라고 레오폴드 국왕을 규탄하기도 했지요.

콩고에서 벌어진 학살과 착취는 소설 속에 묘사되기도 했습니다. 폴란드 출신 영국 작가 조셉 콘라드라는 작가는 특이한 이력을 갖고 있었는데, 그는 소설가가 되기 전 선원으로 세계 각지를 항해하고 다녔습니다. 1890년에는 콩고도 다녀왔고요. 그리고 거기서 목격한 처참한 실상을 1899년, '어둠의 심연' 혹은 '암흑의 핵심' 이라 불리는 소설 속에 옮겨놓았습니다.

벨기에 국민들은 처음에는 믿지 않았습니다. 그러나 콩고에서 대량 학살극이 펼쳐졌음이 점점 명백해졌지요. 그제야 벨기에 국내 여론이 움직였습니다. 그러자 레오폴드 2세는 콩고자유국을 벨기에 정부에 매각했습니다.

이제 국가의 관리를 받게 하겠다는 것이었습니다. 콩고는 벨기에 국왕의 사유지에서, 이번에는 벨기에의 식민지로 바뀌어

통치를 받게 되었지요. 식민 통치 역시 혹독하긴 했으나 그때부터 원주민의 학살은 멈춰졌다고 합니다. 그러나 이미 20여 년의 시간 동안 콩고 인구의 절반인 천만 명이 학살된 후였습니다.

레오폴드 2세 국왕은 이후 1909년에 죽었는데요, 당시 우리나라에서는 명동성당에서 추도식도 열렸습니다. 이완용이 이 자리에 참석했었습니다. 그러다 이재명의 칼에 맞아 부상을 입었죠. 세계 반대편에 있던 두 권력자 간의 묘한 인연입니다. 그런데 이들은 어떻게 됐나요? 레오폴드 2세는 콩고자유국에서의 범죄에 대해 아무런 책임을 지지 않았으며, 사후 벨기에 경제 발전에 이바지한 국왕이라는 평가를 받았습니다. 그의 추도식에서 이완용을 죽이려 했던 이재명은 처형당했고, 이완용은 살아남았습니다.

집단권력은 야만성을 갖는다

인류의 근대사는 참으로 처참합니다. 유럽에 두 번의 세계대전이 일어나 역사상 가장 많은 사상자를 냈습니다.

그리고 그 전에는 전 세계가 열강의 식민지가 되어 고통을 받았습니다. 식민지배를 벗어난 후에는 정치적 혼란으로 이어졌고요. 우리나라도 그중 하나입니다.

이후 약소국들은 하나같이 극심한 빈곤에 시달렸고 내전과 독재를 겪어야 했습니다. 아프리카의 빈곤은 아직까지 이어지고 있으며 여전히 내전에 싸여 있는 국가들도 있습니다. 콩고가 독립한 건 1960년, 반 벨기에 폭동이 일어난 후였습니다. 독립 후에도 콩고민주공화국은 3년 동안 내란을 겪었으며, 이후 쿠데타에 의한 정권교체, 반란, 독재, 내전으로 끝없이 이어졌습니다.

이런 근대사의 비극은 권력자 또는 권력을 가진 나라의 탐욕으로 인한 것이었습니다. 우리는 권력에 대해 이야기하며 레오폴드 2세와 같은 비열한 권력자에게만 시선을 빼앗길 수 있지만, 그러나 더 중요한 것은 끔찍한 권력자가 탄생할 수밖에 없는 사회입니다. 권력이 누군가에게 모아졌다면, 그 권력을 주는 이가 있고, 그 권력이 집중되게 된 사회적인 흐름이 있습니다.

사람들은 권력이란 정치계에서 벌어지는 일일 뿐, 평범하게 사는 우리는 그런 더러운 싸움과 관련이 없다고 생각하지만 사실은 그렇지 않습니다. 한 사람 한 사람이 모여 집단권력을 행사하고, 그것이 가장 끔찍한 결과를 낳는 것입니다. 한 개인이 아닌 집단의 권력이 어떻게 세상을 움직이고, 우리가 그 영향을 받았는지를 보아야 합니다.

이는 우리나라의 정치와도 곧바로 연결됩니다. 현재의 민주주의로 오기까지, 우리는 순탄하지 않았습니다. 정치는 무너졌고 다시 세우기는 쉽지 않았습니다. 그 후에는 극심한 내분을 겪었습니다. 이것은 우리나라만의 처지는 아니죠. 서방을 제외한 세계의 거의 모든 나라가 이 단계를 거쳤고 하나같이 독재, 내란, 전쟁을 겪었습니다.

집단 권력을 견제하는 것은 쉽지 않다

평범하고 선량한 시민들이 어떻게 이런 일에 관련되느냐고요? 그렇습니다. 그들은 우리와 마찬가지로 열심히 생업을 일군 평범한 이들이었습니다. 그러나 그 평범한 시민들이 분명 세계 열강의 침략 전쟁과 식민 사업, 세계대전에도 관여를 했습니다.

유럽은 산업혁명 후 비약적으로 늘어난 생산품을 내다팔 곳이 필요했고, 외부로 눈을 돌렸습니다. 신대륙과 아시아, 그리고 아프리카가 거대한 시장으로 보였습니다. 마침 과학기술의

발달로 함대, 잠수함, 신무기를 보유한 강력한 군대가 든든히
받쳐주었고요.

모든 유럽 국가들이 산업화를 이룬 후에는 곧 식민지 사업에
뛰어들었습니다. 이때 유럽 시민들은 타국에 대한 무력 침략을
묵인하거나 수용했습니다. 당시에는 그것이 인류 진보의 한 흐
름이라 여겨졌습니다. 그들은 자신들이 이룩해낸 비약적인 발
전에 눈이 멀어 있었죠. 국부는 늘어났고, 그 속에서 문화와 과
학의 발전은 가속화됐습니다. 그것이 시민들의 삶을 발전시켜
주었고, 현대 유럽의 문화는 꽃을 피웠습니다. 물론 유럽 사회
에는 이런 상황을 걱정하는 이들이 있었습니다. 그러나 그들의
목소리는 주류의 강한 정치력 속에 묻혀버렸습니다. 소수의 목
소리가 힘을 얻을 때까지는 오랜 시간이 걸렸죠.

권력을 묵인하는
사회가 만든 비극

———

벨기에의 한 권력자가 콩고에서 저지른 만행은 열
강 식민사업의 한 가닥이었습니다. 당시 국제사회는 타국의 식
민지화를 용인하고 있었고요. 콩고와 같은 대학살이 일어나지

않았다 해도 모든 식민지들은 극심한 수탈과 가난에 시달렸습니다. 황금해안이라 불렸던 아프리카 가나 지역의 광물 생산은 절반이 영국으로 고스란히 넘어갔고, 영국의 지배를 받는 동안 인도는 영국의 원료 공급처로 전락했습니다.

독일이 유태인 홀로코스트 이전에 이미 아프리카 나미비아에서 식민사업을 펼치며 대량 학살을 저질렀던 사실을 잘 모르는 사람들이 많습니다. 독일은 당시 원주민들을 집단 학살한 후 유럽인이 아프리카인보다 인종적으로 우월함을 입증하기 위해 본국으로 시신을 가져갔습니다. 그리고 최근 2013년에, 당시 가져간 스무 명의 해골을 나미비아에 반환했습니다. 그때 본국에 도착한 유골을 보고 나미비아는 눈물바다가 됐습니다.

그러나 이에 대해 아직도 국제사회는 입을 다물고 있지요. 세계대전 전범국가에 대한 비난이 철저했던 데 비해 자유무역이라는 이름으로 포장된 유럽의 식민주의에 대해서는 관대한 판결이 이루어집니다. 이것이 권력과 힘의 논리입니다.

우리를 식민지배한 일본이 우리나라에 사과하지 않는 것은 그 연장선상에서 볼 수 있습니다. 강대국의 식민지배에 관대한 국제사회에서 일본은 우리에게 사과할 필요성을 느끼지 못하는 것인지도 모릅니다.

기득권을 해체시키는 과정

집단권력에 대해 더 얘기해봅시다. 이 권력을 포기하기까지 어떤 과정을 거치는지를 말이죠. 집단권력의 횡포를, 사람이 사람을 부리는 권력행사의 극단, 바로 노예제에서 찾아볼 수 있는데요, 옛 시대의 신분제도나 노예제도는 넘어가겠습니다. 그보다 신분제도가 무너지고 평등한 사회로 이행한 후에 존재했던 노예제를 보려 합니다.

16세기에 에스파냐가 라틴아메리카의 원주민들을 노예로 부려먹었습니다. 이어서 17~18세기에는 유럽 전체가 흑인노예를 사고파는 삼각무역으로 막대한 이익을 얻었고요.

―

콜럼버스가 인도라고 생각하여 서인도제도라고 이름을 붙여버렸던 카리브 해 연안으로 가봅시다. 이때 콜럼버스의 항해를 지원해준 나라는 에스파냐였습니다. 에스파냐는 이 대륙이 엄청난 자원을 갖고 있다는 걸 곧 알게 됐죠. 은광이 아주 많아 에스파냐는 이걸로 짭짤한 수익을 얻었습니다.

이때 캐낸 은이 유럽으로 건너가 엄청나게 물가를 올려버려 서민들의 생활을 파탄 냈지만, 반대로 상인들은 크게 성장해 유럽에 자본주의가 형성되는 데 일조했죠.

그들은 원주민들을 잡아다가 광산에서 일을 시키고, 또 당시 유럽에 설탕 수요가 많았으니 사탕수수 농장도 일궈 일을 시켰습니다. 원주민들에게 일자리를 마련해주고 임금을 줬던 건 물론 아니겠고요, 노예로 부리며 혹사시키고 말을 듣지 않을 땐 잔인하게 학살했습니다.

그런데 원주민들의 사망과 도망 등으로 노동력을 채울 수 없게 되자 에스파냐 정부는 이번엔 아프리카로 눈을 돌렸습니다. 에스파냐는 몇몇 무역상들에게 아프리카 흑인노예 무역을 허가하는 독점권을 승인해줬습니다. 정부의 허가를 얻은 노예상인들은 아프리카로 건너가 그곳의 추장들로부터 원주민을 사

들였지요 인신매매는 물론 노예 수렵까지 자행했습니다. 이들
은 잡아온 흑인을 배에 싣고 바다를 건너 아메리카대륙에 있는
자신들의 식민지에 가서, 사탕수수 농장 등에 팔아넘겼습니다.
그리고 노예를 판 대가로 식민지에서 생산된 물산을 구입해 본
국으로 돌아왔고요. 이를 통해서 많은 이익을 남겼지요. 아프
리카대륙 - 아메리카대륙 - 유럽을 잇는 이 삼각무역을 시작한
곳이 바로 에스파냐, 곧 스페인입니다.

그런데 이것이 큰 이익이 되자 다른 나라들도 경쟁적으로 이
사업에 뛰어들었습니다. 아시엔토(Asiento)라는 흑인노예를 수
입하는 독점 특허권이 있었는데요, 이걸 따내려고 유럽 국가들
은 혈안이 되었습니다. 나라 간에 노예 공급권을 사고팔았던
것입니다.

이렇게 하여 아메리카 대륙으로 잡혀 간 아프리카 흑인이
300년 동안 1500만 명에 이릅니다. 당시 아메리카행 선박에 승
선한 흑인노예들은 가혹한 처우를 받다가 항해 중에 이미 많은
수가 죽고, 도망가다가 죽고, 아니면 일하다가 죽었습니다.

정치가와 상인의
이해관계

———

중요한 건, 이 일들이 "모든 인간은 평등하다"라는 인식이 유럽 사회에 이미 자리 잡고 있던 때 일어난 일이라는 겁니다. 17~18세기 유럽의 부르주아 혁명기에 천부 인권사상이 성장했는데요, 이건 "인간은 남에게 침해받지 않을 기본적 권리를 태어나면서부터 가진다"는 생각이었습니다. 이런 생각이 발전하여 급기야 왕정을 무너뜨리고 민주주의 국가를 수립했고요. 프랑스 시민혁명이 1789년에 일어났습니다. 그러나 프랑스가 노예제를 폐지한 건 1848년이었습니다.

천부 인권 사상을 인류의 진보적 사상으로 받아들이고 열광했던 이들이 어떻게 노예를 부릴 수 있나요? 아쉽게도, 시민의 의식이 깨어난다고 그에 발맞춰 위정층의 생각이 바뀌지는 않습니다. 이런 일이 일어날 수 있었던 건 물론 그로 인해 경세적 이익을 얻는 집단이 있었기 때문이고요. 거기에 국부가 늘어나 국내안정을 얻을 수 있다는 정치 권력자의 요구가 맞아떨어진 것입니다. 정치가와 장사꾼이 손이 맞으면 제어할 수 없는 권력집단이 됩니다.

그래도 인류에게 희망이 있는 건 일부 선각적인 정치가와 시민의 의식이 그 권력을 포기하게 만드는 힘이 있기 때문일 겁니다. 이 막강한 집단권력이 어떻게 해체되는지 보겠습니다.

시민의 각성이 부도덕한 권력집단을 무너뜨린다

———

정치지도자들과 국민들이 이에 대해 각성하기까지는 오랜 시간이 걸렸습니다. 16세기 초에 시작된 노예무역에 대해 18세기에 이르러서야 폐지를 주장하는 이들이 등장했으니까요. 가장 먼저 깨어난 나라는 노예무역에 매우 적극적이었던 영국입니다.

영국 청교도의 한 일파인 퀘이커교도들이 노예무역을 '허용할 수 없는 관행'이라고 선언합니다. 그리고 노예무역 금지운동을 위한 협회를 만들죠. 케임브리지 대학 출신의 T. 클라크슨이라는 사람이 《노예제도·인간매매론》이라는 책을 발간해 큰 주목을 받습니다. 그러자 일부 국회의원들도 움직였습니다. 노예제도 폐지를 위한 위원회가 설립되고, 노예금지법을 통과시키려는 노력을 시작합니다. 그러나 이익집단과 정치인들의 반발로 계속 무산되고 말죠. 노예무역을 반대하는 목소리가 정치권에 도달하기까지 반세기가 걸리고, 그것이 법으로 규정되기

요. 국가권력을 옹호했던 정치철학자 토머스 홉스는 이렇게 말했습니다.

"인간의 권력 추구욕은 오직 죽음에 이르러서야 비로소 소멸되는 것이다. 이것은 인간이 보다 더 큰 기쁨을 얻으려 해서도 아니며, 현재의 권력에 만족할 수 없다고 생각해서도 아니다. 지금보다 더 큰 권력을 얻지 못하면 현재 가지고 있는 지위조차도 확보할 수 없게 될 거라는 일종의 역학으로부터 생기는 것이다."

권력자는 권력을 스스로 놓지 못한다는 겁니다.

그래서 국민들이 이 사회에서, 그리고 바깥 사회에 어떤 일이 일어나고 있는지 알아야 합니다. 한 사람 한 사람의 각성이 권력의 횡포에 맞설 수 있는 가장 큰 힘이니까요.

경기일보 강해인의 뉴스보기

여야 "제2의 영토 침략…
제국주의 야욕 드러낸 것" 한 목소리 비판

2014. 01. 29

여야는 28일 일본 정부가 독도가 자국 고유 영토라는 주장을 중·고교 교과서 제작지침에 명시하기로 결정한 데 대해 일제히 비판했다.

여야는 특히 일본 정부의 결정이 한일 관계를 파국으로 몰고 갈 수 있음을 경고하며 철회를 요구했다.

새누리당 홍지만 원내대변인은 이날 현안 브리핑을 통해 "이는 일본 아베 총리의 본색을 드러낸 교과서에 대한 노골적 정치개입이자 일본의 '제2의 영토침략' 의도를 노골적으로 드러낸 것으로 즉각 철회돼야 한다"고 비판했다.

그는 이어 "일본은 이번 아베정부에 들어 야스쿠니 신사참배, NHK회장의 위안부 망언 등 끊임없이 한일관계를 회복불능의 사태로 몰아가고 있다"며 정부의 강력한 대응을 촉구했다.

같은 당 민현주 대변인도 "일본이 결국 '제2의 영토침략' 이라는 제국주의적 야욕을 노골적으로 드러낸 것" 이라고 규정하고 "야스쿠니 신사 참배와 과거사에 대한 뉘우침 없는 망언으로 일관해 온 아베 정권은 마지막 양심이 남아있다면 독도가 일본 땅이라는 주장을 즉각 철회해야 할 것" 이라고 요구했다.

민 대변인은 또한 "일본 정부가 과거 제국주의 향수에서 벗어나지 못하고 브레이크 없이 다시 군국주의 회귀로 질주한다면 이는 결국 부메랑이 돼 한일 관계에 심각한 파장을 초래하고 일본의 미래를 막을 것" 이라고 경고했다.

민주당 정호준 원내대변인 역시 "일본 정부의 교과서 제작지침 결정은 일본의 미래세대에게 왜곡된 역사인식을 고착화하겠다는 것으로 일본 정부에게는 과거에 대한 반성도 미래지향적 한일관계도 없다는 것을 공식 선언한 것과 진배없다" 고 비난했다.

그는 이어 "계속해서 이어지는 일본의 우경화, 군국주의화 움직임이 그 끝을 모르고 치닫고 있다" 며 "동북아의 평화와 미래는 안중에 없고 정권의 유지를 위해 근시안적·정략적 사고에 매몰된 아베 정권의 파렴치한 행태에 개탄을 금할 길이 없다" 고 꼬집었다.

정 원내대변인은 그러면서 "동북아의 질서와 평화를 깨는 반역사적이고

도발적인 모든 행위를 즉각 중단할 것을 촉구한다”면서 “우리 정부도 더는 인내하고 방치할 수 있는 수준을 넘어선 일본 정부에 대해 특단의 강력한 대책을 강구해야 한다”고 주문했다.

무소속 안철수 의원 측 신당 창당 준비기구인 새정치추진위원회도 규탄에 가세했다.

금태섭 대변인은 “일본 정부가 터무니없는 내용을 중·고교 교과서 지침에 포함시켰다”면서 “이같은 조치는 대한민국에 대한 모욕이며 가뜩이나 경색된 양국 관계를 더욱 어렵게 만들 것”이라며 비난의 목소리를 높였다.

금 대변인은 아울러 “일본 정부는 이번 조치를 즉각 철회하고 사과해야 하며 현재와 같이 국제사회를 분노케 하고 동북아시아를 불안하게 하는 일련의 우경화 정책을 포기해야 한다”고 거듭 촉구했다.

강해인, 송우일 기자

<u>**chapter 2. 한국의 권력 정치 구조**</u>

**하나,
한국 권력 구조의 시작**

이 장에서는 마지막으로 한국의 역대 대통령들을 통해 한국 권력의 역사를 짚어보겠습니다. 특히 초대 대통령 이승만의 주변을 살피면 한국의 권력이 어떻게 형성되어 지금껏 흘러오고 있는지 알 수 있습니다.

이승만은 1948년 7월 24일 대한민국 제1대 대통령으로 취임한 후, 1960년 4월 26일 하야 성명을 발표하고 망명길에 오를 때까지, 12년 동안 네 번 대통령 자리에 오르며 한국 정치·사회의 뚜렷한 몇 가지 성격을 만들어냈습니다. 국제적으로는 강대국 미국의 우방국으로, 정치적으로는 독재-반독재 투쟁이라는 한국 정치의 고질적인 틀로, 사회적으로는 반공우익적 가치관이 뿌리 깊게 자리매김하도록 했지요. 아직도 우리 사회는 이 고착된 바탕에서 벗어나지 못하고 있습니다. 그것이 지금의 많은 사회문제를 야기하고 있고요.

해방 당시 우리 국민들은 70년 후의 한국 사회를 어떻게 그리고 있었을까요? 자신들의 자손이 살아갈 땅이 어떤 모습이라고 생각했을까요? 우선 남과 북으로 갈려 대치하는 상황이길 꿈꾸지는 않았을 테죠. 일제가 물러갔으니 자주적이고 평화로운 나라가 되기를 바라고, 또 그렇게 되리라 믿었을 겁니다.

그러나 당시의 국내외 정세는 이런 소박한 바람이 실현되기 어려운 상황이었습니다. 세계대전의 종식, 냉전체제로의 진입, 지리적 특성으로 인해 양 강대국의 전초기지가 되었던 한반도, 기회주의적인 권력자의 득세, 이런 조건들이 우리 정치현실을 지배하고 있었으니까요. 그 속에서 순진한 민족주의자들은 권력쟁탈전에서 밀려나고, 미국과 소련이라는 강력한 힘을 이용할 줄 알았던 이들이 국가권력을 손에 쥐었습니다.

해외파
지식인의 등장

이승만은 일제시대부터 꽤 알려진 인물이었습니다. 독립투사는 아니었지만, 미국에서 활발히 활동하는 지식인으로 교포사회는 물론 국내에서도 이승만 박사는 유명했습니다. 임시정부에서도 그를 주목했고요. 미국에 건너가 6년 만에 한국인 최초로 학사와 석사, 박사 학위를 모두 따낸 것만으로도 선망할 만한 인물이었습니다.

이런 명성이 알려지며 그는 대한민국 임시정부의 대통령으로 선출되었죠. 임시정부에서는 그가 우리나라 독립을 위해 미국에서 국제적 영향력을 발휘해주길 기대했을 겁니다. 그러나 이승만 박사는 미국으로 건너가 상하이로 돌아가지 않습니다. 그래서 대통령 자리에서 탄핵되죠.

이승만 박사가 해방된 조국으로 돌아온 건 45년 10월 16일, 맥아더의 전용기를 타고서였습니다. 한반도로 들어와 미국 측 인사의 소개로 방공 연설을 하며 사람들에게 얼굴을 알렸죠. 비슷한 시기에 김일성은 소련에 의해 항일 영웅으로 소개되며 대중 앞에 나타났고요.

그러나 이게 순전히 이승만 개인의 뜻으로 이루어진 일은 아니었습니다. 국내 다른 세력과의 이해관계가 맞물린 합작품이었죠. 그것이 미국 인사들과 친한 이승만에게 기회로 작용했던 겁니다.

이승만, 한민당과 미국의 합작품

——

미국은 일제가 물러난 한반도에서 자신들의 영향력을 유지하는 동시에 사회를 안정시킬 위정층을 물색했습니다. 누구에게 남한을 맡길까, 뭐 그런 거였죠. 이때 발견한 이들이 그동안 일제 밑에서 부와 권력을 유지했던 지주 세력과 지식인들이었습니다. 소위 교육을 잘 받은 보수적인 인사들이 미국은 필요했습니다. 미국으로서는 무정부 상태의 남한에 위정자층을 형성하여 질서를 잡는 것이 중요했을 뿐, 그들이 친일 세력인지는 중요하지 않았습니다.

이들이 훗날 한민당이 되는 이들인데요, 그들은 일제가 물러난 자리에서 나름대로 자신들의 세력을 형성해 해방 공간에 나타났습니다. 그리고 미군정의 상황을 어떻게 유리하게 이끌어갈지 궁리했습니다. 하지만 그들에게는 친일 세력이라는 딱지가 붙어 다닐 수밖에 없었습니다. 그리하여 사람들에게 인기가

330

많은 외부 인사를 영입하려 했죠. 그들의 물망에 오른 이가 김구와 이승만이었습니다.

이승만은 이렇게 한민당의 추천을 받아 미국 측에서 전격 영입해온 인물입니다. 미국에서 보기에도 이승만은 워싱턴 인사들과 친분도 있고, 망설일 이유가 없었습니다. 그는 본래 정치인이나 독립운동가는 아니었으니, '해외에서 활동하는 명망 높은 지식인' 쯤으로 국민들 앞에 국가지도자로서 앞세웠던 것입니다.

이렇게 이승만은 한국 정치계에 돌연 나타났습니다. 그리고 국제정세에 밝다는 이점을 가지고, 미군정이라는 상황을 십분 이용해 순식간에 친미 권력의 실세로 떠올랐습니다.

그는 권력이 뭔지, 세계정세가 어떻게 흘러가는지를 아는 사람이었습니다. 그에 비해 김구는 권력층이나 미군정에서 이용하기가 쉽지 않았습니다. 어찌 보면 국제정세에 어두웠다고 할 수도 있고, 정치력이 부족했다고도 할 수 있습니다. 그러나 민족의 독립과 자주국가 수립을 원했던 민중들로부터는 커다란 신망을 얻었습니다. 대한민국 임시정부를 이끈 인물이라는 점에서 정통성도 인정받았고요.

그러나 결정적으로 김구는 미군정을 반대했습니다. 시간이 갈수록 많은 이들이 점점 현실과 타협해갔지만, 특히 임시정부 인사들과 좌익 쪽에서는 신탁통치를 반대하며 완전한 독립을 이룰 것을 주장했습니다. 그러나 결국 이들은 한국 정계에서 밀려나는 것으로 귀결됩니다.

신탁통치를 강경하게 반대했던 대부분의 민족주의자들이 미국의 눈 밖에 나는 동안 이승만은 반공친미 노선을 철저히 고수하여 미국의 확실한 지지를 얻어냅니다. 소련군이 들어서 있는 북쪽과 함께 통일 정부를 수립하자는 이들이 미국으로선 달갑지 않았을 겁니다. 그런데 이승만이 단독 정부 수립을 추진하니 둘의 이해가 맞아떨어진 거죠. 소련과의 대치에 한반도를 전초기지로 삼은 미국이라는 커다란 힘은 그에 부합하는 권력자를 키워낸 겁니다.

국회와의 갈등, 6·25전쟁

이승만은 국내 보수 세력과 미국의 든든한 지원으로 제헌국회 의장을 거쳐 초대 대통령에까지 선출됩니다. 한민당은 한민당대로 국회에 진입하는 데 성공하고요. 이렇게 우리나라 정계는 친미, 친일 인사들로 채워졌습니다. 일제의 잔재를 척결하고 자조적인 통일정부를 수립하겠다는 지극히 상식적인 민중의 바람과, 이에 앞장서며 민중의 호응을 얻었던 민족주의 세력은 권력쟁취의 싸움판에서 밀려났습니다. 좌파는 이승만과 미국 측에서 쑥대밭을 만들었고, 우익 민족주의자들은 미군정을 반대하는 바람에 힘을 잃었습니다.

그러나 이 친일세력과 친미세력의 연합은 이승만 정권을 만든 후 갈라섭니다. 한민당은 대통령제를 반대하여 개헌을 시도하는데요, 의회가 중심이 되는, 다시 말해 자신들이 중심이 되는 구도가 만들어져야 했으니까요. 그러나 일단 이승만이 대통령이 되고 나니, 이승만은 대통령제를 든든히 받쳐줄 자신의 세력으로 내각을 채워버립니다. 그리고 아예 한민당의 입김에서 벗어날 방법을 궁리하죠.

초기 이승만 정권은 그리 안정적이지 않았습니다. 한민당은 임시정부의 일부 세력까지 규합해 민주국민당을 출범시켰고, 합당을 통해 의석수를 늘려 이승만을 압박해왔죠. 그런데 그 와중에 전쟁이 터졌습니다.

이때 이승만 대통령이 누구보다 먼저 서울을 떠났다는 것은 모두 아는 일이죠. 당시 신성모 국방부 장관이 "국군이 인민군을 물리치고 북진중에 있다"는 담화를 발표해 국민들을 안심시켰습니다. 그는 국회에서도 우리가 이기고 있다며 거짓 보고를 했고요. 이때 이승만 대통령은 피난을 준비하고 있었습니다. 이승만 대통령은 서울을 떠난다는 걸 장관들에게도, 군 수뇌부에도, 국회에도 일체 말하지 않았습니다.

이승만 대통령은 전쟁 발발 이틀 만에, 그러니까 6월 27일 새벽, 열차에 올라타 서울을 빠져나가 오락가락하다 대전에 잠시 머물렀는데요, 그날 밤 국민들에게 안심하라는 거짓 방송을 10시에서 12시 사이에 수차례나 내보냈죠. 그리고 몇 시간 후 한강 다리를 폭파했습니다. 그 후 이승만 대통령은 목포로, 부산으로 몸을 옮겨갔습니다.

일제 잔존 세력이
자유당으로

이승만의 권력을 확고하게 지탱해준 자유당이 창당된 건 1951년 전쟁 중이었죠. 자유당은 우리나라의 첫 관제 정당이고요. 이후 정권들도 이를 그대로 답습했습니다. 그리고 이들 자유당이 친일 관료, 군 경찰들로 구성되었다는 건 앞에서도 얘기했습니다. 정당은 친일파로 채워지고, 정치 깡패가 고용되기 시작했습니다. 후에 이승만 대통령은 "일본을 위해 열정적으로 일한 사적이 있어도 지금 와서 그 일을 탕척받을 만한 일을 하면 애국자"라는 말도 서슴지 않았습니다. 그는 친일파만큼 권력자에게 맹종할 이들이 없다는 걸 잘 알고 있었습니다.

이승만 대통령은 국민들도 정치에 이용했습니다. 전국의 극우 단체들을 정비하여 수하 단체를 만들고, 전 국민을 마을 단위로 이 조직에 편성시켰습니다. 이는 이후 이승만의 정권이 거듭 재 탄생하는 데 든든한 기반이 되었죠. 이승만 대통령이 "이제 그만 물러나야겠습니다" 하면 전국의 국민회에서 이승만을 지지하는 시위를 벌였거든요. 이승만이 간선제를 포기하고 직선제를 선택하려 했던 건 전국적으로 조직화된 그의 추종 단체들의 활동이 있었기 때문입니다.

국민의 힘으로
대통령이 되겠다?

———

　　그는 전쟁 중에 직선제로의 개헌을 추진했습니다. 전쟁 중 정치인들이 가장 촉각을 세우고 있었던 건, 대통령을 어떻게 선출하느냐, 대통령과 의회 중 누구의 권한을 더 강하게 할 것이냐 하는 문제였습니다. 이게 전쟁보다 더 바쁜 일이었습니다. 국회가 대통령 직선제를 계속 반대하자 이승만 대통령은 임시수도 부산에서 계엄령을 선포하고 국회를 해산해버렸습니다. 국회의원들을 연행하고 일부는 공산당 혐의로 구속했습니다. 이런 혼란 속에서 이승만은 대통령 직선제와 내각책임제를 혼합한 이른바 발췌개헌안을 통과시키는 데 성공합니다. 이 투표 과정이 재미있는데요, 군경들이 국회의사당을 포위한 가운데 국회의원들이 기립하는 방식으로 투표를 진행했습니다. 출석 의원 166명 중 찬성 163표, 반대 0표, 기권 3표로 발췌개헌안이 통과됐죠. 이승만의 부산정치파동은 우리 정치사에서 첫 군부 개입 사건이었는데, 이후 대통령들도 이승만의 이런 방법을 그대로 학습하여 보여주었습니다.

미국의 지지 표명으로 이승만의 부산정치파동은 유야무야 마무리됐습니다. 이승만은 1952년 8월 5일 실시한 제2대 대통령선거에 자유당 후보로 출마해 74.6%라는 높은 지지를 받으며 다시 대통령으로 당선되었습니다. 이승만으로부터 버림받은 한민당은 이때부터 이승만 반대파로 철저히 돌아섰습니다. 그리고 이후 이승만의 독재 의도가 분명해지며 반독재 투쟁을 전개했죠. 그리고 이승만 이후 박정희, 전두환 정권으로 이어지며 민주화 투쟁 정당으로 변신했습니다.

3선 개헌과 사사오입

———

전쟁이 끝난 후에도 정치인들은 이 권력다툼을 계

속 이어갔습니다. 국회의원 선거에서도 자유당이 압승하자, 이 승만은 대통령 3선을 가능하게 하는 개헌을 추진했습니다. 유명한 사사오입 개헌입니다. 당시 여당인 자유당에서는 김두한을 제외한 전 의원이 개헌을 위한 서명에 참여했습니다. 그리고 투표에 붙였죠. 개헌 가능 의결정족수는 재적의원의 3분의 2 이상이었습니다.

당시 국회 재적 인원이 203명이었는데, 찬성표가 135표 나옵니다. 203명 중 3분의 2가 되려면 135.3333...명인데, 얄궂게도 135표가 나온 겁니다. 이리하여 처음에 개헌안은 부결됩니다.

그런데 다음 날, 자유당은 이것이 가결된 것이라 주장하죠. 소수점 이하는 삭제하여 의결정족수를 135명으로 봐야 한다면서요. 반발한 야당 의원들은 모두 퇴장해버리고, 국회에는 자유당 의원들만 남아 다시 투표를 진행했습니다. 그리하여 자유당 125명 의원 중 123명이 찬성하여 이 개헌안은 통과됩니다. 이로써 이승만은 3선에 나설 수 있는 법적인 근거를 마련하고, 이후 선거에서 당선되죠.

여기서 궁금해지는 게 있습니다. 직접 선거권을 갖게 된 국민들이 이승만 대통령을 두 번이나 지지하지 않았느냐는 것입니다. 국민의 뜻은 언제나 옳은 것 아닙니까?

그런데 꼭 그렇게 볼 수만도 없습니다. 이승만은 대통령 선거 직전에 항상 경쟁자가 사망하는 행운을 얻었거든요.

정치 라이벌들의
죽음

———

1948년 이승만이 초대 대통령이 된 후, 1949년에 김구가 암살됐습니다. 국민들에게 가장 인기가 있었던 김구는 첫 번째 대통령 직접선거 시 이미 세상에 없었습니다. 그다음 두 번의 직접선거에도 이승만의 경쟁자는 등장했으나 선거에 참여하지 못했습니다. 3대 대통령 선거, 4대 대통령 선거 모두 상대 민주당 후보가 선거를 앞두고 급사했거든요.

1956년 3대 대선의 후보는 자유당의 이승만, 민주당의 신익희, 무소속 조봉암이었습니다. 그런데 선거 며칠 전에 민주당 후보 신익희가 유세를 가다가 열차 안에서 뇌일혈로 급사했죠. 1960년 4대 선거에서는 자유당의 이승만, 민주당의 조병옥 단 두 후보만 출마했습니다. 그런데 조병옥이 선거 한 달 전에 미국으로 건너가 병을 치료하다 그곳에서 급사하여 이승만이 단독 후보가 됐습니다.

김구 암살에 대해서 이승만 정부는 육군 소위 안두희의 단독 범행이라고 발표했었습니다. 그러나 그후 안두희의 행보를 보면 의구심이 듭니다. 안두희는 무기징역을 선고받고 육군형무소에 수감되었으나, 바로 세 달 뒤 징역 15년형으로 감형됐습니다. 복역 중에 6·25전쟁이 발발하자 형집행정지처분으로 석방되어 군으로 복귀했고요. 국회에서 그의 석방에 대해 문제를 제기하자 이승만 정부는 그를 소령으로 예편시켜 군대를 떠나게 했습니다. 그리고 그 후 그는 강원도 양구에서 군납업자로 활동하며 많은 재산을 축적했고요. 안두희의 배후에 이승만이 있었다는 건 공공연한 비밀입니다. 안두희는 법의 심판을 받지 않고 멀쩡히 잘 살아가다 1996년 어느 평범한 버스 운전기사에 의해 살해됐습니다.

이기붕을
당선시켜라!

———

이승만은 3선에 성공했으나, 이때부터 확실히 국민의 지지를 잃었습니다. 반대파들이 맹렬하게 결속하기 시삭했고요.

1960년, 네 번째 대선을 앞두고 자유당은 대대적인 부정선거 계획을 세웠습니다. 민주당 대선 후보 조병옥이 사망했기 때문에 단일 후보 이승만의 승리는 확실했지만, 문제는 부통령 후보 이기붕이었습니다. 이승만 대통령은 당시 85세로 상당히 노령이었고, 당시 부통령은 대통령 유고 시 대통령직을 승계할 수 있는 권한이 주어졌거든요. 이기붕 역시 미국 유학파로, 이승만의 비서로 일하며 정계로 들어온 인물입니다. 지난 선거에서 사사오입 개헌을 주도하며 이승만 당선을 도왔으나 정작 자신은 부통령 선거에서 낙선하고 말았죠.

당시 자유당의 부정선거 계획은 이런 것들이었습니다.

40% 사전투표에 유령 유권자 투표, 기권자 대리투표, 투표함 바꿔치기, 득표수 조작 발표 등 할 수 있는 건 다 했습니다. 결과는 이승만 88.7%, 이기붕 79%로 각각 대통령, 부통령에 당선됐습니다.

그가 정권을 유지할 수 있었던 데는 반대파의 몰락, 자유당의 반칙플레이, 공권력과 깡패 집단을 이용한 파시즘적인 지배 등이 있었지만 무엇보다도 미국 정부가 이승만에게 등을 돌리지 않고 있었던 게 큰 힘이었습니다. 그러나 4·19혁명으로 인해 미국이 돌연 이승만 지지를 철회하며 그를 버립니다. 자, 이제 이 한국 제1대 권력자의 말로를 보겠습니다.

4·19혁명,
이승만에게 등 돌린 미국

3·15부정선거 후 전국적인 항의 시위가 벌어졌습니다. 그 와중에 4월 11일, 시위 중 행방불명되었던 한 학생이 눈에 최루탄이 박힌 채 바다에서 시체로 발견됩니다. 이 일로 시위는 더욱 격렬해져 4월 19일 전국의 학생이 일어났습니다. 각 대학에서 총궐기 선언문이 낭독되고, 중앙청을 향해 시위행진을 벌였죠. 이승만 정권은 곧바로 계엄령을 선포하고 계엄군을 들여보냈습니다. 이때 많은 희생자가 났습니다.

이어서 각 대학 교수들이 시국선언문을 발표하고 시위에 참여했습니다. 그리고 점점 일반 국민들에게 확대되어 전 국민적인 혁명으로 불붙었습니다.

이때 미국은 아이젠하워의 방한을 준비하며, 방한 준비반이 서울에 들어와 있었는데요, 한국 국민들이 들끓고 있는 것을 목격했습니다. 미국은 이승만을 탐탁지 않게 여기기도 했던 모양이지만, 누가 한국의 권력을 쥐고 있든 알 바는 아니었습니다. 미국은 이승만의 부정선거에 대해서는 무관심했지요. 그러나 한국 민중이 격렬하게 일어선 것을 보고 적극 개입합니다.

미 대사관이 이승만 정부에 문제 해결을 요구하는 공식성명을 발표하고, 본국에서는 한국 대사를 불러 압력을 넣었습니다. 이후 미 국무부가 민주화를 촉구하는 성명서를 발표함으로써 이승만의 하야를 독촉했습니다.

이승만이 국민의 요구에 떠밀린 것인지 미국의 요구에 응답한 것인지는 모르겠으나, 이승만은 4월 26일 하야 성명을 발표했습니다. 3·15부정선거 후 민중의 시위에 공권력으로 대응하며 한 달을 버티던 이승만이, 미국의 압박 후 일주일 만에 하야를 선언한 것을 보면, 아무래도 후자 쪽이 더 큰 영향을 주지 않았나 싶습니다.

그러나 식민 지배에서 벗어난 지 불과 15년 만에 전 국민적인 혁명으로 독재자 타도에 나선 건 세계에서 유례를 찾아볼 수 없는 일입니다. 위정자의 불법에 저항하고 독재를 용납하지 않는 민주의식이 이미 60년대에 성숙해 있었다는 건 고무적인 일이죠.

이승만은 대통령을 사임한 후 하와이로 건너갔는데요, 이후 끝내 국내로 돌아오는 것을 허락받지 못했습니다. 이기붕은 가족들과 함께 피신해 있던 중 맏아들 강석의 총격으로 일가 모두 집단 자살했고요. 이승만은 5년 후 하와이에서 사망했습니다.

한반도의 분열,
한국의 분열

———

그들이 정권 유지에 몰두하는 동안 한국은 전쟁과 전후의 폐허만 남았습니다. 그들이 내세운 반공과 그것을 실현한다는 명목하에 행한 공포정치는 한국인을 극심한 사상 분열로 몰아넣었습니다.

해방 직후 한민족에게 주어졌던 시대적 과제들은 이승만의 정치적 목적으로 인해 모두 외면당했습니다. 해방 후의 상황을 모두 권력유지의 수단으로 이용하여 친일 세력이 대거 한국 정치권력을 형성하게 되었고, 건강한 정치의 싹은 뿌리 뽑혔습니다. 기회주의적인 권력추구형 인물들이 초기 한국 정치가 우리에게 물려준 가장 큰 유산입니다.

철저히 권력욕의 지배를 받은 정치인의 행태를 국내 안정을 위한 명분으로 포장할 수는 없습니다. 그는 반공을 내세웠지만 국방을 유지하는 데 그리 힘을 쓰지는 않았습니다. 군사력을 미군에 의지한 채 국내의 적을 잡아내기에 바빴죠. 정부와 군은 이승만에게 충성하는 인사들로 채워졌습니다.

당시 국방부 장관이던 신성모는 영국 상선의 선장이었던, 군 경력이 전무한 사람이었습니다. 이승만 정권은 6.25전쟁 전에 강력하게 북진통일을 주장했는데, 당시 신성모 국방장관은 국회에서 이런 허무맹랑한 얘기도 했습니다.

"5천 톤 배 하나 주면 공산당을 다 치고 바다를 다 치겠다."

총참모장 채병덕은 일본군 장교 출신으로, 게다가 늘 후방에 있었기 때문에 야전 경험이 없는 사람이었습니다. 채병덕도 이승만에게 충성하는 사람이었을 뿐이었죠. 그는 김구 암살 사건에 연루되어 있다는 의혹도 받습니다. 그는 전쟁 동안 제대로 작전을 펼친 것이 없었습니다. 이승만은 군에 자신의 최측근들을 앉혀놓고 자신의 권력을 보좌하게 했을 뿐입니다.

이승만의 방공 정책은 많은 부분 그의 권력 욕구에서 나왔습니다. 정적을 빨갱이로 몰아 권력을 유지하기 위한 것이었습니다. 그에게 전쟁 책임을 묻지 않고 그의 빨갱이 논리에 정치권을 비롯한 국민들까지 동조했다는 건 납득할 수 없는 일이지만, 이는 현재까지도 고스란히 이어지고 있습니다.

둘,
민간에서 군으로, 한국 권력의 이동

이승만이라는 독재자를 국민의 힘으로 몰아낸 뒤, 우리나라는 새로운 독재자를 맞이했죠. 그런데 박정희 대통령만큼 그 평가가 완전히 엇갈리는 대통령도 없습니다. 어디에 가치를 두느냐의 차이일까요?

박정희 시대를 우리나라가 근대화를 이룬 민족 중흥의 시대로 보는 시각과, 민주주의의 추락과 현대 경제의 모순을 태동한 시대로 보는 두 대립적인 시각이 팽팽합니다.

권력이라는 측면에서 봤을 때는, 그는 어떤 인물일까요? 어떤 권력의 흐름이 그를 만들어냈을까요? 이승만 대통령이 당시의 국제정세와 국내 세력들과의 숨 막히는 경쟁과 야합 속에서 탄생한 권력사라면, 박정희에게는 이런 정치적인 드라마는 없습니다. 이승만이 가진 힘이 정치력이었다면 그가 가진 힘은 무력이었으니까요. 그러니 힘의 형성과 집권 등등의 과정이 단순합니다.

권력 장악은 단숨에, 그러나 이후에는 치밀하게, 천천히 국가권력을 획득해갔습니다.

한국의 권력,
군부로 이동하다

해방 15년 만에 독재 정권을 무너뜨린 1960년은 가능성의 시기인 동시에 혼란의 시기였습니다. 그리고 다음해 한국의 권력은 고스란히 군부로 넘어갑니다. 전쟁이 발발하자마자 꽁무니를 빼는 나약한 친미 지식인의 권력이 강한 군부 권력으로 이양된 겁니다. 1961년의 5·16군사정변부터 1993년 민간으로 정권이 넘어오기까지 31년간, 우리나라는 말하자면 무신들에 의한 통치가 이루어졌습니다. 일제 36년에 맞먹는 긴 시간이지요.

이 31년간의 군부권력 기간 동안 한국 사회는 급변했습니다. 농업사회에서 산업사회로 본격적으로 이동했죠. 자본주의가 형성되고 새로운 사회 구조가 자리 잡았습니다. 관료 조직이 체계화되었고요. 그러면서 군부독재 권력 밑에서는 새로운 권력층이 형성되기 시작했습니다. 재벌 권력, 관료 권력, 언론 권력입니다.

이승만 정권은 아직 언론을 수하로 만들지는 못했었습니다. 관료 조직도 엉성했고요. 재벌은커녕 웬만한 기업이랄 것도 없었습니다. 그러나 이들이 박정희 시대에 이르러 바야흐로 한국 사회에서 한 권력의 축을 형성하기 시작한 겁니다. 물론 당시에 그들은 권력이라기보다는 정부의 시녀에 가까웠습니다. 그러나 권력의 충실한 하수인 노릇을 하며 점점 몸을 불려놓았다가 군부독재가 사라진 자리에서 새로운 권력층으로 부상하게 되었죠.

박정희 정권에 이어진 전두환, 노태우 정권은 박정희 군부독재의 연장선입니다. 돌아가는 원리는 똑같았습니다. 박정희 시대부터 형성된 한국의 기형적 자본주의의 열매를 전두환, 노태우는 아시안게임과 올림픽으로 세계에 자랑했고요. 그리고 뒤로 갈수록 군부 권력은 약해졌습니다. 이 군부 권력자들의 말로는 썩 좋지 않았지요. 물론 전두환 전 대통령은 여전히 건강하게 운동을 즐기며 잘 살고 있지만, 한 번씩 역사의 심판을 받았습니다. 불완전한 심판이었다 해도, 이후의 대통령들과 대조되는 모습인 건 분명합니다.

5·16군사정변으로 정권을 잡은 박정희

—

1961년 5월 16일 새벽, 육사 8기생들의 군사정변으로 이승만 하야 이후 잠시 들어섰던 합법적인 정부는 와해됨니다. 이들은 군사혁명위원회(이후 국가재건최고회의)를 조직하여 권력을 장악하는 한편 국민들에게 군사혁명의 성공을 공표합니다. 그 내용은 이랬습니다.

1) 반공을 국시의 제일로 삼고 반공태세를 재정비 강화한다. 2) 미국을 위시한 자유우방과의 유대를 공고히 한다. 3) 모든 부패와 구악을 일소하고 청렴한 기풍을 진작시킨다. 4) 민생고를 시급히 해결하고 국가자주경제의 재건에 총력을 경주한다. 5) 국토통일을 위하여 공산주의와 대결할 수 있는 실력을 배양한다. 6) 양심적인 정치인에게 정권을 이양하고 군은 본연의 임무로 복귀한다.

마지막 6번에 방점이 찍히죠? 당시에는 5·16쿠데타에 기대를 거는 이들도 있었습니다. 그들이 사회를 안정시켜주고 약속대로 '양심적인 정치인'에게 정권을 넘겨주고 떠날 것이라 생각하기도 했죠. 아니, 그보다는 당시 사회가 너무 불안정하여 누구든 그것을 가라앉혀주길 원했습니다. 박정희는 쿠데타 후 전국의 용공분자와 폭력배를 잡아들입니다. 이때 정국 안정을 꾀한다는 이유로 3천 명이 넘는 용공분자와 4천 명이 넘는 폭력배가 체포되었습니다.

미국은 한국에서 일어난 쿠데타에 그다지 놀라워하지는 않았습니다. 그들은 오히려 한국이 군부통치로 넘어갈 거라는 예상을 이미 하고 있었던 듯합니다. 식민지배에서 독립한 대개의 국가가 초기에 쿠데타와 내란, 군부독재를 거칩니다.

쿠데타의 핵심 세력은 박정희, 김종필, 김형욱, 이후락, 차지철 등 30~40대의 젊은 군인들이었습니다. 이들은 육사 8기생들이 상대적으로 진급이 늦어진 데 불만을 품고 있었죠. 게다가 당시 한국 사회는 6·25전쟁 후 군 권력이 상대적으로 민간보다 강성했습니다. 그들이 쿠데타 성공과 동시에 국가권력을 넘본 건 정해진 수순이었습니다.

권력을
집중시키다

———

국가재건최고회의는 군인들로 채워진 혁명내각을 구성하고, 서울시장과 각 도의 지사, 시장, 군수 자리까지 군인들을 앉혀 한국의 국사조직을 장악했습니다. 모든 정당과 사회단체를 해체하고, 군정이 입법권과 행정권, 사법권의 삼권까지 관여했습니다. 한마디로 군인들의 세상이 된 겁니다.

그러나 그들 중 누가 최종적인 권력을 쥐느냐의 싸움이 남아 있었죠. 쿠데타 이후 31개월 동안 13번의 역쿠데타가 시도됐습니다. 그러나 이들은 박정희에 의해 모두 제압됩니다. 그는 반대파를 제거해가며 군부를 오롯이 자신에게 결속시켰습니다.

군을 제압하는 동시에, 그들에게 입신 양명의 기회를 주고, 동시에 제2인자의 부상을 감시하는 것도 게을리하지 않았습니다. 미국의 암묵적인 승낙까지 받아낸 박정희는 중앙정보부와 같이 자신의 권력을 든든히 받쳐줄 통치기구를 만들어 군 내부 누구에게도 권력을 나눠주지 않았습니다. 훗날까지 중앙정보부는 군과 정치계, 민간에서 박정희 반대파들을 색출함으로써 박정희 정권을 든든하게 지켜주는 역할을 했지요.

박정희는 국가재건최고회의 의장, 대통령 권한대행, 민주공화당 총재를 거쳐 제5대 대통령으로 취임하며 군사통치 1년 7개월 만에 한국의 국가원수가 되는 데 성공합니다. 이후 6대, 7대, 8대, 9대까지 이어지고요.

통일 추진 기구에서 대통령을 뽑다

박정희 대통령은 72년 10월 비상계엄을 선포하고 유신 체제로 돌입했죠. 이때 이런 명분을 내세웁니다. 우리나라는 서구 민주주의로는 한계가 있다. 한국적인 민주주의를 정착해야 한다. 그리하여 대통령의 직접선거는 폐지하고 간접선거를 실행하며, 대통령 임기도 4년에서 6년으로 늘립니다. 이 때부터 이후 전두환까지, 소위 체육관 대통령이 탄생하게 됐습니다. 체육관 대통령이야말로 한국적인 민주주의였던 것일까요? 이 간접선거는 이런 과정을 거쳤습니다. 1972년 12월, 조국의 평화적 통일을 추진하기 위한 기관을 설치했습니다. 이름은 통일주체국민회의. 2천~5천 명의 대의원을 국민의 직접선거에 의해 선출합니다. 의장은 대통령으로, 그리고 그 밑에는 20~50명의 운영위원회를 두었습니다. 통일 관련 중요 정책의 결정이나 변경 사항이 있을 경우 재적 대의원 과반수의 찬성을 얻으면 이를 곧 국민의 총의로 여긴다는, 통일 관련 최고 결정기구였습니다.

그런데 이 기관이 통일에 관련한 일은 별로 하지 않았습니다. 이들에게는 대통령 선출권과 국회의원 선출권이 주어졌거든요. 바로 국회의 3분의 1을 차지하는 유신정우회를 이곳에서 선출했던 겁니다. 국회의원이 발의하는 헌법개정안도 통일주체국민회의에서 다시 의결하여 획정하도록 하는, 입법기관의 역할도 병행했고요.

1972년 12월 23일, 유신헌법에 따라 다시 대통령 선거가 실시됐습니다. 후보는 박정희 단일 후보였고요, 선거는 장충체육관에서 실시됐습니다. 전체 대의원 2,359명이 참석한 가운데 무효 2표를 제외한 전원이 찬성했습니다. 그리하여 박정희는 대한민국 제8대 대통령이 됩니다. 6년으로 연장된 대통령 임기로 인해 다음 선거는 1978년에 치러졌습니다. 역시 체육관에서, 간접선거로, 박정희 단일 후보였습니다. 이번에는 2,578명이 출석한 가운데 1표를 제외한 2,577표로 박정희는 9대 대통령이 됐습니다. 이로써 46.6%(5대), 51.4%(6대), 53.2%(7대)로 완만하던 박정희 대통령의 득표율은 100%로 급격히 뛰어올랐습니다. 우리나라 역대 대통령 중 100% 득표율을 달성한 이는 이승만, 박정희, 전두환 대통령 셋뿐입니다. 이승만 대통령은 단독후보로 출마하여 100%의 득표율을 달성한 바 있죠.

한국에서 가장
오래 집권한 대통령

———

우리나라 초기 권력의 역사에서 1대, 2대, 3대 등의 용어는 무의미합니다. 1948년부터 1978년 30년의 시간 동안 9대 대통령이 있었지만, 단 두 명의 권력자만이 존재했으니까요. 박정희 대통령은 이승만 대통령보다 더 오랫동안 권력을 유지했습니다. 5대부터 9대까지 다섯 번이나 대통령 자리를 연임했죠. 이승만이 4대 12년간이라면, 박정희는 군부통치 기간까지 18년간 권력을 유지했습니다. 우리나라는 갈수록 독재 정권이 발전하고 있다는 느낌이 들 정도죠? 이후 그의 복제자들에게 권력을 넘겨준 기간까지 합하면 30년이 넘는 시간이고요. 한국에서 가장 오래 집권한 이가 박정희입니다.

18년이 넘는 박정희의 집권 기간 중에서도 유신체제 7년은 민주주의의 암흑기였습니다. 수많은 정치인, 학생, 종교인들이 잡혀 들어갔고, 이전에 존재하던 형식적인 민주주의조차 폐기되었습니다.

국회의 국정감사권을 없애고, 지방의회는 폐지했습니다. 이승만 정권과 마찬가지로 반공을 국시로 하여 반대파의 목소리는 철저히 탄압했고요.

셋,
권력의 복제

박정희의 유신체제는 7년 후인 79년 10월 26일, 중앙정보부장 김재규의 대통령 저격으로 끝이 났지만, 군부권력의 역사는 흡사하게 반복됐습니다. 박정희의 권력을 전두환이 이어받았을 뿐입니다. 그러나 이승만, 박정희에 이은 이 세 번째 권력자는 전임자들에 비해 장기집권이라 하기에는 좀 초라한 듯한 7년의 재임기간을 가졌습니다. 그리고 친구에게 정권을 이양함으로써 5년을 더 연장했지요.

이승만의 파트너가 자유당이고, 박정희의 파트너가 공화당이었다면, 이 세 번째 권력자의 파트너는 민정당이었습니다. 민정당은 새누리당의 전신이며, 아직 집권여당의 자리에 굳건히 버티고 있죠.

전두환은 "그 정부의 집권 과정이나 성격은 역사의 평가에 맡겨야 한다"고 말한 바 있습니다. 그러나 역사의 평가는 전두환에게 등을 돌렸습니다. 먼저 친구인 노태우가 등을 돌려 백담사로 보내고, 이후 김영삼 대통령 시절 대한민국 역사상 최초로 국가원수로서 법정에서 사형선고를 받았습니다. 이후 감형과 사면으로 추징금만 남았지만요. 그마저도 발을 빼며 통장에 29만 원밖에 없다는 주장으로 우리를 어이없게 만든 대통령이십니다.

박정희의 쿠데타를
흉내내다

—

전두환 역시 육사 출신으로, 박정희의 쿠데타 당시 육군사관학교에서 육사 생도들의 군사정변 지지시위를 주도하며 박정희의 신임을 얻은 이입니다. 그는 국가재건최고회의 의장실의 비서관에 임명되며 박정희의 군사통치를 보좌했습니다. 그리고 박정희가 대통령 권한대행이 된 후 그를 정치권으로 끌어들이려 할 때 고사하고 군대에 남았지요. "군에도 각하의 충복이 하나쯤 있어야 하지 않겠습니까?" 하면서 말이죠. 어찌 보면 이 선택이 이후 집권을 가능하게 했던 건지도 모릅니다.

군에 남은 전두환은 승승장구했습니다. 곧 육군 중령으로 승진하고요, 육사 11기 동기들 중 최초로 육군 대령으로 진급했습니다. 베트남 참전 후에는 장군 보직인 제1공수특전여단 여단장에 파격적으로 임명되고, 역시 동기들 중 최초로 준장으로 진급됐죠.

그러다 자신의 후견인인 박정희 대통령이 급작스럽게 사망한 겁니다. 당시 전두환은 합동수사본부 본부장으로 임명되어 박정희 대통령 피살사건의 수사를 지휘하고 있었습니다. 그는 군대 친목회인 하나회 동기와 후배들과 함께 군 장악에 방해가

되는 육군 참모총장 정승화를 제거합니다. 그리고 군과 중앙정
보부를 장악하지요.

다음 해 5월, 국회에서 계엄 해제안을 상정한 가운데, 전두환
은 국무회의에 북괴 남침설을 보고하며 대통령과 국무총리에
게 비상계엄을 전국으로 확대하고 비상기구를 설치할 것을 강
요합니다. 그리고 며칠 후, 중앙청과 국회를 군대로 포위하고
외부와의 통신을 차단한 채 전국에 비상계엄을 확대합니다. 김
대중과 김종필 등은 영장도 없이 불법 체포되었고, 김영삼과
다른 야당 인사들도 연금됐습니다. 국회는 폐쇄되고 모든 정치
활동을 금지하는 포고령을 발표했으며, 휴교령을 내렸습니다.

직선제를 한 번도 거치지 않은
유일한 대통령

———

5월 18일, 광주에서 전남대 학생들이 전두환의 폭
거에 항의하는 시위를 벌였습니다. 이에 신군부가 계엄군과 공
수부대를 투입하여 강경진압하자, 이는 전 시민들의 항쟁으로
확산됐습니다. 시위대가 점점 불어나자 계엄군은 장갑차를 동
원했습니다. 계엄군은 모든 통신을 두절해 광주를 고립시키고,

5월 20일 밤 시민들을 향해 발포했습니다.

그 사이 서울에서는 국회의원들을 연금시킨 채 국가보위비상대책위원회(국보위)를 설치하고 스스로 국보위 위원장에 앉아 내각을 통제하고 있었고요. 최규하 대통령은 이미 8월 15일에 하야를 선언했습니다.

전두환은 반대파를 모두 제압한 후 다시 체육관 투표를 통해 박정희의 군부권력을 이어갔습니다. 그러나 자신의 집권을 정당화하기 위해 박정희 시대를 부정과 부패, 부조리의 시대로 규정하죠. 그러나 이후 88년 노태우에게 자리를 물려줄 때까지, 박정희 정부를 그대로 수렴 발전시켜 군부통치를 이어갑니다.

전두환은 한 번도 국민의 선택을 받아본 적이 없다는 점에서 이승만, 박정희 대통령과는 또 다른 기록을 남긴 대통령입니다. 역대 대통령 선거가 어떻게 치러졌는지 한번 볼까요?

1대 이승만 대통령 : 제헌국회에 의한 간섭선거(1948년)
2대 이승만 대통령 : 직접선거(1952년)
3대 이승만 대통령 : 3선개헌 후 직접선거(1956년)
4대 이승만 대통령 : 직접선거(1960년)
4대 윤보선 대통령 : 내각책임제 전환 후 간접선거(1960년)
5대 박정희 대통령 : 직접선거(1963년)
6대 박정희 대통령 : 직접선거(1967년)

7대 박정희 대통령 : 3선 개헌 후 직접선거(1971년)

8대 박정희 대통령 : 통일주체국민회의에 의한 간접선거(1972년)

9대 박정희 대통령 : 통일주체국민회의에 의한 간접선거(1978년)

10대 최규하 대통령 : 통일주체국민회의에 의한 간접선거(1979년)

11대 전두환 대통령 : 통일주체국민회의에 의한 간접선거(1980년)

12대 전두환 대통령 : 대통령선거인단에 의한 간접선거(1981년)

13대 노태우 대통령 : 직접선거(1987년)

14대 김영삼 대통령 : 직접선거(1992년)

15대 김대중 대통령 : 직접선거(1997년)

16대 노무현 대통령 : 직접선거(2002년)

17대 이명박 대통령 : 직접선거(2007년)

18대 박근혜 대통령 : 직접선거(2012년)

4대 윤보선 대통령과 10대 최규하 대통령을 제외하면, 임기를 채운 대통령들 중 전두환은 한 번도 직선제를 치르지 않은 유일한 대통령입니다. 이렇게 나열하고 보니, 전두환 대통령도 그렇지만, 우리 정치 역사가 얼마나 빈약한지 한눈에 보이는 것 같습니다.

어떻게 자리를
물려줄까?

—

그러나 1987년의 6월항쟁을 계기로 군부정권은 쇠락해갑니다. 새롭게 형성된 야당이 돌풍을 일으키며 직선제 쟁취를 주장하고, 국민들은 6월항쟁으로 응답해주었죠.

전두환은 노태우에게 역시 체육관 부표로 자리를 물려주려 했던 마음을 바꿔 합법적 정권 이양이라는 우회로를 택합니다. 6·29선언과 그해 겨울의 직접선거로, 71년 박정희 후보와 김대중 후보의 접전을 마지막으로 종식됐던 대통령 직접선거가 16년 만에 부활했습니다.

이때 노태우 당시 민정당 후보는 펄쩍 뛰었다고 하죠. 그러자 전두환 대통령은 무려 천억의 선거자금과 함께 이런 말로 친구를 달렸다고 합니다. "필사즉생, 필생즉사."

이 선택은 노태우를 다른 군사정부와 달리 합법적인 방법으로, 그것도 국민에 의해 선출된 대통령으로 남게 했습니다. 노태우 정부는 여전히 이전 군사정부의 복사판이었지만, 정통성을 쟁취한 정부답게 이후 전두환과 5공 인사들에게 무딘 단도를 들이대는 흉내라도 냈지요. 여소야대 형국에 밀린 결정이었지만요. 제5공화국 청문회가 진행되고, 전두환을 구속하라는 학생과 시민들의 강력한 요구를 받아들여 노태우는 전두환의 형제들을 구속시키고, 전 대통령 내외를 백담사로 보냈습니다. 이것은 전두환에게는 그야말로 배신이었습니다. 노태우는 전두환이 정권을 잡던 시절 역시 하나회 일원으로 그의 조력자이자 친구였으나, 전두환 정권을 거치는 동안 충실한 하수인이기도 했으니까요.

대통령 직선제 부활,
노태우 대통령 당선

전두환의 초기 정부 시절부터 노태우는 군을 나와 전두환을 보좌했습니다. 당시 그가 한 일은 주로 올림픽 개최를 추진하는 일이었습니다. 1982년에는 올림픽을 위해 신설된 체육부의 초대 장관에 역임되었고, 1983년에는 서울올림픽 및 아시안게임 조직위원장을 맡았죠. 그리고 1984년에는 대한체육회장, 한국 올림픽 위원장으로 취임했고요.

당시 노태우를 보면 이후 물태우라 불리는 유약한 이미지와 달리 역시 괄괄한 군인의 성격을 보여줍니다. 1981년에 올림픽 개최지가 서울로 결정되었지만, 84년 IOC는 한국의 정정불안을 이유로 서울의 올림픽 개최권을 박탈하려 했습니다. 그러자 노태우는 "만약 개최지를 변경하면 잠실 올림픽스타디움에 IOC 위원들의 무덤을 만들겠다. 거기 묘비에는 IOC의 과오를 기록하고 자손만대로 그 과오를 기억하게 만들겠다"는 무시무시한 말로 서울올림픽 유치의 굳은 의지를 보여준 바 있습니다. 이후 그 과실을 따 먹는 데 성공하고요.

그는 전두환의 후임으로서 대통령의 자리에 오를 준비를 밟아나가던 중이었습니다. 85년 12대 국회의원 선거에 집권여당 민주정의당의 후보로 출마하여 당선되었고요, 87년에는 민정당의 대통령 후보로 선출됐습니다. 이렇게 착실히 준비해온 대통령 자리가 6월항쟁으로 위태로워진 것이죠. 그러나 노태우는 6·29선언으로 지난 군부 권력자들과는 다른 이미지를 구축한 후 36.6%의 낮은 득표율이나마 선거에 승리합니다.

나란히
법정에

—

　　이들은 몇 년 후 법정에서 나란히 재판을 받는 사이가 됩니다. 검찰은 이 두 대통령에게 사형과 무기징역을 각각 구형했으나, 상당히 수준이 내려간 법원판결, 이후 사면으로 이어지면서 구속 2년여 만에 출옥합니다. 이후에도 추징금 문제로 추태를 보이는 등 씁쓸하게 하였으나, 이들은 다른 전직 대통령들보다 건강하게 활력 있게 살아가고 있는 듯합니다. 여전히 전임대통령의 예우를 받고 여전히 공권력의 보호를 받으면서, 집권 시절 축적한 재산으로 골프를 치고 다니면서 말이죠.

　추징금 문제에선 노태우 대통령이 앞서, 최근 16년 만에 추징금을 완납했습니다. 전두환 대통령은 집안의 미술품이 들려나가는 추태를 또 한 번 연출했고요. 이 그림들이 경매에 나왔을 때 인기가 대단했죠. 100퍼센트 낙찰되고, 이것으로 추징금 중 72억 원을 회수했다고 합니다.

넷,
국민이 뽑은 정부, 그 결과는

군부가 물러난 자리에서 정치권력은 분산됐습니다. 그리고 한국 정치판은 본격적으로 대통령 만들기 경쟁에 돌입했습니다. 그 사이 군부정권의 꼭두각시 노릇을 하던 관제여당은 그대로 남아 오늘에 이르렀습니다. 민주화를 외치던 야당 지도자들의 집권욕은, 심지어 독재 세력과의 결탁으로까지 이어져 그들을 현대 정치계로 이끌어주었습니다.

김영삼과 김대중이 정계의 전면으로 부각된 건 박정희의 3선 개헌 이후 치러진 71년 7대 대통령 선거 때부터였습니다. 이들이 대권에 도전했던 첫 선거였죠. 그 이후로는 박정희, 전두환 대통령이 헌법을 바꿔 간선제를 치르는 바람에 후보 경쟁도 못 했고요. 그러다 87년, 16년 만에야 다시 대통령 직접선거가 치러졌습니다. 71년만 해도 '젊음'을 앞세웠던 정치인들이 이제 '중견' 정치인이 되었습니다.

군부정권 시절 대표적인 야당 지도자로 활동했던 두 정치인은 대권 경쟁을 벌였습니다. 그리고 한 번씩 빼앗기고 빼앗았습니다. 그들이 워낙 대통령 자리에 목을 매니 국민들은 한편으로는 실망하고 한편으로는 동정하기까지 했습니다. 그래, 그동안 고생했지, 하고 말이죠. 그러나 민주투사를 자처했던 이들이 현재 우리 정치에 고스란히 넘겨준 군부독재의 잔재를 비판적인 눈으로 바라봐야 할 겁니다.

3김 시대의 권력 투쟁, 김영삼

———

김영삼 14대 대통령은 이승만 정권의 실세였던 장택상이 정계로 발탁한 인물입니다. 대학 시절 장택상의 선거운동을 도우며 정치와 인연을 시작해, 26세였던 1954년, 자유당 후보로 3대 국회의원에 당선되어 본격적인 정치인생을 시작했죠.

대한민국 역사상 최연소 국회의원, 9선 국회의원이라는 수식어가 그를 따라다닙니다. 그는 거제도 부유한 집안의 자제로 큰 어려움 없이 초기 여당 정치 인생을 시작했습니다.

야당 정치인으로 변신하다

그가 자유당과 인연을 끊고 민주화 인사로서의 행보를 시작한 건 이승만이 3선 개헌을 단행하며 사사오입 논리로 개헌이 가결된 후였습니다. 그는 자유당에 선을 긋고 3선 개헌 반대 투쟁을 시작하며 다음 해 민주당 결성에 참여합니다.

그러나 야당 정치인이 되며 4대 국회의원 선거에는 실패하죠. 4.19혁명 이후 치러진 5대 국회의원 선거에서 다시 당선되었고요.

박정희 군정 시절부터 그는 험난한 정치 여정을 시작했습니다. 박정희가 군정 연장을 발표하자 반대 시위에 참여했다가 서대문형무소에 수감되기도 했죠. 박정희, 전두환 정권 내내 그는 야당 지도자로서 탄압을 받아야 했습니다. 박정희 정부가 그의 차에 초산을 뿌렸다는, 김영삼 초산 테러 사건도 있었고요. 그는 김대중과 정치적 라이벌 구도를 형성하며 독재에 저항하는 대표적인 야당 인사가 되었습니다.

군사정권 시절의 야당 총수

박정희 대통령이 유신을 선포했을 땐 국민들 앞에 얼굴을 들을 수 없다며 마스크를 착용하고 다닌 적도 있었습니다. 유신

말기에는 YH사건을 빌미로 박정희 정권의 집중 타깃이 되기도 했고요. 이 일로 그나마 야당 총재로서 형식적인 민주주의의 구색을 맞추고 있던 김영삼은 총재직에서 물러납니다.

YH사건이란 신민당 당사를 찾아온 노동자들이 경찰에 강제 연행당한 사건입니다. YH무역의 여공 172명이 신민당 당사를 찾아오며 일이 시작되었는데요, 김영삼은 이들을 지켜주겠다 며 받아들였죠. 그러자 노동운동을 벌이던 이들이 모두 신민당 당사로 몸을 숨겼습니다. 당사 주위로는 경찰이 담을 쳤고, 김영삼은 경찰청장 뺨을 때리기까지 했다고 하죠. 이어 경찰 2천이 신민당에 몰려와 여공들을 연행해 가고, 김영삼은 자택으로 끌려가 감금되었습니다. 진압 과정에서 한 여공이 신민당 당사 4층에서 추락사했고요. 이때 김영삼은 확실히 정부에 찍혀, 1979년 법원이 김영삼의 총재직 정지를 결정합니다. 그후 뉴욕 타임스 지를 통해 미국에 대하여 "박정희 정권에 대한 지지를 철회할 것"을 요구하다가 의원직을 박탈당했고요. 박정희 대통령 사망 후 김영삼은 다시 정계로 나섰습니다. 대권을 두고 김대중과 경쟁을 벌였죠. 그러는 사이 전두환에게 정권을 빼앗기고 말았지만요. 전두환이 비상계엄을 확대하고 국회를 해산할 때 김영삼도 가택연금을 당했습니다. 그리고 전두환 정권 하에서는 야당 활동조차 하지 못하는 처지가 됐습니다.

1980년 9월, 전두환 정권이 출범하며 그는 정계 은퇴를 선언했습니다. 그는 연금 중이었으니 정치활동을 할 수도 없었지만요. 다음해 연금에서 해제되는데, 이후부터는 산악회를 조직해서 물밑 반독재 투쟁을 이어갔습니다. 23일간 단식투쟁을 하기도 하고요, 야권 인사들을 몰래 결집시키기도 합니다. 산악회라는 평계로 말이죠.

3당합당으로 이룬 대통령의 꿈

6월항쟁 후 대통령 직선제가 결정되고 본격적인 선거전에 돌입하며 김영삼과 김대중은 후보 단일화를 모색했으나, 결국 실패하여 각각 대선 후보로 나섭니다. 이는 선거 패배로 이어졌고, 정권은 노태우에게 넘어갔죠.

노태우 정권 시절 그는 김대중과 함께 야당 총수로 있으며, 노태우의 여당을 압도하여 5공 청산의 굵직한 성과를 이뤄냅니다. 그러나 김영삼은 다음 대선을 생각하며 스스로 여당이 되는 길을 택했습니다. 군부독재의 관제여당과 손을 잡는다는 건 지금껏 그가 쌓아온 민주 정치인으로서의 이미지를 크게 훼손하는 것이었죠. 그러나 그는 "호랑이를 잡으러 호랑이 굴에 들어간다"는 말로 합리화하며 전두환의 관제여당, 그리고 박정희 시절의 2인자 김종필과 손을 잡습니다. 그리하여 민자당이라는 거대한 여당을 만들어내고, 다음 대선에서 김대중을 제치고 대통령에 당선되었습니다.

3김 시대의
권력 투쟁, 김대중

—

　　김대중 대통령은 김영삼 대통령보다 더 험난한 길을 걸은 야당 지도잡니다. 박정희 정권 초기에는 그나마 야당으로 활동할 수 있었습니다. 그러나 71년 대선에서 후보로 출마하며, 박정희 정권에 그야말로 '완전히 찍혀' 버립니다. 그 후의 정치 인생을 보아도 김대중 대통령은 상대적으로 비타협적인 길을 걷는데요, 그런 성향이 아마도 군부독재자의 눈에는 위험스러워 보였던 거겠죠.

　　김대중 대통령의 초기 정치인생도 그리 순탄하지 않았습니다. 그래도 그는 5선 국회의원입니다. 그가 정치와 인연을 맺은 데는 김영삼 대통령과 마찬가지로 장택상이 있었고요. 그의 참모로 잠깐 활동했거든요. 그러다 야당 인사들과 친분을 맺고, 민주당에 입당합니다. 그가 초기에 고전했던 건 야당으로 시작했다는 이유가 큽니다. 그는 29세부터 꾸준히 국회의원 선거에 출마했는데요, 세 차례나 낙선합니다. 처음 국회의원에 당선된 것은 36세였던 1961년, 이승만 정권이 붕괴되고 치러진 보궐선거에서였습니다. 그러나 이틀 후 5·16군사정변이 일어나 국회가 강제 해산되는 바람에 의원등록조차 하지 못합니다. 그러나 이후 6 · 7 · 8대 선거에서 연속 당선되며 야당 국회의원으로서의 입지를 넓혀갔습니다. 그는 김영삼과 함께 눈에 띄는 젊은 정치인이었습니다.

박정희 정권의 작품 '김대중 납치 사건'

그는 박정희 대통령의 유신 선포 후 전두환 정권까지 여러 번 죽을 고비를 넘겼습니다. 이는 민주화 투쟁 인사라는 확실한 이미지를 각인시켜줌으로써, 오히려 온 국민과 세계가 그를 주목하게 만들었지만요.

1972년, 그는 일본에서 유신 소식을 듣고 귀국을 포기했습니다. 그리고 미국에서, 일본에서 반유신운동을 전개했습니다. 그러다 도쿄 팔레스 호텔에서 중앙정보부 요원들에게 납치됐습니다. 김대중 납치사건은 국내외에 큰 파문을 불러일으켰는데요, 박정희 정부는 이 사실을 계속 부인했습니다. 그러나 국제적인 비난이 그치질 않으니 129일 만에 풀어주고 가택연금시킵니다.

그는 연금 중 비밀리에 정치활동을 이어갔는데요, 1976년에는 명동성당 3·1절 기념미사에서 3·1민주구국선언을 발표했습니다. 긴급조치 9호 위반으로 바로 구속됐죠. 그리고 이듬해 3월, 징역 5년, 자격정지 5년을 확정받아 진주교도소에 수감됩니다. 그가 풀려난 건 78년, 곧바로 다시 가택연금 상태가 됩니

다. 그리고 다음 해 10·26사태로 유신체제가 붕괴되고 나서야
연금에서 풀려났습니다. 그러나 그게 끝이 아니었죠.

전두환 정권의 작품 '김대중 내란음모 사건'

80년 2월, 김대중은 사면복권되고, 이른바 서울의 봄에 김
영삼, 김종필 등과 대권 경쟁을 벌이며 정치활동의 전면에 나
섰습니다. 그러나 곧바로 전두환이 정권을 잡습니다. 전두환
의 비상계엄 확대 때 그는 다른 정치인들과 함께 체포됐습니
다. 그리고 그해 9월에 계엄사령부 군법회의에서 내란을 음
모한 혐의로 사형선고를 받았습니다. 이것이 이른바 '김대중
내란음모사건' 입니다. 다음 해에는 대법원에서 사형 확정판
결이 났지요.

그러자 전 세계의 언론과 정치인, 지식인들이 나서서 강렬하
게 전두환 정부를 비판하고 구명운동을 벌였습니다. 지미 카터
전 미국 대통령을 포함해 미국과 독일 정치계 인사, 그리고 교
황 요한 바오로 2세 등 종교계, 세계 각국 지도자들, 인권단체
들이 김대중 구명운동에 나섰습니다. 레이건 정권은 한국에
'김대중이 사형될 경우 한미 양국 관계의 회복이 어려울 것' 이
라며 압박을 가했죠. 이쯤 되면 전두환도 한 걸음 물러서지 않
을 수 없었습니다.

　김대중은 무기징역으로 감형받고, 다시 20년형으로 감형받고, 그후에는 형집행정지 처분을 받아 미국으로 망명했습니다. 구속된 지 2년 7개월 만인 82년 12월이었습니다. 그는 미국으로 건너가 한국인권문제연구소를 열어 활동하다, 1985년 12대 총선을 앞두고 귀국하여 김영삼과 협력했습니다.

　당시 전두환 정부는 김대중이 귀국할 경우 남아 있는 형을 집행하기 위해 교도소에 재수감하겠다고 경고했었죠. 그러나 미국이 다시 한 번 김대중의 안전을 보장하라고 압박했습니다. 그러자 전두환 정부는 한 발 물러나 가택연금을 시키겠다고 했습니다. 그후로 김대중 대통령이 멀쩡히 살아 정치활동을 이어갔으니 지금 생각하면 별것 아닌 것 같아도 당시 85년 상황은 매우 급박했습니다. 국민들의 기대와 우려도 대단했고요. 김대중에 대한 테러가 있을까 봐 당시 미국 정치인과 저명인사들이 그를 둘러싸고 비행기에서 내렸습니다. 김포공항 입국장에는 안기부 요원들과 경찰들이 기다리고 있었고요. 김대중은 곧바로 연행되어 동교동 자택에 연금됐습니다.

　김대중 귀국에 대한 국민들의 반응은 뜨거웠습니다. 김영삼과 함께 창당한 신한민주당은 12대 총선에서 제1야당으로 급부상했고, 이어 대통령 직선제를 성공시키는 데도 큰 역할을 했습니다. 국민들은 6월항쟁으로 대통령 직선제와 함께 김대중의 사면도 받아냈습니다. 이 과정에서 김대중은 민주투쟁가로서 국민을 결집시키는 리더십으로 작용했고요.

첫 평화적 정권교체

김대중은 87년 대선에서 김영삼과의 후보단일화에 실패하고 탈당하여, 평화민주당 후보로 대선에 출마했습니다. 독재정권을 타도할 기회를 날려버렸다는 비난이 그에게 쏟아졌습니다. 그러나 1988년 4월에 실시된 13대 총선에서는 김대중의 평화민주당이 김영삼의 통일민주당을 제치고 제1야당으로 부상했습니다. 따라서 당시 사람들은 92년 대선을 김대중의 승리로 예견했었습니다.

그러나 당시 노태우가 총재로 있던 민주정의당은 상대적으로 타협적인 김영삼을 끌어들임으로써 정권유지에 성공합니다. 1992년 12월 18일, 제14대 대통령선거에서 김대중은 거대 여당이 된 민주자유당의 김영삼 후보에게 190만여 표 차이로 패배했습니다. 이후 그는 정계 은퇴를 선언하고 한국을 떠났습니다.

그러다 95년, 다시 돌아와 정계 은퇴 번복에 대한 대국민 사과문을 발표하고 다시 정치활동을 재개했죠. 은퇴 번복에 대한 비난에도 불구하고 그에 대한 인기는 여전했습니다.

그러나 97년 대선, 선거전 막바지에 그도 또한 그렇게도 비난하던 독재 세력과 손을 잡았습니다. 자유민주연합 김종필 총재와의 DJP 연합입니다. 이로써 여당 후보 이회창과의 대결에서 40.3%의 득표율로 대통령에 당선됐습니다.

김영삼, 김대중 두 대통령은 오랜 시간의 정치활동으로 리더십을 획득했다는 점에서 이전 대통령들과는 분명히 다릅니다. 권력의 정통성이 부족했던 우리 정치에서 합법적이고 절차적인 정통성을 획득했다는 것은 대한민국 정치사에서 분명 한 획을 그은 것이지요.

그것이 전근대적인 정치 행태라는 비난에도 불구하고 그들을 대통령 자리에 올려놓았습니다. 어쨌든 국민들은 민주적 리더십의 집권이라는 귀중한 체험을 했고, 이는 국민들의 정치적 패배의식을 극복하는 데 큰 역할을 했습니다. 그로써 한국 정치가 '독재 대 민주화'를 벗어난 새로운 장으로 넘어올 수 있었으니까요. 그리고 이후 민주화를 넘어선 진보, 새 정치, 새 인물을 추구할 수 있게 된 것이죠.

노무현 정권과 참여정부의 허와 실

자신만만해진 국민들은 이제 대통령을 스스로 만들어내는 데까지 나갔습니다. 그리하여 탄생한 대통령이 노무현 대통령입니다. 노무현은 당 내부가 아닌 국민의 경선을 통해 대선 후보로 결정된 첫 대통령입니다.

그를 정치계로 발탁한 이는 김영삼 대통령입니다. 노무현을 눈여겨 본 당시 통일민주당 총재 김영삼이 총선에 출마하도록 권유했죠. 이때 노무현은 인권변호사로 활동하고 있었습니다. 그전에는 지방법원 판사로 근무한 바 있고요.

노무현은 판사직 7개월 만에 사퇴하고 변호사가 됐습니다. 초기 변호사 시절에는 세무, 회계 전문 변호사로 명성을 얻고 비교적 풍족한 생활을 했다고 전해집니다. 그러나 81년 부림사건 변호를 계기로 인권변호사로 변신했습니다. 이후 인권, 노동운동에 뛰어들고 당시 친구인 문재인 의원과 함께 노동문제연구소를 운영하기도 했죠.

그는 안기부로부터 '문제 변호사'로 지목되어 안기부 감시를 받기도 했습니다. 그리고 경찰의 최루탄에 사망한 대우조선 노동자에 대해 조사하다 경찰에 구속되고, 변호사 업무 정지처분을 받았습니다. 그리고 이후 1988년 13대 총선에 출마하면서부터 정치활동을 시작했습니다.

청문회 스타로 떠오르다

그가 국민들에게 이름을 알린 건 5공 청문회 때였습니다. 죄가 없다고 주장하는 전두환 전 대통령에게 명패를 집어던졌던 것으로 유명하죠. 그는 이런 거침없는 언동으로 인해, 그에 대한 평가는 호불호가 명확하게 갈립니다.

1990년, 노무현이 소속된 통일민주당의 총재 김영삼이 노태우, 김종필과 손잡고 민자당을 창당했습니다. 김영삼 총재가 당내에서 3당합당을 선언하며 "구국의 차원에서 통일민주당을 해체합니다. 이의 없습니까? 이의가 없으므로 통과됐음을……"이라고 말하는 순간, 노무현이 그 자리에서 손을 번쩍 들고 "이의 있습니다"라고 외쳤다는 일화도 유명하죠. 노무현은 3당합당을 밀실야합이라고 비판하며 김영삼의 합당에 참여하지 않았습니다. 이때부터 둘 사이가 벌어졌고요.

이후 야당 활동을 이어가는데, 김대중이 은퇴를 번복하고 돌아와 새정치국민회의를 창당했을 때도 입당을 거절합니다. 이후 조순이 신한국당과 연대하자 그제야 민주당을 떠나 김대중의 새정치국민회의로 들어갔습니다.

이후 김대중 후보의 15대 대선을 돕고, 김대중 정권에서 해양수산부장관을 역임하는 등 입지를 넓혀갔죠. 그리고 이후 16대 대선에서 후보 물망에 올랐습니다. 그러나 당내에서 그는 한화갑, 이인제에 밀려 있었습니다. 그런데 여론조사에서 노무현이 후보가 될 경우 이회창 후보를 이긴다는 조사 결과가 나옵니다.

국민 경선

노무현은 이후 국민 경선을 통해 새천년민주당의 후보로 결정됐습니다. 당시 노무현 후보에 대한 인기는 상당히 높아, 경선이 끝난 시점에서 조사한 지지율은 역대 대통령 후보 가운데 가장 높은 60%였습니다.

그러나 민주당 내 반 노무현 세력은 이 후보를 탐탁지 않게 여겼습니다. 그리고 2002년 월드컵 열기로 인기 상승 중이던 국민통합21의 정몽준 대표와 단일화를 추진하죠. 경선을 무효화하고 다시 후보를 선출하기로 합니다. 그런데 정몽준과의 단일화 이후를 묻는 여론조사에서 노무현이 또다시 앞섭니다. 그래서 두 당의 단일후보로 확정된 겁니다.

그러나 투표 전날 정몽준 대표가 노무현에 대한 지지를 철회하며 위기에 빠졌습니다. 집으로 찾아간 노무현 후보에게 정몽준 대표는 문도 열어주지 않았죠. 그 광경이 언론에 보도됐고요. 그러나 이것은 오히려 노무현 지지파의 결속을 가져온 듯합니다. 결국 노무현 후보가 57만 표 차로 이회창 후보를 제치고 대통령으로 당선됐습니다.

기득권과 싸우는 대통령

노무현 대통령이 당내의 지지기반이 약했던 것은 이후로 계속하여 문제가 됐습니다. 노무현 대통령은 자신의 정치력으로 대통령에 당선되었다기보다는, 국민들의 힘으로 당선된 대통령이었습니다.

구 정치세력에 가차 없이 비판을 가하고, 정치적인 이익에 휘둘리지 않는 인물이라는 긍정적인 이미지가 국민들에게는 신선했습니다. 그러나 한편으로는 당 내외에 모두 적을 두어 이후 정권의 토대가 뿌리째 흔들렸죠.

집권 직후 노무현 대통령은 기존 정치권력, 언론권력, 재벌권력, 관료권력 모두에 대해 전쟁을 선포해버렸습니다. 열린우리당을 창당함으로써 민주당을 졸지에 야당으로 만들어버렸고, 내각을 구 정치세력이 아닌 386세대로 채워버렸습니다. 사법개혁, 언론개혁을 추진하며 검사, 언론 대표들과 TV토론을 벌였고요. 한국 사회의 기득권 세력이라 할 수 있는 모든 이들에게 한꺼번에 선전포고를 한 겁니다.

그리하여 집권 2년 만에 노무현 대통령은 정치적 위기를 맞았습니다. 2004년, 국회로부터 탄핵소추를 당한 것이죠. 국회는 노무현 대통령 탄핵소추안을 찬성 193표, 반대 2표로 가결시켰습니다. 노무현의 대통령 직무 수행이 정지되고, 고건 국무총리가 직무 권한 대행의 역할을 맡았습니다.

사랑받은, 사랑받지 못한 대통령

이는 다시 국민들의 불만을 들끓게 만들었죠. 대통령 탄핵소
추를 무효화하라고 촛불을 들고 몰려왔습니다. 이후 17대 국회
의원 선거에서도 탄핵을 주도했던 새천년민주당과 한나라당이
참패했고요. 열린우리당의 지지도가 크게 상승해 단숨에 152
석을 차지하며 제1당이 되었죠. 그리고 얼마 후 헌법재판소에
서 소추안을 기각하면서, 노무현은 대통령 직무에 복귀합니다.

정치인이라기 보다는 혁명가 기질이 다분했던 노무현은 젊
은이들에게는 사랑받았지만, 보수 세력으로부터는 맹공격을
받았습니다. 결국 개혁의 정치인이 되어주기를 기대했던 국민
의 바람을 이루어주지 못하고 임기를 마쳤고, 친인척 비리 수
사로 도덕성에까지 타격을 받으며 자살로 생을 마감한 비운의
대통령으로 남았습니다. 현재 한국의 권력이 어디에 있는지를
분명하게 보여주고 말이지요.

17대 이명박 대통령의 당선부터 18대 박근혜 대통령으로 이어지며, 한국의 권력 구도는 분명해졌습니다. 혁명이 실패한 자리는 어떻게 되나요? 기득권은 더 거대해지고 노골화되죠. 이미 승리했으니 더 이상 눈치 볼 필요가 없어집니다. 그리고 혁명을 주도하거나 지지한 세력은 몰락합니다.

이명박 대통령의 이력은 역대 다른 대통령들과는 확연히 다르다는 점에서 어쨌든 그는 우리 정치계에 신선한 인물이었습니다. 처음으로 기존 정치인도 아니고 군부 출신도 아닌 사람이 대통령 자리에 올랐습니다. 어쩌면 그는 오로지 개인적인 능력을 국민의 인기로 바꿔 대통령 자리에 오른 사람입니다.

그러나 그의 집권은 무엇보나, 한국 국민이 경제권력을 이 나라의 정치권력으로까지 받아들였음을 상징적으로 보여주었다는 데 가장 큰 의미가 있습니다.

기업가에서 서울시장으로, 다시 대통령으로

—

그는 현대건설에 있을 당시 평사원에서 CEO 자리에 오르는 우리 기업사에는 이례적인 신화를 썼습니다. 그는 사업가적인 수환을 인정받아 정계로 진출했다는 점에서 미국의 부시 대통령 부자와 비슷한 이력을 갖고 있습니다. 서울시장을 역임할 당시의 인기도 조지 부시의 텍사스 주지사 시절과 유사합니다. 이들이 비슷한 시기에 대통령이 되었다는 건 우연의 일치가 아닙니다.

대통령 선거에 출마해 당선된 후 그 인기가 급하락하는 것까지 부시와 매우 유사한 길을 걸었습니다. 이명박 대통령은 아마도 임기 내에 국민들의 입에 가장 많이 오르내린 대통령일 것입니다. 그것은 이명박 대통령의 임기 시작이 우리나라에 인터넷이 이미 확장되었고, 인터넷의 주 이용층인 젊은이들에게 인기가 없는 대통령이었기 때문일 것이고요. 이명박 대통령은 정치가로서 인터넷의 피해(?)를 가장 많이 입은 대통령입니다. 그런 점에서는 운이 없었다고도 할 수 있죠.

국민과
싸우는 대통령

　　이후 국정원이 18대 대선에 인터넷 댓글로 개입
해보자 마음먹은 것도 이명박 대통령의 선례를 통해 국민들이
장착한 이 신무기가 매우 위험하다는 것을 깨달았기 때문일 것
입니다. 예전에는 대학생들이 도무지 길들여지지 않는 골칫덩
어리였다면, 이제 네티즌이 그 자리를 대신하고 있습니다. 이
후 박근혜 대통령이 국정원의 선거개입 의혹에 끝내 입을 다물
고 책임을 회피하는 태도로 일관할 수밖에 없었던 것도, 또 이
후 국정원이 간첩조작 사건이라는 무리수를 두면서까지 박근
혜 정권을 지키고자 했던 것도 이명박 대통령이 국민들에게 혹
독하게 당하는 것을 지켜보았기 때문인지도 모릅니다.

　　이명박 대통령의 일거수 일투족과 이명박 대통령의 거짓 발
언은 실시간으로 국민들에게 전해졌고, 대통령을 희화하는 재
료로 쓰였습니다. 이명박 대통령에 이르러 국민들은 전통적인
언론에 버금가는 표현의 무기를 갖게 된 것입니다. 이 힘이 전
통적인 권력에 대항할 만한 힘을 갖추고 있다고는 생각하지 않
습니다. 그러나 언론을 뚫고 나오는 국민의 목소리가 권력자들
에게 반갑지 않은 소식임은 분명합니다.

'작은 정부, 큰 시장'
목표를 이루다

이명박 대통령 또한 전임 대통령들과 같이 '권력자' 라는 면으로는 논할 것이 없는 대통령입니다. 그는 자신의 권력을 측근들을 사면해주는 데 이용하고, 자신의 정책을 시행하기 위해 공권력을 투입하는 등의 권력남용을 보여주긴 했지만, 이전 군부 시절 권력자와는 달리 대통령 자신에게 권력이 집중되지는 않았으니까요.

이명박 대통령 시기 국민들의 관심은 정치적인 권력에서 경제적인 권력으로 옮겨갔습니다. 민주정권 시기를 거치며 국민들 스스로 정치적 권력을 견제할 수 있을 만큼 성장했다고 여기는 데 비해, 경제적인 권력에 대해서는 국민 대다수가 여전히 무력감을 느끼고 있기 때문입니다. 정치권력은 선거로 견제한다고 착각이라도 할 수 있지만, 경제권력에 국민이 참견할 수 있는 권한은 없으니까요.

이명박 정부는 '작은 정부, 큰 시장' 을 지향하며 성장우선정책과 각종 규제완화정책, 투자활성화, 부자감세 정책 등으로 경제권력의 힘을 더욱 키워주는 데 주력했습니다. 이미 이명박 정권 이전에 경제권력은 성장해 있었습니다. 그러나 이명박 대통령이 노골적으로 힘을 실어준 데다, 이명박 정부 시절 대기업 재벌들이 눈에 띄는 성과를 냄으로써 더 드러나 보였지요. 이명박 정부 막바지부터 해마다 삼성은 사상 최대 매출 기록을 깼습니다.

2007년 노무현 대통령 임기 말에 김용철 변호사가 삼성의 비리를 폭로하며 실시된 삼성특검으로 이건희 회장이 수사를 받았습니다. 그러나 후보 시절부터 삼성특검에 반대했던 이명박 대통령은 이후 재판에서 유죄 판결을 받은 이건희 회장을 사면시켰습니다. 그리고 이건희 회장은 다음 해 회장직으로 복귀했고요. 이것은 상징적인 의미에서도 국민들에게 분노를 샀습니다. 그리고 이명박 대통령을 뽑아주던 때까지도 잊고 있었던 '못 가진 자' 의 한이 본격적으로 떠오른 겁니다.

2008년 이명박 정부 출범과 맞물려 세계 경제위기가 터지고, 경제양극화의 심화는 불가항력적인 세계적 추세였다고 변명하기에는 우리나라 정치권력과 경제권력의 야합은 너무나 뿌리 깊고, 이명박 정부가 그에 대한 국민의 불만을 더 심화시켰음은 부정할 수 없습니다. 이명박 대통령은 경제권력을 견제하기는커녕 오히려 자신의 임기 내에 그들의 힘을 불려놓았으니까요. 그러나 경제논리로 당선된 대통령이 경제논리 대로 움직이는 건 당연한 일입니다.

[명진 스님] 교육 불균형 · 빈부격차 등 해소…
우환없는 새 대한민국 불 밝히길

2013. 01. 01

"나는 (민주통합당) 문재인 후보를 지지했던 사람이다. 선거 끝나고 언론 인터뷰를 전혀 하지 않았다."

18대 대선을 앞두고 문 후보를 공개 지지하며 활발한 활동을 펼쳤던 명진 스님은 본보의 인터뷰 요청에 몇 번이나 사양의 뜻을 표했다. 강원도에 머물고 있는 스님을 찾아가서라도 잠시 뵙겠다고 하자 그제서야 전화인터뷰를 허용했다.

첫 질문부터 다소 당돌하게(?) 박근혜 대통령 당선인에 대해 묻자 스님은 "처음부터 그렇게 단독직입적으로 묻는 거야?"라며 넉살좋게 웃은 뒤 친절하게 답변해주는 모습을 보였다.

A. 내년 경제문제가 상당히 어렵다. 박 당선인의 공약은 복지분야가 많다. 복지분야 다 지킬 것이라고 보지 않지만 이를 위해서도 부자감세를 철회하고 부자증세를 해야 한다. 문 후보가 '부자증세' 한다고 했다면 좌파라고 반발했을 텐데 박 당선인이 '부자증세' 한다고 하면 보수언론과 기득권 세력들이 복지분야에 베푼다고 생각해서 낼 것 같다는 생각이 든다.

박 당선인이 외국 언론에서는 독재자의 딸이라고 표현했다. 선거 때 뒤틀린 역사문제를 집고 넘어갔어야 했는데 그렇지 못했고, 죽어가는 노동자들 문제도 숙제다. 전경련 만나 강력하게 비정규직 문제 등을 주문하고 있는 것 보고 희망이 있지 않나 생각한다.

Q. 인수위 인선을 평가하면.

A. 윤창중 수석대변인 임명은 실망이다. 박 당선인의 생각을 표현하는 것이 대변인이다. 그런 대변인에 극우이며, 별소리 다한 사람을 앉힌 것은 박 당선인의 정책에 대한 상징성을 암시적으로 보여주는 것이다. 대단히 우려스럽다. 다른 인수위 구성에 있어서는 인사 탕평하겠다고 했지만 대변인은 대단히 실망하고, 극우적이고 자당내에서도 반발이 심한 사람을 앉혀놓은 것에 대해 대단히 우려한다.

인수위원장도 마찬가지다. 김용준 인수위원장은 여러 장애를 딛고 일어서서 자기가 가는 길에서 최고의 길을 걸었던 사람이다. 하지만 선대위에 있었던 사람이다. 탕평인사라고 보기 어렵고 자기를 지지했던 사람 중심으로 정책을 펴고 끌고 가겠다는 것으로 생각된다. 김 위원장과 수석대변인 임명한 것 보고, 본인 정책대로 끌고 가겠다는 것을 표현한 것으로 본다.

Q. 박 당선인이 어떻게 국정운영해야 하는지.

A. 지금 사람이 죽어가고 있지 않나. 전경련 가서 노동자 해고문제 비정규직 문제 얘기했지만 부에 대한 불평등 때문에 흉악범이 생기고 있다. 경제민주화 필요하지만 교육민주화가 필요하다. 유치원때부터 사교육 시장이 판친다. 중학교·고등학교까지 교육에서 사교육의 차등이 생긴다. 사교육 혜택을 못보니까, 신분상승 기회 좌절되니까 학교폭력이 발생하고, 흉악범이 되는 것 아닌가.

사회적 자체 흐름이 그렇게 가고 있다. 교육불균형과 빈부격차에서 오는 우환덩어리다. 투표를 통해 자기가 원하는 정치세력이 돼서 나도 먹고살수 있게 됐다는 희망을 가지면 좋았는데 그런 희망이 없어졌다. 잘못하면 혁명적 상황도 올 수 있다. 그런 막장을 막기위해서도 부자감세를 다시 원위치해서 더이상 하지 말고 약자와 힘없는 사람을 위한 정치 펼쳐야 올바른 평가를 받는다. 김종인 국민행복위원장 같은 사람 측근에 두고 쓴소리 들으면서 정책을 펴면 희망 주지 않을까 생각한다.

Q. 이명박 정권 5년을 평가하면

A. 나는 혹독하게 평가한다. 2007년 선택도 대한민국 국민의 질이 떨어지는 선택이었다. 부자 위한 정책 펴고, 환율은 대기업에 유리하게 하고, 서민물가는 상승시키는 대신 월급 안 오르게 해서 서민 파탄시켰다. 내곡동(사저부지 매입의혹)은 가족투기 같은 거다. 민관합작 투기 성격을 갖고 있는 거다. 현직 대통령 법을 어긴 것은 말이 안되고, 실정법을 어긴 대통령이다. 박 당선인이 간과하지 않을 것이라고 본다. 처벌할 것은 처벌해야 한다. 4대강 담합·비리, 왜 한꺼번에 해야 했는지, 22조를 쏟아부어 왜 해야 했는지, 하나씩 밝혀내고, 4대강 부실수사, 담합비리 밝혀내서 감옥 보내야 한다.

Q. 문 후보가 패한 이유는.

A. 단일화 과정을 매끄럽게 하지 못했다. 아름다운 단일화 못하고 아웅다웅 단일화를 한 게 첫 번째 원인이라고 본다. 안철수에게 단일화 룰을 맡기겠다고 해놓고 불리한 룰을 가져오니 안 받았지 않았나. 그러면 처음에 왜 룰을 맡기겠다고 했나. 나는 그때 문 후보측에 강력하게 받으라고 요구했다. 그리고 나서 토론회에서 (문 후보가) 공격적으로 대하니까 안 후보가 그만둔 것이다. 거기서 진 것이다.

A. 그분에 대해서는 개인적으로 면식이 없다. 문 후보는 당까지 내려가서 몇 번 격려했다. 안철수는 한 번도 본적이 없어 평가하기 어렵지만 단일화된 후 소극적으로 도왔다. 적극적으로 도왔어야 했다. 기대치를 못미쳤다는 느낌이 든다.

신당 창당론에 대해서는 문 후보가 크게 잘못한 것이 없다고 본다. 문 후보 아니었으면 그만큼 얻지도 못했다. 국회의원직 내놓으라고 하면 안된다. 서로 격려해주고 아픈 상처를 보듬어야 한다. 내년에 보궐선거 있는데 이런 식으로 하면 안된다. 현재 민주당에 희망이 없는데 신당이 생기면 더 어렵다고 본다. 이런 식으로 가면 민주당은 영원히 집권 어렵고 신당도 탐탁치 않다. 나는 아직 문재인에 대한 신뢰를 변치 않고 있다.

A. 대선 패배했다 하더라도 문 후보 중심으로 하나로 뭉쳤어야 했는데 물건너갔다. 좀 지켜봐야 한다. 나는 정치전문가가 아니다. 민주당과 국민연대 · 시민사회단체 안철수 신당 준비하려는 사람들이 모여 새틀을 짜야 한다. 문재인과 박원순 · 안철수가 중심역할을 해야 한다.

A. 하기에 달렸지만 지금같은 분열적 작태를 보이면 쉽지 않을 것이다.

다음에 박원순 시장도 강력한 대권후보 아닌가. 박 당선인은 6조 늘려서 복지한다고 하는데 박 시장은 이번에 1조2천억 빚 갚은 것은 대단한 것이다.

Q. 차세대 야권지도자를 박원순으로 보나.

A. 박원순이 야권의 강력한 주자라고 본다. 서울시장 하는 것을 보면 누구든지 부정할 수 없다. 박 시장 한번 더해야 한다고 본다.

대담＝강해인부국장 정리＝김재민기자   사진＝전형민부장

어느 사회고 질서가 잡히기 전에는 물리적인 힘과 정치적인 힘을 가진 사람이 나와 저마다 가진 권력을 휘두릅니다. 그러나 사회의 질서가 잡혀가고 구조화되면 이런 눈에 보이는 노골적인 힘을 휘두를 수는 없습니다. 시민사회나 언론이나 시장 자체가 스스로 굴러가는 힘이 생기기 때문입니다. 오늘날 권력의 많은 부분이 국민에게 이양되었다는 말은 듣기 좋으라고 하는 얘기는 아닙니다. 사실이 그렇긴 합니다.

우리 사회는 이미 많은 부분 그렇게 변화했습니다. 정치인 몇몇이나 경제인 몇몇이 사회를 다 조종하기는 어려워졌죠. 그러나 그렇기 때문에 권력은 더 교묘한 방법으로 자신의 힘을 유지하려고 애쓰고 있습니다. 박정희, 전두환 정권 시절 공권력과 온갖 불법적인 방법이 횡행했지만, 그때도 권력자가 모든 것을 마음대로 할 수는 없었습니다. 그래서 눈에 보이지 않는 물밑에서 '공작'을 하고, 최대한 언론과 여론을 이용해 권력을 유지했습니다. 하물며 시민의식이 향상된 지금 권력은 더 교묘하게 몸을 감추고 활동하지 않으면 곧 들켜버립니다.

　여전히 사람들은 정치인이라면 고개부터 돌립니다. 교묘하게 자신의 이익을 추구하는 권력 집단들로밖에는 보이지 않습니다. 지금 사회는 권력이 아닌 정치를 원합니다. 권력자가 아닌 말 그대로 '국민의 일꾼'이길 바랍니다. 그런데 우리 사회의 뿌리 깊은 모순이 정치인들로 하여금 그걸 충족시켜주지 못하게 합니다. 백 번 양보해서, 어느 양심적인 정치인이 있어 제대로 된 정치를 하려 한다 해도 그게 쉽지 않습니다. 썩을 대로 썩어 있는 정치판에서, 그리고 여전히 저력을 자랑하고 있는 숱한 권력 집단들이 그것을 허용하지 않기 때문이죠.
　지금 현대사회의 권력은 정치인에게 있지 않습니다. 진정한 정치인이라면 권력을 가지고 있지 않고, 오히려 권력에 지배받고 있습니다. 그래서 국민들이 그런 정치인을 선택하여 진짜 권력을 견제할 수 있는 힘을 쥐여주어야 합니다.
　국민들은 국가권력이 어디에 있는지, 그것이 정당한 권력인지를 꾸준히 감시해야 합니다. 우리가 고개를 돌려버리면 계속 그 자리일 겁니다. 우리나라에 민주 정치가 정착하는 데 가장 큰 공헌을 한 이는 바로 국민들이었습니다. 대통령도 아니었고, 정치인도 아니었습니다. 우리 정치의 가장 큰 재산은 바로 국민입니다.

　정치에 대해, 권력에 대해 끊임없이 돌아보고 서로 이야기를 나눴으면 합니다. 국민들이 생업에 매달린 채 대통령이나 정치인에게만 나라를 맡겨놓고 있으면, 우리의 그 생계마저 위협을 받을 수도 있습니다.

　민주정치는 정치인과 언론과 국민의 합작품입니다. 국민이 조용하면 권력은 썩어갑니다. 그건 세계의 역사가 말해주고 있는 것이기도 합니다. 국민들이 나서지 않으면 정치의 발전은 기대할 수 없습니다. 촘스키가 말했습니다.

　"권력의 거짓말을 세상에 폭로하는 것이 지성인의 책무다."

　국민을 두려워하는 정부를 만드는 건, 바로 국민들입니다. 권력은 알아서 힘을 조절하지 않습니다. 기득권을 해체시키는 힘은 하나뿐입니다. 윤리적인 지성을 가진 개인의 각성입니다.

도대체 권력이 뭐길래!

권력의 거짓말

1판 1쇄 인쇄 | 2014년 07월 15일
1판 1쇄 발행 | 2014년 07월 30일

지은이 | 강해인
발행인 | 이용길
발행처 | 모아북스 MOABOOKS

관리 | 정윤
디자인 | 이룸

출판등록번호 | 제 10-1857호
등록일자 | 1999. 11. 15
등록된 곳 | 경기도 고양시 일산동구 호수로(백석동) 358-25 동문타워 2차 519호
대표 전화 | 0505-627-9784
팩스 | 031-902-5236
홈페이지 | http://www.moabooks.com
이메일 | moabooks@hanmail.net
ISBN | 978-89-97385-45-4   13120